井冈山

# 新时代发展新型农村集体经济的江西探索

中共江西省委政策研究室
江　西　农　业　大　学　编著

江西人民出版社
Jiangxi People's Publishing House
全国百佳出版社

**图书在版编目(CIP)数据**

新时代发展新型农村集体经济的江西探索／中共江西省委政策研究室，江西农业大学编著．—南昌：江西人民出版社，2019.6

ISBN 978－7－210－11402－4

Ⅰ．①新… Ⅱ．①中… ②江… Ⅲ．①农村经济－集体经济－江西－文集 Ⅳ．①F327.56－53

中国版本图书馆 CIP 数据核字(2019)第 122132 号

新时代发展新型农村集体经济的江西探索

中共江西省委政策研究室　江西农业大学　编著

**责任编辑:**徐　旻

**封面设计:**同异文化传媒

**出版发行:**江西人民出版社

**地　　址:**江西省南昌市三经路 47 号附 1 号(邮编:330006)

**经　　销:**各地新华书店

**编辑部电话:**0791－88629871

**发行部电话:**0791－86898815

**网　　址:**www.jxpph.com

2019 年 6 月第 1 版　2019 年 6 月第 1 次印刷

**开　　本:**787 毫米×1092 毫米　1/16

**印　　张:**17.75

**字　　数:**220 千

ISBN 978－7－210－11402－4

**赣版权登字**—01—2019—238

**定　　价:**48.00 元

**承 印 厂:**南昌市红星印刷有限公司

# 前　言

2018年9月21日，习近平同志在第十九届中央政治局第八次集体学习时指出，实施乡村振兴战略，各级党委和党组织必须加强领导，汇聚起全党上下、社会各方的强大力量。要把好乡村振兴战略的政治方向，坚持农村土地集体所有制性质，发展新型集体经济。党的十九大报告强调，要“深化农村集体产权制度改革，保障农民财产权益，壮大集体经济”。中共中央、国务院印发的《乡村振兴战略规划(2018—2022年)》中，把“发展新型农村集体经济”作为建立现代农业经营体系的重要环节。重视和强调“新型集体经济”，是党中央基于我国“三农”发展变化实际，着眼乡村振兴、推进农业农村现代化而作出的战略部署。这为补齐农村经济“短板”、发展壮大集体经济带来新的机遇。

近年来，在以习近平同志为核心的党中央正确领导下，江西省认真贯彻落实中央“三农”工作的部署要求，农业农村发展稳中有进、稳中向好，农业供给侧结构性改革迈出新步伐，农村面貌发生显著改观，农民收入持续较快增长，脱贫攻坚取得决定性进展，农业农村改革纵深推进，农村社会保持和谐稳定，乡风文明焕发新气象。这些历史性成就为全省经济社会持续健康发展提供了有力支撑。

新型农村集体经济是针对传统农业集体经济而言的，其内涵是在产权明晰的基础上，探索农村集体经济的多种实现形式。发展新型农村集体经济是推进农村各项事业发展的物质基础，有利于加快江西农业现代化进程，有利于加快城乡一体化建设进程，有利于促进农村经济持续健康发展，有利于构建农村和谐社会。自 2017 年 9 月，江西省委、省政府下发《关于稳步推进农村集体产权制度改革发展壮大农村集体经济的实施意见》以来，各地认真贯彻落实文件精神，并结合实际情况相继开展了以资源变资产、资金变股金、农民变股东的“三变”改革，取得了不少成功经验，有效地推动了农村集体经济发展。

江西省委政策研究室联合江西农业大学、各设区市市委政策研究室组成课题组，将“如何推进‘三变’改革，发展新型农村集体经济”作为重大课题进行研究，将系列成果编辑成《新时代发展新型农村集体经济的江西探索》一书，由江西人民出版社出版。这对于深化新型农村集体经济发展问题的研究，推广典型经验，具有重要现实意义。

# 目 录

## 典型案例

# 总报告

我省推进农村“三变”改革壮大集体经济应重视的几个问题

全南县中坑村蔬菜基地

# 我省推进农村“三变”改革<br>壮大集体经济应重视的几个问题

中共江西省委政策研究室、江西农业大学联合课题组

推进农村集体产权制度改革、发展壮大农村集体经济，是实施乡村振兴战略的重要抓手。自2017年9月省委、省政府下发《关于稳步推进农村集体产权制度改革发展壮大农村集体经济的实施意见》以来，各地认真贯彻落实文件精神，并结合实际情况相继开展了以资源变资产、资金变股金、农民变股东的“三变”改革，取得了不少成功经验，有效地推动了农村集体经济发展。但工作中遇到的现实问题和困难挑战也不少，为此，我们开展了专题调研，梳理了当前我省在推进农村“三变”改革、发展壮大集体经济过程中应重视的几个问题，并提出了相关建议。

## 一、如何把村集体资产“糊涂账”变为“明白账”

摸清农村集体资源、资产、资金“三资”存量，是“三变”改革的基础性工作。目前，我省农村集体“三资”底数不清，统计部门、农业部门、国土部门都曾开展过普查或统计，但是，至今没有哪家部门能提交清楚完整的数据，数据之间也相互矛盾。农村集体资产普遍存在产权虚置、归属不明、保护不严、流转不顺等问题。按照省委、省政府部署，我省2018年全面开展农村清产核资工作，要求年底基本完成。从调研情况看，截

至8月底,全省完成清产核资任务的村只占9.7%,这项摸清家底的基础性工作进展严重滞后。原因主要有两点:一是部分县(市、区)重视不够。5月初,省政府专门召开动员会议,明确将清产核资工作列入重要议事日程,县乡两级党委书记要亲自挂帅。但目前还有部分县尚未动员部署。一些地方虽然开了会,但工作措施没有跟上,也没有落实工作经费。经测算,每个村清产核资的相关费用需要约1万元,全省共需1.7亿元左右,目前,省级层面落实了4800万元,地方配套缺口还很大。二是工作推进机制不顺。据了解,这项工作省里明确由省农业厅牵头,但县(市、区)牵头这项工作的机构五花八门,有农经站、"三资"办、金融资产办等等,上下对接不顺畅。南昌市农经站站长魏新林反映,农经部门作为农业局下属的二级事业单位,没有收文权,文件都需要从农业局转送过来,牵头负责清产核资工作很被动。

摸清村集体"三资"情况,将"糊涂账"变"明白账",是"三变"改革的前提。我们建议:一是一级抓一级层层传导压力。县乡两级党委书记各负其责,定期召开会议调度工作,层层抓落实,做深、做细、做实清产核资工作。二是进一步理顺工作机制。建议各县(市、区)明确由农业局牵头,财政、国土、水利、林业等部门配合,建立上下贯通、执行有力的清产核资工作队伍。同时要扎实做好宣传发动工作,最大限度让群众了解政策,知道进展,参与监督。

## 二、如何推动部分财政涉农资金变集体股金

近年来,我省投入了大量财政资金支持"三农"发展。如何整合用好财政涉农资金,促进农村集体经济发展,这是实践中提出的重大问题。修水县黄溪村党总支书记徐万年跟我们算了一笔账:在他担任村党总支书记这10年中,各级财政累计投入5000余万元资金,其中,形成村级经营性资产的有3000余万元,形成村级公益性资产的有1000余万元,剩

下的1000余万元是以各种补助的方式直接发放给村民个人。他坦言，将财政涉农项目资金直接补给种养大户的做法存在严重弊端。比如发展蚕桑大棚，村里以前的做法是，只要村民建了蚕桑大棚，就按核实面积补助资金，但实际情况是，有些村民因故不干了，把大棚拆了卖了，财政补助资金没有发挥出应有效益就打了水漂，蚕桑产业的发展也起伏不稳。针对这个问题，村"两委"商议将财政补助资金打捆集中，由村委会统一建设大棚，租给大户经营，既保证了蚕桑产业持续稳定发展，又形成了一笔600多万元的集体资产。2017年，该村蚕茧贸易量占全县的1/3，销售收入超过1000万元，村集体从蚕桑产业获得的收入近20万元。通过这件事情，后来黄溪村对各级财政给予的各类涉农项目资金、奖补资金，都会尽可能想办法让其转为村集体股金，投入到蚕场、茶园、苗木、果业、蔬菜等产业中，为集体提供稳定的股红收入。2017年，该村集体经济净收入达40万元。

从黄溪村调研后，我们与修水县委的领导同志交流探讨该村的这种做法。他们介绍，事实上，已经有很多村也是这样整合利用各级财政涉农资金发展集体经济的，但县里还没有制定统一的政策措施。基层蕴藏着无穷的创造力，上面喊了多年要整合财政涉农资金，其实村级层面静悄悄就给整合好了。从我们调研掌握的情况来看，别的县如崇义、上犹、信丰的一些村，也有类似做法。财政涉农资金转村集体股金，可为村集体经济提供稳定的股红收入，变"输血"为"造血"，同时也解决了财政涉农资金一次性投入、一次性使用，投入分散、效益不高等问题。据估算，我省过去5年财政涉农资金平均到每个村累计达1000余万元。如何利用好这块资金发展集体经济，亟须在政策层面上明确。我们建议：参照安徽等省的做法，尽快制定出台鼓励和规范财政涉农资金变村集体股金的意见和实施方案。将财政投入到农业农村的发展类、扶持类资金（救灾和打卡到户的补贴类资金除外），在符合政策要求、不改变资金使用性质和用途的前提下，量化为村集体和农民持有的股金，入股经营主体，获得股份收益。同时，以财政资金为杠杆，撬动农户的分散资金、社会资金、金融资本都参与到发展壮大农村集体经济上来。

## 三、如何引导工商资本助推农村集体经济发展

在我们调研的30多个村中，外来工商资本与村集体之间的关系，常见的是外来工商资本交些租金给村集体。除了租金收入，工商资本下乡对村集体经济长远发展带动作用不大。但是，有两个案例对我们启发很大，分别是修水县黄溪村和信丰县曾屋村，这两个村的集体经济与工商资本形成了较为紧密的股份合作关系，使得村集体经济能够在工商资本带动下由弱变强。其中，曾屋村我们跟踪调研了两年多时间：2015年1月，曾屋村在党支部带领下成立憨农股份合作社，风风火火搞起了大棚种植和农家乐。之后村集体以财政涉农资金入股合作社，占了25%固定比例的股权。出于多方原因，股份合作社出现了经营困难，2016年底是最困难的时候，一度需要村干部变卖自己的资产维持运转。在引入外来工商资本后，这种境况发生了根本性改变。2017年9月，通过在外乡贤牵线，该村引进国家农业产业化龙头企业——山东寿光蔬菜产业集团，通过租用的方式，整合股份合作社成立了新公司。工商资本的介入迅速盘活了负债困境中的憨农股份合作社，也带动村里果蔬种植产业。新公司成立仅半年多时间，员工规模迅速扩大到200余人，其中本地人有190多人，曾屋村的蔬菜大棚也从股份合作社自建的9座发展到了89座，目前在建的大棚还有120座。2017年曾屋村集体经济收入达41.7万元，其中受益工商资本带动的就有39.7万元，占95%。

调研中，乡村干部群众认为，农村集体经济发展仅靠自身，会在资金、人才、渠道、产业集聚上遇到很多困难，吸引工商资本下乡助推农村集体经济发展是现实选择，也是必由之路。当前影响工商资本下乡主要

存在以下三个问题：一是农村集体产权制度改革总体进展较慢。村集体资产是本“糊涂账”，很多村对集体各类资源的价值没有清晰认识，不知道哪些可以拿来与工商资本合作，合作中又该作价多少。二是缺乏有效运作管理村集体资产的市场化主体。村集体经济对接工商资本下乡，必须要有村集体经济组织作为经营主体来运作管理集体资产。据省农业厅统计，截至2017年底，我省有村级集体经济组织1.7万个。但据我们实际调研，其中绝大多数村集体经济组织是以各类经济合作社代行村集体经济组织功能，这种合作社虽有法人营业执照，但无法取得统一社会信用代码，缺少全国统一的“身份证号”，与工商资本开展合作只能局限于狭义的农业生产领域，经营范围受到限制，难以向二、三产业拓展。三是缺乏工商资本和村集体对接的平台。一方面是工商资本不知道有哪些合适的项目和合作对象；另一方面，一些有发展资源和潜力的村饥不择食，引进的工商“投机”资本不但没带来好处，还让集体和村民的利益受损。

鼓励引导工商资本下乡，充分发挥其积极作用，不仅有利于助推村集体经济发展壮大，而且有利于促进实施乡村振兴战略。我们建议：一是省级层面出台鼓励引导工商资本助推村集体经济发展的实施意见。健全和完善对接平台、融资贷款、配套设施建设补助、税费减免、用地等扶持政策。建立工商资本下乡的引导和风险防范机制，切实保障农村集体经济组织和农户的权益。二是加快推进农村集体产权制度改革，建立统一规范的村级集体经济组织。目前，村集体经济组织同村党组织、村委会、村民监督委员会的关系没有理顺，实践中，村委会或村委会建立的合作社往往代行了权力和职能。建议借鉴浙江、江苏等省的做法，在新一轮农村集体产权制度改革中，尽快研究制定我省村级集体经济组织的地方条例，统一规范组织名称、认定办法和运行章程，全面开展村级集体经济组织登记赋码工作，赋予其完全市场主体地位，使其既可享受各项支农惠农政策，又可与工商资本无缝对接，彻底改变我省村集体经济发展“有资产缺运营”的状况。

## 四、如何强化县域内统筹消除“空壳村”“薄弱村”

发展壮大村集体经济，最大的难点和短板还是“空壳村”和“薄弱村”。据统计，2017 年，我省经营收益低于 5 万元的村还有 11336 个，占总数的 71.73%，而我省提出的发展目标是，到 2020 年底，80% 的村集体经济收入要超过 5 万元，时间紧任务重。为了强化这个薄弱环节，补齐短板，部分县（市、区）积极探索，在县域统筹上想办法、出实招，有些地方已经初见成效：一是统筹资金项目扶持。如崇义县统筹财政涉农资金，依靠项目扶持增强村集体“造血”功能：统筹规划，加大信贷支持力度；统筹林业生态收益，实行“生态分红”；统筹资金建光伏发电项目，使村集体经济稳定增收；统筹资金奖补高标准农田确权确股不确地项目，实现村集体经济持续增收，2017 年全县村集体经济平均收入达 18.81 万元，所有行政村集体经济收入达到 5 万元以上，全面消除了集体经济“空壳村”。二是统筹盘活沉淀资产。如德兴市依托德兴市投资控股集团，从盘活村集体活动或办公场所入手，将村集体活动或办公场所折价入股，开发建设南门农贸市场项目，预计到 2018 年底，年利润可达 290 万元，参与该项目的 71 个“薄弱村”都将增加 4 万多元收入，每个村加上原有的收入，集体经济收入将达到 5 万元以上。

从我们调研掌握的情况看，类似这样县域内统筹消除“空壳村”“薄弱村”的探索还不太多。有些县（市、区）对该项工作仍然重视不够、认识不到位、办法没出来。甚至有的说：“这没什么好考虑的，到时拿一笔钱扶助一下就完成任务了，既快又好。”这种“平时不用力，到时乱撒钱”的想法、做法是错误的、有害的，需要及时加以纠正。其实省委、省政府 2017 年 9 月出台的《关于稳步推进农村集体产权制度改革发展壮大农村集体经济的实施意见》就已经指出，要发挥县级党委和政府统筹功能，加强规划、项目、资金统筹。这统筹不是简单意义上的资金统筹,更不是财政大包大揽,而是着眼于补足“空壳村”“薄弱村”集体经济发展短板,精准施策,让他们走上自我发展之路。针对这些现象,我们建议:一是要进一步明确县级政府消除“空壳村”“薄弱村”的主体责任。鼓励和支持县级政府因地制宜拿出统筹解决办法,通过集中投入人力、财力、物力,加大培育力度,积极探索“空壳村”“薄弱村”集体经济可持续发展的实现路径。二是加强督促指导。典型引路,及时总结提炼经验,推动形成“空壳村”“薄弱村”集体经济发展示范县。加强对县域内统筹推进“空壳村”“薄弱村”集体经济发展的督促和指导,适时召开工作推进会,以点带面,整体推进。

## 五、如何激发村干部发展集体经济积极性

凡是集体经济发展比较好的村,都离不开一个既有无私奉献精神,又有发展眼光和能力的带头人。我们调研中接触到的几个村党支部书记,如南昌县剑霞村的党总支书记刘伟平、修水县黄溪村的党总支书记徐万年、信丰县曾屋村的党支部书记曾梓清、德兴市汪村的党支部书记汪冬根,这些村的带头人有几个共同特点:一是本村人,口碑好;二是多年在外经商办企业积累了丰富的经验和能力;三是都有强烈的事业心和奉献精神。如徐万年曾在20世纪70年代就担任过黄溪村的党支部书记,带动该村成为当时全县“农业学大寨”10面红旗之一。之后,他当过3年副乡长、4年企办主任,后又下海创业成功,2008年村“两委”换届时全票当选村党总支书记。在他的带领下,2016年全村实现脱贫,村民人均可支配收入由8年前1300元提高到12000元。又如南昌县剑霞村,6年前还是一个脏乱差的“空壳村”“落后问题村”“上访重点村”。2012年,在外创业成功的致富能手刘伟平回村当选为村党总支书记。在他的带领下,如今的剑霞村已成为全国文明村、全国民主法治示范村。2017

年,村集体经济收入达 30 万元,村民人均可支配收入由 2012 年的 0.98 万元,提高到 2 万多元。

但从我们调研的 30 多个村来看,这样优秀的村级带头人还太少,特别是集体经济发展缓慢的村,村干部对发展集体经济积极性并不高。我们分析,主要原因有两个:一是村干部发展村集体经济的能力不足。目前大部分村干部虽然具备一定的行政管理能力,但专业化程度不高,缺乏资本运营、企业管理与市场开拓等能力,尤其是缺少能带领全体村民共同致富的"领头雁"。二是激励考核措施还不完善。现在上级对村"两委"班子的考核,在党建、廉洁等方面有内容、有形式、有要求,但对发展村集体经济既没有考核要求,也没有激励措施。村干部没有压力,也没有动力去发展村集体经济。不少村干部认为集体经济是集体的,发展好坏跟他们关系不大。有的村干部表示自己既要管理村务,又要发展集体经济,一肩挑两头,担子太沉重,累死累活做大了,自己又得不到额外的好处。

发展壮大村集体经济,基层党组织的引领作用是关键。我们建议:一是注重培养选拔有能力、有事业心的带头人。加大对村支书、村主任专业能力的培训力度,有针对性地开展现场教学、跟班培训。注重选拔培养那些创业成功后返乡,愿意扎根农村,把带领村民发展作为自己的事业来追求的能人。二是建立激励机制。一方面,探索把村集体经济组织负责人报酬与村集体经济发展情况挂钩,允许有收入的村按一定比例提取奖励资金。如上犹县把村集体经济增收与村干部报酬挂钩,从村集体经济当年新增经营性纯收入中列支 20%,奖励对村集体经济发展有功的村干部。另一方面,鼓励有条件的村集体经济组织实行股权激励机制,从村集体股中拿出部分股份,对村委会聘请的优秀人才和有突出贡献的公司管理人才进行配股,通过正向激励和事业拴心留人。三是进一步健全和完善考核机制。把村党组织带领发展村集体经济情况,纳入党建工作年度目标考核，提升基层党组织服务村集体发展的责任意识。

推进农村“三变”改革，发展壮大村级集体经济，是实施乡村振兴战略的迫切需要。这既是一件大事，也是一件难事。总体来看，难就难在分散“沉睡”的资源、资产、资金如何有效盘活激活；难在产业如何选择，资金、技术、人才等要素瓶颈如何突破；难在如何把集体经济与全体村民的利益紧紧捆在一起，有效激发村民抱团发展的积极性和创造性。上述五个问题，与这些难点的突破紧密相连，需要引起方方面面的高度重视和关注，切实推动解决。

（课题组成员：黄光明　黄英金　颜斌　曾国栋　郭如良　翁贞林　陈美球　杨倩雯　李勇　京方程）

兴国县枫林村村民每年可在此蔬菜基地享受20万元的固定分红

景德镇市马鞍岭村风景如画

# 分报告

谋求新时代发展壮大农村集体经济的新路

江西省农村集体经济发展的现状、不足及对策建议

南昌市青山湖区进顺村创建村属物流园,壮大了集体经济

# 谋求新时代发展壮大农村集体经济的新路

江西省农业农村厅课题组

发展村级集体经济不单是一个纯粹的经济问题，更是一个关系到党在农村执政基础和执政地位的重大政治问题。为探索新时代村级集体经济发展的有效路径，近期我们就农村集体经济发展情况进行了专题调研，了解我省农村集体经济的发展现状，提出了发展壮大村级集体经济的对策建议。

## 一、发展现状

近年来，我省各级党委、政府高度重视发展村级集体经济，采取了一系列有效措施，出台了一系列政策文件，大力推进经济“薄弱村”转化，取得了很大成效。据统计，我省2017年底村级集体组织1.7万个，组级集体20万个，村均转移支付11万元，村集体经济总收入79.2亿元，其中经营收入22.4亿元；总支出59.2亿元，其中经营支出13.6亿元，较上年收入和支出均有所增加；总资产328.4亿元，负债156.3亿元。当年无经营收益或低于5万元经营收益的村数11336个，比上年减少4.3%；经营收益5万—10万元的村数2775个，比上年增加32.1%；经营收益50万元以上的村数仅432个，不足总数的3%。从我省农村集体经济发展类型看，大致可分为四类：

一是资源型。主要是一些离城市较远，森林、水利等自然资源较为丰富，环境优美的地方，具有后发优势。铜鼓县排埠镇永丰村地处山区，竹林资源、旅游资源、水利资源丰富，环境优美。2010 年底，该村负债 20 多万元，2011 年村“两委”新班子上任后，积极谋划集体经济发展，充分利用地理优势，主动探索推进农村集体产权制度改革，凝民心、聚民力，引进社会资本参与建设，建立了水电站、雷竹合作社、土特产公司，发展休闲旅游，如今集体资产达到 800 万元，成员仅水电站分红就达到每户每年 3000 多元。

二是资产型。主要集中在城中村和城郊村，数量不多。这些村庄随着城市的飞速发展，渐渐融入城市。而城市在征地发展过程中，一般都留下至少 5% 的土地给集体发展经济，同时征地补偿款中的土地补偿费也留在集体。集体用这些资金、土地建起了店面、厂房、停车场等物业或者兴办企业，拥有了大量固定资产。如南昌的进顺村、顺外村，赣州的白云村，萍乡的跃进村，等等。

三是服务型。一些村庄既没有地理区位优势，又没有自然资源优势，集体掌握的资产资源也不多。但有一个强有力的基层组织领导班子，充分发挥基层党组织的战斗堡垒作用，引导农民走合作之路，组建农民专业合作社，或以土地入股组建土地股份合作社，发展一村一品、特色农产品，进行三品一标认证，作出品牌，提高农产品附加值，引领农民致富，壮大农村集体经济。余江县山底优质稻合作社秉持“人人有活干、个个是股东、家家有钱赚”合作模式，把田地、劳动力、技术和合作社发展基金按照 3∶3∶3∶1 利益分配，吸引了大量村民入社。目前，合作社成员增加至 103 户，种植面积由 216 亩发展到 2040 亩，合作社固定资产达 260 万元，不仅盘活了土地，实现了农业集约化生产，而且增加了社员收入，壮大了村集体经济。

四是三无型。我省目前大部分村集体属于此类,无资产无资源无能人。我省在 20 世纪 80 年代农村改革时,分得较为彻底,集体掌握的资产资源不多。进入新世纪之后,农村承包地、林地改革更加彻底,绝大部分资源都确权到户,村集体掌握的只有少数山塘水库、林地、四荒地等资源。在缺乏能人带动的情况下,大部分村级组织完全靠财政转移支付勉强维持运转,农村集体经济发展严重滞后,影响了农村全面小康进展。

## 二、问题分析

目前,我省大部分村受基础薄弱、资源贫瘠、村干部观念落后等因素影响,村级集体经济很弱,全省"空壳村"的比重还很大。我们发现影响和阻碍村级集体经济发展的因素是多方面的,归纳起来,主要是"四缺"。

### (一)缺少"能人"

一是受市场经济和打工潮的影响,在村干部待遇偏低、村级集体经济"一穷二白"的现实下,很多懂经济、有头脑、善经营、有闯劲的人纷纷外出务工或创业,导致多数村干部年龄偏大,且思想保守、观念落后,缺乏经营能力,"等、靠、要"思想严重。二是多数村干部认为发展集体经济费力不讨好、吹糠不见米、风险自己担、利益集体享,一旦搞砸了还会新增债务,遭到斥责和埋怨,甚至会丢选票、被起诉,存在"不求有功、但求无过"的思想。三是当地乡镇干部驾驭市场经济的能力不足,在发展集体经济上裹足不前,畏首畏尾,不敢先行先试,导致有资源条件不会用,有了集体经济不会管,担心回到"富"了个别村干部、"穷"了整个村集体的老路上。四是村干部人员少,常规工作任务重、压力大,整天疲于应付,没办法把心思和精力主要放在发展村级集体经济和增加群众收入上。

### (二)缺少"资源"

一是 20 世纪 80 年代初实行家庭联产承包责任制时,多数村已将集体土地、山林、水库等资产全部包产到户或组,已无集体资产可用。二是少数村有集体资源,但由于地势偏远,交通不便,加上实行的生态公益林和天然林保护政策,导致不能开发或开发利用价值不大。三是有的村干部为了降低市场风险,或者为了解决当前村财务面临的燃眉之急,将集体资源进行简单处理,一次性收取30年甚至50年的承包费或出让费,导致集体资源利用率低,村级集体经济缺乏可持续收入。

(三)缺少"资金"

一是有的村为了修道路、美化环境等,已经背上了沉重的债务,再也无钱无力来发展村集体经济。二是有的村干部有想法,有思路,很想发展经济,也看准了项目,但缺"第一桶金",只能望洋兴叹。三是有的村虽然有一些资金,可以启动发展,但怕后续资金跟不上,不敢去银行贷款,也贷不到,只能作罢。

(四)缺少"政策"

一是资金整合难,现行扶持村集体经济发展"政出多门",缺乏通盘计划,专项资金整合难,没有形成合力。二是土地落实难,不少地方村级发展用地指标难以落实。三是项目配套要求高,许多项目因为农村自筹资金到不了位而落不了地。四是税收负担过重,目前普遍按照企业方式和标准对村集体经营项目征税,体现不出政策扶持。

## 三、对策建议

壮大农村集体经济实力,是一个复杂而长期的系统工程,需要从土地流转、财税政策、人才培育、资产监管等多个方面予以完善与推进。

(一)加大政策扶持"输血"

一是建立专项基金。县、镇(乡)两级村级集体经济发展专项基金,整合各部门支农惠农资金,对发展计划可行、经营风险小、管理科学的村集体经营项目,采取贴息、奖励、补助等方式予以扶持,并按国家税收政策规定，依法享受企业所得税税收减征、免征优惠政策。二是落实用地政策。积极推进城乡建设用地增减挂钩，置换出的建设用地指标优先安排用于农村各类经营项目，节余指标经批准可有偿调剂到城镇使用，土地增值收益返回村集体。除国家重大项目外，征占集体土地必须留不少于6%的土地，无偿给集体发展经济使用。村集体使用村内符合土地利用规划和城镇规划的土地，可不办理征地手续，只需要办理农用地转用手续，涉及的农转用地指标优先保障。三是加大信贷扶持。金融部门对符合条件的村级集体经济发展项目，增加授信额度、降低贷款利率、延长贷款期限等，给予优惠和扶持；支持农村信用社等金融机构向农村延伸布局经营网点，全面实现“农信银”或“惠农通”工程村村通。

（二）盘活集体资产“造血”

一是因地制宜发展资源经济。鼓励村集体采取入股、租赁、流转等多种形式，依法合理开发利用村域内土地、森林、水面、自然景观等资源，发展现代设施农业、林下经济，建设特色农产品种养基地，发展乡村旅游休闲农业。二是大力发展服务经济。鼓励村集体采取提供统一管理、有偿服务等多种形式，领办创办各类服务实体，为农民提供技术、信息、物资、流通、仓储等服务；发展农村电子商务，建立农产品网上交易平台；支持村集体建立农产品产地集配中心和标准化农贸市场；鼓励发展通信、文化、餐饮、娱乐等服务业。三是加快发展物业经济。鼓励村集体通过出租、股份制等多种形式，经营管理好村集体资产，获得稳定收入。盘活闲置的村部、学校、旧厂房等资产和利用集体建设用地兴办物业项目；依法依规整合相关帮扶资金，采取县乡统购统建或村级单独购建等形式，就近在城镇或工业园区置办商铺门面、仓储设施、厂房等物业。四是鼓励探索混合经营。鼓励以集体林场、土地、水塘等资源性资产及财政补助形成的资产参股农民合作社等新型经营主体和经营稳健的工商企业，有条件的村，可探索设立扶持村级集体经济发展基金。探索强村带弱村、村企联手共建、政府定点帮扶、扶贫开发等多种形式，实现多元化经营。

（三）培育农村能人“生血”

一是配强村级班子。加强农村基层组织建设，选优配强村“两委”班子，特别是配齐配强村党组织书记。始终将政治标准放在首位，打破地域、身份、行业限制，注重从农村致富带头人、专业合作组织负责人、优秀民营企业家、复员退伍军人、外出务工经商人员、大学生村官等优秀人才中选配村党组织干部。二是提升干部素质。大力实施村干部素质提升工程，开展大规模教育培训，提高他们带领群众发展集体经济的本领。依托大专院校，建设农村集体经济人才培训基地，也可组织农村集体经济组织负责人到外省跟班学习，加大农村集体经济人才培养力度。鼓励和引导外出务工人员返乡创业，树立“服务家乡、发展自身”的理念。三是建立激励机制。探索推广经营班子年薪制、风险抵押金制以及外聘职业经理人、独立董事等经营管理机制，有条件的村可根据农民意愿探索股权激励机制，激发经营者对发展集体经济的积极性。

（四）强化改革创新“活血”

一是清家底。要在全省范围内开展清产核资，摸清农村集体经济组织家底，处理好历史遗留问题，清理不合理经济合同。开展成员界定，依法依规确定集体经济组织成员，开展资产量化，合理确定集体与个人股份，开展股份合作，确定合理分配机制。二是严监管。建立和完善农村集体“三资”信息化监管平台，推动农村集体资产财务管理制度化、规范化、信息化。稳定农村财会队伍，落实民主理财，规范财务公开，切实维护集体成员的监督管理权。加强农村集体经济组织审计监督，继续开展村干部任期和离任经济责任等专项审计，建立问题移交、定期通报和责任追究查处制度，防止侵占集体资产。三是减负担。全面清查村级组织负担，科学界定县（市、区）、乡镇、村级组织的事权和责任，政府公益性项目和公共服务设施向村级延伸时，不得变相转嫁由村承担；确需村级分担的，应由相关部门安排工作经费并提高补助标准，从源头上减轻村级负担。

（五）建立长效机制“补血”

一是高度重视村级债务化解工作。目前村级举债已成为农村发展新常态，特别是农村公益事业配套资金成为村级举债的大头，并有加重化倾向。对此需要及早谋划，出台有序妥善处理村级债务的相关政策，多措并举化解历史债务，遏制这一趋势，将问题消除在萌芽状态。二是高度重视农村公益设施运维问题。农村公益事业、基础设施项目既要重建设也要重管护，要统筹安排资金，确保建得起、用得了、管得好。三是高度重视建立“兜底”机制。目前，我省村级集体经济两极分化问题突出，特别是山区、库区等村庄集体经济发展难，同时为保护环境作出了积极贡献，要充分考虑这些地区的发展问题，形成强有力的财政兜底、项目兜底或帮扶兜底等机制，不让一个“薄弱村”在发展中掉队。

（执笔人：黄文新）

永修县易家河村鸟瞰图

# 江西省农村集体经济发展的现状、不足及对策建议

江西财经大学课题组

农村集体经济是指主要生产资料归农村社区成员共同所有，实行共同劳动，共同享有劳动果实的经济组织形式。党的十一届三中全会以来，我国农村集体经济改变了过去“三级所有、队为基础”的基本经济体制，村级集体经济成为农村基本的经济组成部分。并且，伴随着家庭联产承包责任制的推行，村级集体经济改变了过去“集体所有、统一经营”体制一统天下的格局，在家庭分散经营与集体统一经营相结合的双层经营体制基础上，衍生出多种实现形式。2019 年中央一号文件指出，坚持农业农村优先发展总方针，以实施乡村振兴战略为总抓手，对标全面建成小康社会“三农”工作必须完成的硬任务，适应国内外复杂形势变化对农村改革发展提出的新要求，抓重点、补短板、强基础，围绕“巩固、增强、提升、畅通”深化农业供给侧结构性改革，坚决打赢脱贫攻坚战，充分发挥农村基层党组织的战斗堡垒作用，全面推进乡村振兴，确保顺利完成到 2020 年承诺的农村改革发展目标任务。而壮大农村集体经济是破解乡村振兴制约因素的有效举措，只有大力发展壮大村级集体经济，才能全面推进乡村振兴战略，统筹推进农村经济建设、政治建设、文化建设、社会建设、生态文明建设和党的建设，让农业成为有奔头的产业，让

农民成为有吸引力的职业，让农村成为安居乐业的美丽家园。

近年来，许多专家学者从不同视角对农村集体经济进行了研究。夏永祥(2014)认为，足够的资产存量和甘愿奉献的带头能人是其实现村集体统一经营的先决条件，特别是除土地外，其他类型资产的保留被认为是其避免农村经济组织空壳化的重要原因之一。谭秋成(2018)、刘灿(2013)的研究表明，以长三角地区为代表的农村集体经济组织不仅特别注重农村基础设施建设，而且也十分注重农村社会保障体系建设，通过积极推动城乡养老、医疗、低保的统筹并轨工作，来增加集体成员获得感。苑鹏等(2016)、郑有贵(2017)的研究发现，农村集体经济组织法人地位问题不明确、配套财税减免政策缺失，导致村级集体担负了运营赋税和公共治理开支的“双重开支”，沉重的财政负担已经开始造成东莞等地区农村集体经济组织入不敷出。

农村集体经济建设是提升农村居民生活水平，促进农村经济协调稳定发展的有效途径，党和政府历来对农村集体经济建设十分重视。近年来，在我国国民经济不断发展过程中，农村集体经济仍然占据着重要的地位。新时期背景下，农村集体经济建设发展更应与时俱进，不断创新，从而更好地适应当今社会发展需求。

## 一、壮大农村集体经济的必要性

### (一)壮大集体经济是实现新农村建设的基本保障

实现共同富裕体现了党代表广大人民群众的最根本利益。在社会主义初级阶段，由于生产力发展水平的不平衡性，无论是在一个地区还是具体到一个村，实现共同富裕的进程有先有后，富裕的标志水平有高有低，尤其在一个村内农户之间，因为存在知识、技能等差别，富裕与不富裕的差异就会更加明显。在承认差别的情况下，如何采取有效办法促进共同富裕是必须要尽快解决的问题。现在，个别农民通过劳动可以积聚上百万上千万元财产，兴办许多企业，盖若干豪华楼房，但让他们把部分财产拿出来给全村农民享用，发展公益和福利事业，实现共同富裕，是难以做到的，也不能这么要求。而村级集体经济发展得好，村级组织统一支配的财力雄厚，就完全有能力为全村人办大事、办好事，就可以让家家户户过上好日子，体现共同致富原则，建设富裕和谐文明的社会主义新农村。

（二）壮大集体经济是巩固农村基层组织的根本保证

经济基础决定上层建筑在村一级的体现最直接，也最明显。村集体有钱，经济实力雄厚，什么事情都好办，党支部有凝聚力、有号召力，村干部说话就有人听。村集体没有钱，经济实力薄弱，什么事情都难办，村级组织和村干部在群众中就缺少威信。加强农村基层组织建设，壮大集体经济实力，关键要做到两条：一条是有人办事，一条是有钱办事。“有钱办事”对于一个村来说，就是要有一定的财力。村级组织不是一级政府，办事需要的钱不在政府财政预算之内，因而没有固定的经费来源，那么办事的钱从哪里来？实践证明只有发展集体经济。村级集体经济发展得好，有钱为村民办实事、办好事，村兴民富，以党支部为核心的村级组织就会得到村民的拥护和爱戴，党的形象和威信也会不断得到提高。

（三）壮大集体经济是实现农村现代化的坚强支柱

要实现现代化，关键在于农村现代化的实现。当前集体经济发展较好的村，基本上都因地制宜地给予了优惠政策，村里的经济实行统一经营。这些村大都由此进入了发展的快车道，较早地实现了小康，并向现代化迈进，且这些村基本上都是集体经济搞得好、富裕的村。这些村的实践充分证明，在条件成熟的地方，在有一定经济基础的地方，坚持集体统一经营是能够促进生产力更大发展的，是能够使村民富裕并文明起来的。因此，如果村集体有雄厚的财力作支撑，必将加速实现农业和农村现代化。

（四）壮大集体经济是农村经济发展的基础条件

一方面是现在有些地方的非公有制经济发展得快、发展得好，原因是这些地方过去的集体经济基础好。在多年的集体经济发展过程中培养了一批能人，这些能人抓住集体企业改制和农村经济转轨的机遇，大胆地发展各类非公有制经济，促进了一方经济的发展和繁荣。在这些地方虽然集体企业被改制成了私营个体企业，但是，因为多年来集体经济积累的实力比较雄厚，在农村经济转轨之后，有钱办事，以集体经济为依托，进一步改善经济发展的环境和条件，对外招商引资的吸引力很强，扶植各种非公有制经济发展的办法比较多，出现了集体经济与其他所有制经济共同发展的良好局面。另一方面是有些地方集体和其他非公有制经济发展都不行，根本的原因还是集体没有财力，始终没有能力改变经济发展的环境和条件，对内没有凝聚力，对外没有吸引力。因此，发展先进生产力，决不可忽视集体经济的基础作用。

## 二、江西农村集体经济发展现状

习近平总书记强调，要把壮大村级集体经济作为基层党组织一项重大而紧迫的任务来抓，增强基层党组织的凝聚力，提高村级组织服务群众的能力。党的十九大作出实施乡村振兴战略的重大部署，提出深化农村集体产权制度改革，保障农民财产权益，壮大集体经济的重要任务。2016 年江西省入选为财政部扶持村级集体经济发展的 13 个试点省份之一，为加强村级集体经济实力，江西省各地市认真贯彻落实中央和省委部署，强化党建引领，坚持因村施策，突出造血功能，使出真功硬招，取得了卓越成效，村级集体经济不断发展壮大。与 2016 年相比，2017 年全省“空壳村”从 9606 个减少到 270 个，减幅达 97.19%；集体经济 5 万元以上的村从 1964 个增加到 13001 个，增幅达 561.96%，进一步夯实了农村基层党组织凝聚服务群众的物质基础，提升了组织力，强化了政治功能和服务功能，为打赢脱贫攻坚战、促进乡村振兴、引领农民实现共同富裕提供了坚强保证。

从全省村集体经济发展来看（见表1），2017年江西省村集体经济总收入为341672万元，较2016年村集体经济收入增长231845万元，增幅达到211.1%；2017年江西省村均集体经济收入达19.97万元，较2016年村均集体经济收入增长13.59万元，增幅达到213.01%。可以看出，2016年至2017年，江西省村集体经济得到大幅发展。从江西省市级村集体经济发展来看，在村集体经济总收入上，2017年南昌市最高为151047.1万元，鹰潭市最低为3188.3万元，前者约为后者的47倍；在村均集体收入上，南昌市最高为130.21万元，抚州市最低为6.01万元，前者约为后者的22倍；在村集体经济增产方面，南昌市最高为99913.8万元，景德镇市最低为2496.5万元，前者约为后者的40倍；在村集体经济增幅方面，抚州市增幅最大为810.94%，景德镇市增幅最小为43.86%，前者约为后者的18倍。综合以上分析，从村集体经济的总收入、村均收入、增产情况和增幅情况四个角度来看，江西省村集体经济发展存在较大差异，各地区村集体经济发展不平衡。

**表1 江西省村级集体经济增长情况**

| 地区 | 2017年情况（万元） | | 2016年情况（万元） | | 增产情况（万元） | |
|---|---|---|---|---|---|---|
| | 总收入 | 村均收入 | 总收入 | 村均收入 | 总收入 | 村均收入 |
| 南昌 | 151047.10 | 130.21 | 51133.30 | 43.52 | 99913.80 | 86.69 |
| 赣州 | 50618.90 | 14.59 | 14921.20 | 4.28 | 35697.70 | 10.31 |
| 吉安 | 31352.00 | 12.41 | 9452.90 | 3.72 | 21899.10 | 8.69 |
| 宜春 | 23244.80 | 10.59 | 5480.60 | 2.46 | 17764.20 | 8.13 |
| 上饶 | 21566.60 | 9.34 | 5563.30 | 2.38 | 16003.30 | 6.96 |
| 九江 | 18157.00 | 10.36 | 5550.40 | 3.17 | 12606.60 | 7.19 |
| 萍乡 | 14076.00 | 21.96 | 7453.80 | 11.74 | 6622.20 | 10.22 |
| 抚州 | 10884.50 | 6.01 | 1546.50 | 0.85 | 9338.00 | 5.16 |

续表

| 地区 | 2017 年情况(万元) | | 2016 年情况(万元) | | 增产情况(万元) | |
|---|---|---|---|---|---|---|
| | 总收入 | 村均收入 | 总收入 | 村均收入 | 总收入 | 村均收入 |
| 新余 | 9348.30 | 22.64 | 2683.10 | 6.56 | 6665.20 | 16.08 |
| 景德镇 | 8188.90 | 16.44 | 5692.40 | 11.41 | 2496.50 | 5.03 |
| 鹰潭 | 3188.30 | 9.41 | 350.00 | 1.02 | 2838.30 | 8.39 |
| 江西省 | 341672.00 | 19.97 | 109828.00 | 6.38 | 231845.00 | 13.59 |

从 2017 年江西省市级村集体经济的空间分布来看(见图 1),在村集体经济总收入层面,南昌市村集体经济总收入最高,其周边市区的村集体经济总收入较低,位于江西省南部地区的吉安市和赣州市集体经济总收入处在中等水平;在村均集体经济收入层面,南昌市村均集体经济收入达到较高水平,新余市和萍乡市达到中等水平,其余大部分地区的村均集体经济收入水平较低,均低于江西省村均集体经济收入水平(19.97 万元);在村集体经济增收层面,南昌市村集体经济增收达到较高水平,上饶市、宜春市、吉安市和赣州市集体经济增收达到中等水平,其余 6 个地区的村集体经济增收水平较低;在村集体经济增幅层面,2016 年至 2017 年,抚州市和鹰潭市的村集体经济增幅水平较高,而景德镇市、南昌市和萍乡市的村集体经济增幅水平较低,均低于江西省村集体经济增幅水平(211.1%),其余 7 个地区的村集体经济增幅达到中等水平。可以看出,江西省村集体经济发展在空间分布上不平衡,各个区域村集体经济发展差异明显。(见图 1)

综合以上分析,近年来江西省村集体经济得到了较大的发展,但各区域间村集体经济发展差异仍旧十分明显,南昌市村集体经济发展水平较高,鹰潭市和抚州市村集体经济改善程度及幅度较大,村集体经济发展不平衡问题十分突出。

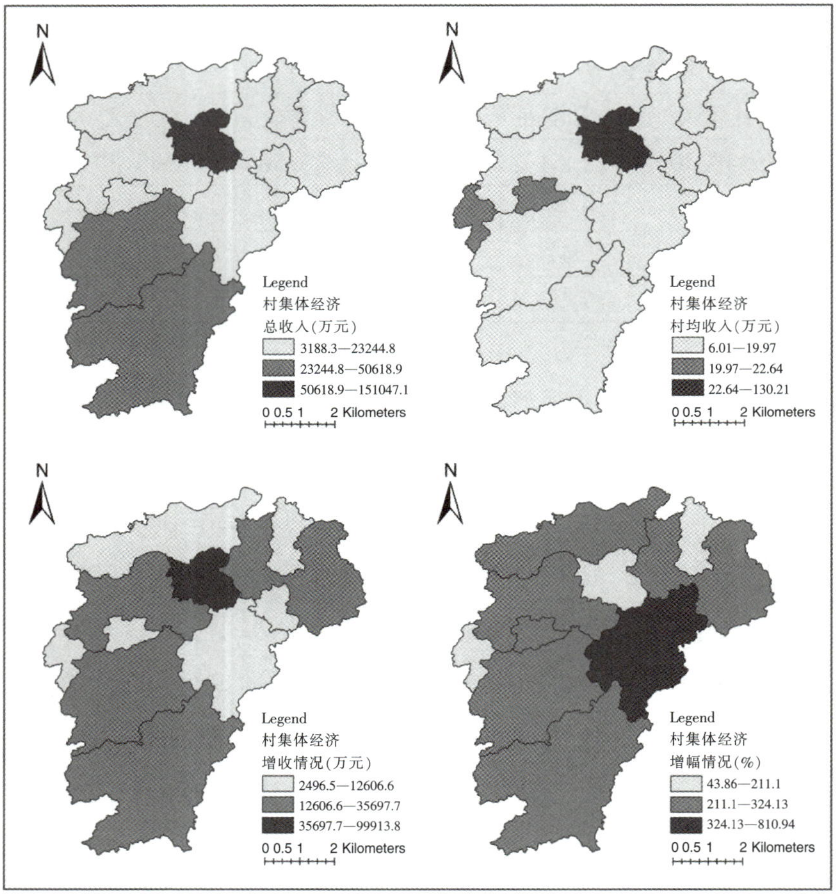


**图1 江西省市级村集体经济空间分布情况**

## 三、江西农村集体经济存在的不足及成因

农村集体经济发展是实现乡村振兴目标的重要物质基础和支撑，发展壮大农村集体经济是推进乡村振兴战略的重要路径。随着工业化、城市化、市场化进程的加快，在给农村集体经济发展带来机遇的同时，也催生出一些新情况和新问题，给其在监督管理方面带来了新的挑战，这就需要我们加强对策研究和制度供给，完善问题预警和问题解决机制，促进农村集体经济做大做强，有效提高和保障农民生产生活水平。作为农业大省，村级集体经济是江西省农村经济体系中不可或缺的一部分，其

发展程度将直接关系到全省农村经济发展水平。在全国“补短板”的统一步调安排下，找出江西村级集体经济发展的不足，剖析原因，寻求解决路径，能有效提高江西农村经济发展水平，缩小城乡差距，为江西农村经济发展培植新动能。

（一）存在的不足

1. 各地发展很不平衡

虽然随着城市化进程的不断加快，江西省村级集体经济得到了较好的发展契机，也取得了良好的发展态势，村级集体经济“薄弱村”数量在逐步减少，但由于资源禀赋不同，工业化、城市化进程存在较大差异，各地农村集体经济发展很不均衡，村级集体经济“薄弱村”数量虽然进一步减少，但仍占较高比重。以2017年为例，江西省各市（缺萍乡市）村级集体经济平均收入的平均值为39.458万元，中位值为29.135万元，全省仅有南昌、景德镇、新余三市超过平均值，其余7市均在平均线以下。其中南昌市和景德镇市2017年的村级集体经济平均收入均超过90万元，超过平均值的两倍、中位值的三倍，而抚州、赣州、上饶三市则不足20万元，其中赣州市和上饶市甚至低于12万元，不足江西省村级集体经济平均收入平均值的1/3和中位值的1/2。（见图2）

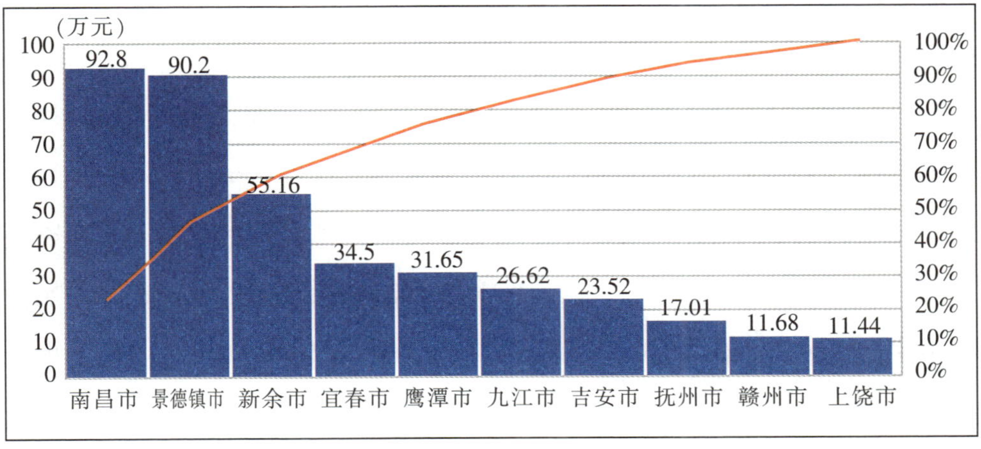


图2 2017年江西省各市村级集体经济平均收入

2. 增收能力动力不强

农村经济发展动力不足是制约当下中国农村经济发展的核心因素之一。目前,江西省村级集体经济同样面临这样的问题。收入结构不合理,自营收入比重低,经营性收入增长缓慢,内生增收能力不强,增收渠道同质化明显且趋于紧缩都是目前江西省村级集体经济发展道路上的“拦路虎”。特别是大多数经济“薄弱村”和“空壳村”缺乏发展的先天条件,村领导班子也缺乏发展思路和发展意愿,导致村集体创收增收渠道匮乏,村集体经济收入主要依赖各级财政补助的“等、靠、要”情况十分普遍。如2015年362.4亿元总收入中,自营收入为197亿元,只占总收入54.4%。全省无经营收益的村还有14534个,占总村数的49.4%,几乎占了全省总村数的一半。作为全省村级集体经济发展最好的地级市,江西省省会南昌市2017年村级集体经济平均收入为92.8万元,但平均经营性收入仅为13.13万元,仅占总收入的14.15%。

3. 村级负担债务沉重

新农村建设进程的推进和乡村振兴战略的实施,在给农村带来新气象、新风貌和新机遇的同时,也涌现出一些负面问题,其中就包括村级集体债务问题。近年来作为对推行新农村建设战略的响应,江西省着力推行农村基础设施建设和整治,设立重点项目,加强对农村道路、文化设施、农民养老、医疗保障、绿化保洁、社会治安等方面的建设和整治,导致村级集体在社会福利和管理等经常性支出方面呈刚性增长趋势。2005年江西省村级总支出为60亿元,到2015年达到155.2亿元,年均增长率9.52%。其中2015年全省村级社会福利支出为86.3亿元,与2005年相比,年均增长率达15%;村级管理费用为66亿元。上述福利支出和管理费用两项支出合计占到村级集体经济自营收入的77.3%。一方面是村级集体收入渠道难以扩展,收入增长乏力,而另一方面则是用于新农村建设的公共福利支出不断增加，这一出一进，就造成目前江西省村级集体经济负债压力持续增加。统计显示，自2005年以来江西省村级集体负债年均增长16.7%。这种寅吃卯粮的做法给经济基础羸弱且还不具备有效偿还能力的村级集体经济带来了沉重的债务包袱，无形中缩小了村级集体经济谋求发展的选择空间。

4. 政策落实仍需加强

虽然各级党委、政府对发展壮大集体经济的认识不断加深，但一些政策配套不够，扶持政策落实还不完全到位。比如，资金整合难，现行扶持村集体经济发展"政出多门"且相互间缺乏有效的沟通与协调机制，导致专项资金整合难，没有形成合力；土地落实难，土地是农村发展的根本，也是村级集体经济收入扩张的重要来源。但受政策落实问题限制，不少地方村级发展用地指标难以落实，导致村级集体失去了选择最优发展路径的基础条件，进而丧失寻求发展的空间和机遇；项目配套要求高，由于在设立专项建设项目时没有考虑村级集体经济的现状，许多项目的配套要求高出了扶持村能力承受范围，使扶持政策最终因为农村自筹资金到不了位而落不了地；税收负担过重，目前江西省没有考虑村级集体经济的特殊性，对村级集体经营项目的征税方式仍沿用了对普通企业的征税方式和标准，没有在税收方面体现出对村级集体经济发展的帮扶态度，增加了村级集体经济的经营成本和发展难度。

（二）主要原因

1. 村民观念难以转变，对于发展集体经济的积极性不高，意见不统一

由于改革开放以前社队经济问题和近年来集体企业亏损的影响，相当一部分人对发展集体经济缺乏信心。一些村民对外部环境影响估计不足，认为主要是村干部的素质、能力问题，他们甚至认为集体经济意味

着将私有财产集体化,失去部分使用权,集体经济的收益难以预测,甚至担心私有资产被村干部占为己有,无法再收回,因此他们参与的积极性不高、支持的力度不大,从而难以达成高度一致的意见,使发展集体经济缺乏群众基础。

2. 发展村级集体经济的人才匮乏

村干部致富能力不强,村组干部的整体素质偏低,开拓意识不强,自觉解放思想的愿望、踏实干事创业的热情低。有的村干部长期待在农村,思想观念和工作思路受到很大局限,因循守旧、求稳怕变。有的村干部年龄大、文化程度低,有热心没能力,想干不敢干,想干不会干。另外,在农村,留不住真正懂经营、会管理、有技术的人才,这些人多数更倾向于在各方面条件和环境都较好的城市寻找发展空间,走出了农村、脱离了土地。

3. 土地流转困难,流转成本过高

土地流转是当期发展村级集体经济的重要途径。但由于农村教育并不发达,大部分农民没有受过良好的思想教育,而封建传统文化的影响却根深蒂固,无法预见土地流转对自身将可能带来的巨大收益。传统的家国文化认为土地在自己手里便是自己的,即使是荒废深山也会有种自我归属感、安全感,使得很难从村民手中获得限制的土地资源。例如:由村集体牵头,实行土地合作化经营、集约化经营,在村集体收取一定管理费、补充村集体经济的同时,又提高了土地效益,增加了村民收入,设想很美好,但在实际操作中群众不拥护、不支持。此外,省内一些土地流转中介机构结构简陋,工作效率较低,进一步加剧了流转困难。而发展集体经济需要大量的土地资源并进行开发利用,从调研情况来看,土地集约化管理非一时之功。

4. 国家资金的支持力度欠缺

国家的财政资金支持力度不够,转移支付力度不大,仅能维持本级村级组织的正常运转，根本没有闲置资金去建设公共基础设施和发展村级集体经济。另外，目前对农村的各种支持主要是针对农村基础设施建设，或者是针对村民个人的民生资金，没有对村级集体经济的专门扶持政策，包括信息、技术、资金、人力等各方面投入都不大。

5. 缺乏发展集体经济的基础条件

实行家庭承包后，各村的土地、山林、池塘等大都承包给家庭和个人，村集体可以用来集中发包、出租的资产主要是一些荒山、荒滩和湖面等，开发利用率较低，有的甚至连这样的也没有。农村在资金积累上也少得可怜，账面上无钱、欠账的情况比比皆是。此外，农村经济建设落后，道路建设滞后，通信设备缺乏，农村与外界的交流沟通不畅，无法快速掌握世界发展的最新潮流，信息更新速度慢，信息资源匮乏。

6. 缺少合理的项目引入

优势项目的引入对于带动农村经济的飞速发展，对发展农村产业化经济和公共基础设施的建设等具有举足轻重的作用。但在实际调查研究中发现，省内大部分农村没有合理的优势项目资源，缺乏引进发展性项目的积极性、主动性和影响力。单纯依靠国家帮扶的项目支持，引入方式过于单一化，有时有些项目引进盲目、水土不服，不能准确地对接农村的发展需要。

## 四、政策建议

### （一）强化县域内统筹消除“空壳村”“薄弱村”

1. 进一步明确县级政府消除“空壳村”“薄弱村”的主体责任

鼓励和支持县级政府因地制宜拿出统筹解决办法，通过集中投入人力、财力、物力，加大培育力度，积极探索“空壳村”“薄弱村”集体经济可持续发展的实现路径。

2. 加强督促指导

典型引路，及时总结提炼经验，推动形成"空壳村""薄弱村"集体经济发展示范县。加强对县城内统筹推进"空壳村""薄弱村"集体经济发展的督促和指导，适时召开工作推进会，以点带面，整体推进。

（二）激发村干部发展集体经济的积极性

1. 注重培养选拔有能力、有事业心的带头人

加大对村支书、村主任专业能力的培训力度，有针对性地开展现场教学、跟班培训。注重选拔培养那些创业成功后返乡，愿意扎根农村，把带领村民发展作为自己的事业来追求的能人。

2. 建立激励机制

一方面，探索把村级集体经济组织负责人报酬与村集体经济发展情况挂钩，允许有收入的村按一定比例提取奖励资金。如上犹县把集体经济增收与村干部报酬挂钩，从村级集体经济当年新增经营性纯收入中列支20%，奖励对村级集体经济有功的村干部。另一方面，鼓励有条件的村级集体经济组织实行股权激励机制，从村集体股中拿出部分股份，对村委会聘请的优秀人才和有突出贡献的公司管理人才进行配股，通过正向激励和事业拴心留人。

3. 进一步健全和完善考核机制

把村党组织带领发展村集体经济情况，纳入党建工作年度目标考核，提升基层党组织服务村集体发展的责任意识。

（三）引导工商资本助推农村集体经济发展

1. 省级层面出台鼓励引导工商资本助推农村集体经济发展的实施意见

健全和完善对接平台、融资贷款、配套设施建设补助、税费减免、用地等扶持政策。建立工商资本下乡的引导和风险防范机制，切实保障农

村集体经济组织和农户的权益。

2. 加快推进农村集体产权制度改革，建立统一规范的村级集体经济组织

目前，村集体经济组织同村党组织、村委会、村民监督委员会的关系没有理顺，实践中，村委会或村委会建立的合作社往往代行了权力和职能。借鉴浙江、江苏等兄弟省份的做法，在新一轮农村集体产权制度改革中，尽快研究制定我省村级集体经济组织的地方条例，统一规范组织名称、认定办法和运行章程，全面开展村级集体经济组织登记赋码工作，赋予其完全市场主体地位，使其既可享受各项支农惠农政策，又可与工商资本无缝对接，彻底改变我省村集体经济发展“有资产缺运营”的状况。

（四）推动部分财政涉农资金变集体股金

利用好这块资金发展集体经济，亟须在政策层面上明确。参照安徽等兄弟省份的做法，尽快制定出台鼓励和规范财政涉农资金变村集体股金的意见和实施方案。将财政投入到农业农村的发展类、扶持类资金（救灾和打卡到户的补贴类资金除外），在符合政策要求、不改变资金使用性质和用途的前提下，量化为村集体和农民持有的股金，入股经营主体，获得股份收益。同时，以财政资金为杠杆，撬动农户的分散资金、社会资金、金融资本都参与到发展壮大农村集体经济上来。

（五）把村集体资产“糊涂账”变为“明白账”

目前，我省农村集体“三资”底数不清，统计部门、农业部门、国土部门都曾开展过普查或统计，但是，至今没有哪家部门能提交清楚完整的数据，数据之间也相互矛盾。农村集体资产普遍存在产权虚置、归属不明、保护不严、流转不顺等问题。摸清农村集体资源、资产、资金“三资”存量，是“三变”改革的基础性工作，将“糊涂账”变“明白账”，是壮大农

村集体经济的前提。建议:一级抓一级层层传导压力。县乡两级党委书记各负其责,定期召开会议调度工作进度,层层抓落实,做深、做细、做实清产核资工作。同时,进一步理顺工作机制。各县(市、区)明确由农业局牵头,财政、国土、水利、林业等部门配合,建立上下贯通、执行有力的清产核资工作队伍。并扎实做好宣传发动工作,最大限度让群众了解政策、知道进展、参与监督。

(执笔人:张利国　鲍丙飞)

余干县大力实施高标准农田建设,为发展新型农村集体经济打下了良好基础

# 子报告

南昌市发展新型农村集体经济的探索
让村“强起来” 让民“富起来”
景德镇市新型农村集体经济发展情况报告
壮大集体经济 推进乡村振兴
新余市新型农村集体经济发展情况的调研报告
鹰潭市发展壮大新型农村集体经济的调研报告
赣州市发展壮大新型农村集体经济的实践与探索
在希望的田野上实现乡村振兴
以改革创新发展壮大新型农村集体经济的上饶实践
壮大村级经济 筑强振兴堡垒
脱贫攻坚离不开发展新型农村集体经济

南昌市湾里区招贤村第一次股东大会

# 南昌市发展新型农村集体经济的探索

中共南昌市委政策研究室课题组

党的十九大报告明确提出全面实施乡村振兴战略，深化农村集体产权制度改革，发展壮大集体经济。全面推进农村集体经济发展，探索农村集体经济有效实现路径，培育壮大农村集体经济，是打赢脱贫攻坚战，实现乡村振兴战略的重要措施。近年来，我市主动作为，创先争优，对发展壮大农村集体经济的实现形式和有效途径进行了积极探索，不断增强村集体经济实力，取得明显成效。

## 一、发展壮大新型农村集体经济已具备良好的基础

### （一）农村大量集体资产积累沉淀

据各县区农村集体资产清产核资数据显示，2017 年底，全市 99.8% 的农村集体经济组织集体资产总量为 217.9 亿元，其中经营性资产 53.7 亿元。全市涌现出了进顺村等 61 个集体资产超亿元的村级集体经济发展"排头兵"，带动全市农村集体经济发展持续向好。

### （二）农村土地承包经营权确权登记颁证基本完成

我市用近 3 年时间基本完成了 957 个行政村、8452 个村民小组、43.29 万农户、280.67 万亩农村土地承包经营权确权登记颁证工作，不

仅有效解决了农村集体土地分包到户中“承包经营权不明、地块面积不准、四至不清”等问题，并且为发展壮大农村集体经济做好了基础性工作。

（三）农村综合产权交易市场建立健全

我市率先在全省建成1个市级、5个县（区）级、64个乡（镇）级农村综合产权交易中心。截至目前，全市农村产权流转交易328宗，成交金额4.8亿元，其中市中心组织交易63宗，成交金额2.8亿元，含农村集体经营性资产17宗，交易金额1.76亿元。农村综合产权交易市场的建立为农村集体经济发展壮大插上了腾飞的翅膀。高新区昌东镇黄家村1750平方米店面5年经营权通过市中心竞价出租，最终价为36.3元/平方米/月（底价17元/平方米/月），此举为集体经济增加收入200多万元。

（四）农村集体产权制度改革如火如荼

我市于2017年底完成了12个省级试点村集体经营性资产股份权能改革任务，实现了集体资产的保值增值。借鉴试点经验，我市在2018年农村集体产权制度改革中对166个村开展了集体经营性资产股份权能改革。截至目前，166个村股改任务基本完成，其中湾里区招贤镇招贤村于2018年11月10日成立了股份经济合作联合社，成为全国农村集体产权制度改革2018—2019两年试点江西省首家新型农村集体经济组织。

（五）农村集体经济发展政策体系逐步完善

出台了《关于稳步推进农村集体产权制度改革的实施方案》《关于推进村级集体经济发展的实施意见》，明确改革路径，找准集体经济发展方向。通过完善资产管理制度，创新集体经济运行机制，确保集体经济发展有序。

## 二、我市农村集体经济的发展模式及成效

在我市农村集体经济发展过程中，经过实践验证，资产盘活型、新型产业型、招商引资型模式符合我市发展实际，取得良好的效果。在发展中，坚持以发展特色产业为依托、以盘活集体资产为支撑、以促进资本下乡为抓手，突出集体经济发展重点，突破集体经济发展难点，多措并举，使集体经济示范村收入水平稳步提升。

### （一）以发展特色产业为依托，激发发展活力

集体经济离开产业发展就成了无本之木，无源之水。进贤县下埠集乡港东村依托山地较多，适合油茶种植的优势，成立油茶种植合作社，引入油茶深加工企业，通过“公司＋农户”的模式，发展茶油深加工产业；安义县新民乡乌溪村的乌溪葡萄历来是特色农产品，当地成立了葡萄种植合作社，结合农家乐、亲子采摘园等载体，走“农产品种植＋乡村旅游”的文旅结合道路，壮大农村集体经济。新建区联圩镇整合当地土地资源，发展生态白莲种植，形成了“夏品莲韵，秋尝藕香”的特色农旅产业，成为当地集体经济增收的支柱产业。

### （二）以盘活集体资产为支撑，夯实发展基础

集体资产集体共享。在乡村有不少闲置的荒山、停办的学校、停用的废旧村委会办公楼等，都处于沉睡状态，通过盘活闲置资产，变“闲”为“活”，能有效促进集体经济的发展。进贤县下埠集乡港东村桥头咀村小组山多地广，现有800亩山地未开发利用，处于沉睡、荒芜状态。该村利用800亩山地种植油茶、果树等经济作物，3—5年之后，亩均收入可达5000—6000元，为集体经济增收打下坚实的基础。

### （三）以促进资本下乡为抓手，增强发展后劲

产业的发展离不开持续的投入保障，引入工商资本，发展农业产业，能使企业与农户实现双赢。安义县新民乡乌溪村与正邦集团进

行招商洽谈,通过“公司+农户”模式,打造千亩葡萄采摘基地,通过市场化运作,形成农业种植、休闲观光、产品深加工、多渠道销售的现代农业基地。新建区肖淇村依托优质的土地资源,引进江西蓝筹农业发展有限公司,出租土地500亩,通过种植白莲、芡实(鸡头莲),使土地亩产值增长一倍以上,并为当地闲散劳动力提供了就业平台,实现了企业获利、村民增收、村集体赚租金的“三好”局面,壮大村集体经济,实现了三方共赢。

## 三、发展农村集体经济存在的主要问题

近年来,我市农村集体经济不断发展壮大,涌现了一些先进典型,但总体来看,目前发展农村集体经济也面临着许多困难和问题。

### (一)集体经济“薄弱村”大量存在

从对全市1088个村集体经济收入调查情况来看,2017年村级集体经济总收入5万元以下的村有708个,占比超过65%,经济“薄弱村”甚至“空壳村”大量存在,这与省会城市地位不相称。2017年全市村级集体经济组织平均收入93.6万元,但涉农县区村级集体经济组织平均收入不足10万元。

### (二)集体资产闲置及管理不规范

2017年底,农村集体经济组织资产总量中经营性资产占比仅24.6%,大量的集体资产还没有盘活,处于闲置状态,经营性资产比重还有较大提升空间。同时,农村集体资产管理不规范现象较普遍,全市农村集体“三资”专项治理发现问题的240个村,1/3存在不同程度的集体资产(资源)流失、侵占、发包租赁不规范、承包款长期拖欠等问题。

### (三)集体经济组织主体缺位

当前,我市农村基层除极少数的村成立了农村集体资产公司独立运营集体资产外,绝大多数的村集体经济组织对集体资产管理、使用和收

益分配的职能都是由村民委员会代行。由村委会代行集体经济组织职能易导致资产所有权虚化、集体成员边界不清、农村土地承包经营纠纷频发、成员权益得不到保障等问题。

（四）集体经济发展带头人缺乏

我市农村村干部尤其是“两委”负责人普遍年龄偏大、文化程度偏低、创新意识和开拓意识不强，缺乏发展壮大集体经济的能力；农村能人外流严重，留在家乡带领大家致富的不多；有些村能人不愿意搞集体经济，因为既要承担风险，又怕人说三道四，情愿自己干。

（五）扶持政策力度不够

农业是弱质性产业，需要持续有效的政策支撑。当前现有的农业扶持政策存在盲区，农村集体经济发展的信贷难、资金短缺问题依然存在；资金整合难，现行扶持村集体经济发展“政出多门”，缺乏通盘计划，专项资金整合难，没有形成合力；土地落实难，不少地方村级发展用地指标难以落实；项目配套要求高，许多项目因为农村自筹资金到不了位而落不了地。

## 四、发展新型农村集体经济的对策建议

针对发展农村集体经济面临的困难和问题，积极探索有针对性的对策措施，创新发展载体和手段，按现代化的要求组织生产，发展农村经济，实现农民收入持续增长。

（一）强化基层党组织建设，提升服务群众的能力

坚持农村基层党组织的领导核心地位，选优配强村“两委”班子，特别是配齐配强村党支部书记，加强村党支部在农村集体产权制度改革中，对集体资产清查核实及问题处理、成员确认、股权配置、集体经济组织班子建设、资产管理运营及收益分配等方面的领导作用。大力实施村干部素质提升工程，采取集中培训、相互观摩、

外出考察等方式，定期对农村集体经济组织负责人进行轮训，注重提拔重用实绩优秀的干部，提高村干部带领群众发展集体经济的能力及经营管理水平。

（二）稳步推进产权制度改革，建立现代农村集体产权制度

按照“清资产、确成员、量股份、建组织、准分红”的工作思路，有序推进集体经营性资产股份合作制改革，逐步建立“归属清晰、权能完整、流转顺畅、保护严格”的现代农村集体产权制度，在赋予农民对集体资产股份占有、收益、有偿退出以及抵押、担保、继承权的基础上，加快构建农村综合性产权流转交易体系，推进农村集体要素资源参与市场化、社会化配置，更好地搞活农民集体财产权能。引导村民推选有公心、有责任、有能力者担任村集体经济合作社（以下简称村经社）董（理）事长。鼓励村经社实行绩效薪酬，激发村经社负责人干事创业的积极性；支持机关企事业单位退休职工、职业经理人等专业人员参与农村集体经济管理。同时，建立健全村经社监管、民主管理、财务公开等制度，提升管理信息化水平，防止基层腐败和集体资产流失。

（三）探索新型农村集体经济发展模式，有效盘活农村集体资产

结合本地实际选择合适的发展模式，有效盘活农村集体资产、资源，发展多种形式的股份合作：一是发展资源型股份合作。鼓励和支持村集体引导农户以承包地和林地等经营权、闲置房屋使用权等入股村经社或组建土地股份合作社，发展高效农业和休闲农业，或与各类农业经营主体联合经营发展。二是发展资产型股份合作。支持村集体将店面、厂房、仓库等经营性资产，闲置的学校等非经营性资产进行估值，并量化给成员，采取入股、租赁等形式与有关企业发展联合经营。探索土地整理复垦和增减挂钩的新增用地指标置换建设用地制度，支持村集体利用新增建设用地投资兴建厂房等物业设施用于租赁经营。三是发展服务型股份合作。鼓励村经社领

办、参办农业服务组织，农村各类服务主体以技术、设备等折价入股村经社，发展农资供应、农业生产社会化服务、农村物流、农村电商、职业技能培训等服务型经济。四是探索混合经济。鼓励有条件的农村集体经济组织探索资产项目化经营，与其他经济主体或集体成员发展混合所有制经济，不断探索和丰富集体经济实现形式。

（四）加大用地保障力度，支持农村集体经济发展

在年度可用建设用地指标中安排一定比例专门用于农村集体经济发展。农村集体土地依法被征收为国有土地的，应按照一定比例为被征地村安排集体经济发展留用地，或者以留用地指标折算为集体经济发展资金等形式予以补偿。加大土地综合整治力度，调整优化土地利用布局。对集体经济组织使用的符合规划和建设要求的建设用地，及时给予办理集体建设用地使用证，允许对地上建筑物、构筑物依法进行改造，也可以通过入股、联营等方式开发经营。鼓励安排一定比例的农民搬迁安置小区配套用房，发展农村集体物业。

（五）强化政策资金支持引领，逐步消除经济薄弱村社

一是加大对新型农村集体经济发展的支持力度，对消除集体经济"空壳村"和集体经济发展成效突出的村实施奖补；二是大力支持村经社或以村经社为主组建的各类主体申报各级财政扶持资金项目；三是金融机构特别是涉农金融机构对符合条件的村经社项目，在信贷支持上实行计划优先、利率优惠。积极探索村经社股权抵押贷款。同时，加强对村经社贷款贴息、税费减免、用地保障等政策的完善和落实。

（六）加强人才引进培育，引导人才投身农村集体经济发展

重点引进一批农业院校毕业生和各类农村专业技术人才服务新型农村集体经济发展。支持青年人才到农村创业，组织新型农村集体经济发展业务培训。大力培育新型农业经营主体和新型职业农民，支持种养大户、家庭农场、农民合作社、农业企业等新型农业经营主体持续发展壮

大。组建集体经济发展专家团队,为农村集体经济发展提供专业的规划指导、管理咨询和技术支持服务。建立有效的激励机制,鼓励各类社会人才投身农村集体经济发展。

(课题组成员:熊中高　高峰　乐和平　项艳　李霁蓉)

南昌市进顺村村属鄱阳湖工业园园区

# 让村“强起来” 让民“富起来”

中共九江市委政策研究室课题组

农村集体经济是确保村级组织正常运转、有效发挥作用的物质基础。发展壮大新型农村集体经济，对于巩固执政基础、实现乡村振兴、全面建成小康社会具有重大意义。近年来，全市认真贯彻落实中央和省关于稳步推进农村集体产权制度改革、发展壮大农村集体经济的决策部署，加大政策支持力度，积极鼓励基层改革探索，有效提升农村集体经济发展实力。围绕这一课题，课题组开展了专题调研，进行了深入分析和思考，形成如下调研报告。

## 一、九江市发展新型农村集体经济的路径探索

九江市总面积1.88万平方公里，共有行政村1754个，总人口487.33万人，其中乡村人口387.38万人，耕地总面积369.64万亩。近年来，九江市积极策应农业供给侧结构性改革，大力实施乡村振兴战略，以激发内生动力、增强造血功能、释放发展活力为目标，按照“资源资产化、资产资本化、资本股份化、股份市场化”的改革方向，全市各地开展“空壳村”歼灭战、“薄弱村”振兴战，积极探索多元化发展壮大村级集体经济新模式，推动了村级集体经济收入持续增长。

（一）党建引领：通过创新党建载体破瓶颈、发挥党支部挑大梁以及党员传帮带作用，凝聚力量推动村级集体经济不断壮大

武宁县澧溪镇牌楼村，由村党支部牵头，把党员骨干和贫困户组织起来成立白莲专业种植合作社，采取支委成员与合作社负责人“双向进入、交叉任职”的模式，着力打造白莲种植项目，在2017年试运行阶段就为村级集体经济增收2万多元，2018年扩大莲田规模，预计增收10万元以上。都昌县鸣山乡丁峰村，根据该村山陵坡度不大、表层风化岩下土层深厚肥沃且土质呈酸性的村情，驻村第一书记牵头创办了黄茶种植合作社，吸纳村委会干部和贫困户入股，引进江苏籍茶商种植黄茶750亩，茶叶丰产后，每年可为村集体经济创收60万元。湖口县大垅乡马步村党支部牵头与帮扶单位县城投公司合作，流转土地300余亩，成立富欣合作社，创办苗木基地，当年村集体经济收入达2万元以上。

（二）资金活用：统筹整合使用各类涉农资金，通过股份合作、独资、参股等投资方式参与项目开发或资本运作，增加村集体经济收入

也就是推动扶贫资金、现代农业发展资金、农田水利设施建设补助资金等部分财政涉农资金变集体股金。比如，修水县黄溪村在符合政策要求、不改变资金使用性质和用途的前提下，整合各级财政给予的各类涉农项目资金、奖补资金，投入到蚕场、茶园、苗木、果业、蔬菜等产业中，量化为村集体和农民持有的股金，为村集体提供稳定的股红收入。2017年，该村由此获得的集体经济净收入达40万元。

（三）公司主导：由村集体成立投资公司，将流转到村集体的土地返租倒包，再以入股形式参与运营，形成“企业+合作社+农户”的利益共赢模式

此模式按照“依法、自愿、有偿”的原则，集中租赁原本分散至各村民的闲置土地，通过公司主导运作，逐步增加村集体经济收入。比如，永修县易家河村于2016年11月成立了九江市首家村级投资公司——易家河村实业有限公司，依托当地优质农产品和庐山西海风景区旅游资源优势，发展壮大村级集体经济。通过租赁村民闲置或利用率不高的土

地，进行综合开发，建设休闲农业示范园；重组资源，不断延伸农业产业链，提高农产品附加值；整合品牌，柑橘统一使用“易家河”商标，实行线上线下销售，唱响“易家河”品牌等方式，实现了强村富民的目标。2017年，易家河村柑橘种植总面积达4600余亩，总产量超过4200万斤，产值突破8000万元。如今该村集体资产由不足10万元，增长到500万元。

（四）龙头带动：采用“龙头企业+合作社+现代农业”的模式，探索村企共建、联合经营的增收路子，实现农业转型升级、集体村民双增收

彭泽县埠头村，充分利用位于太泊湖现代农业示范园核心区的区位优势，成立虾蟹养殖和餐饮合作社，千方百计筹集100万元，作为产业资金入股九江凯瑞生态农业开发有限公司虾蟹养殖基地。在当地这一农业龙头企业的带动下，通过“六统一分”（统一管理、统一价格、统一原料采购、统一服务标准、统一接待客源、统一卫生标准，分户经营）的营销模式，每年至少为村集体经济创收12万元。

（五）靠大引强：发挥招商引资在集体经济发展中的拉动作用，通过靠大引强破解“小马拉大车”的难题，从而发展壮大村级集体经济

浔阳区三里村，着力发挥村集体资源最大效用，成立九江市琵琶湖农产品物流有限公司，筹资2700万元建设占地181亩（其中集体土地151亩，工业园租用土地30亩）的琵琶湖农产品批发市场。当遇到资金瓶颈时，三里村招引了深圳市农产品股份有限公司进行二次投资，项目总投资2.73亿元，九江市琵琶湖农产品物流有限公司和深圳市农产品股份有限公司各占45%和55%的股份，建成了九江市唯一的蔬菜、水产和家禽批发市场。2017年，琵琶湖农产品批发市场就为三里村带来了300多万元的收益。

（六）帮扶造血：帮扶单位创新包村帮扶方式，依托自身的资金和政策优势，帮助贫困村发展经济实体，增强村级造血功能

德安县蔡河村，帮扶单位九江市第一人民医院以村集体名义投入

50万元帮扶资金入股（占股32.5%）菊花合作社，2018—2020年每年分红10万元。帮扶工作结束后，该院所占股份将无偿转赠给蔡河村，根据占股比例同合作社共同分配收益，收入资金全部纳入村集体经济收入范畴，将为村里带来持续稳定的收入。

（七）旅游增效：村集体经济组织借助乡村旅游资源，与涉旅企业合作开发农家乐和民宿经济，通过发展乡村旅游促进集体经济增收

一般由村集体引导农户流转闲置农房，采取租赁、参股等形式建设休闲农庄、乡村民宿、乡村客栈，吸引周边城镇人群观光休闲体验，带动旅游创收。柴桑区充分发挥沿江、临湖、多山、近城优势，大力发展乡村旅游、民宿经济、休闲采摘等新型产业，该区港口街镇港口村打造现实版"开心农场"，吸引远近游客前往休闲采摘，每年可为村集体带来8万元以上收益；沙河经济技术开发区毛桥村成立旅游开发公司，积极发展休闲采摘、农家乐、亲子乐园等产业，预计每年可为村集体带来10万元以上收益。

（八）物业创收：利用闲置的学校、医院、厂房、仓库等物业设施，采取入股、租赁等形式与有关企业发展联合经营，促进集体经济发展

濂溪区自2015年以来，采取向上争取一点、区乡投入一点、村集体自筹一点等方式整合资金，完成维修改造老旧活动场所11个，发展仓储物流、五金加工、食品包装等产业，已有33个村出租30个老旧活动场所，获得收益64.7万元。有20个村通过盘整项目征迁遗留的零散用地和集体荒地共计1000亩，用于开设停车场、练车场以及开发田园综合体等，最大化利用闲置土地，年租金收入预计达到400万元。

## 二、面临的主要困难和存在的倾向性问题

虽然这几年全市新型农村集体经济总体上呈现发展态势，有的地区还探索形成了一些比较好的发展思路，取得了积极成效，但总体上来说，

新型农村集体经济发展仍然滞后，整体比较薄弱，诸多问题和困难摆在面前亟须重视和破解。

（一）发展层次低

多数村级集体经济收入来源较为传统，主要依靠房屋出租、土地流转等获取租金收益。比如湖口县 2017 年村集体经营性收入中，65% 以上来自房屋出租收益。有的村单纯依靠项目实施获取服务收益，一旦项目竣工或搁置，该类村又退回“空壳村”。一些位置偏远、交通不便、资源缺乏的村，几乎无村集体经营性收入。据统计，全市 1754 个行政村，村集体经营性收入达到 5 万元以上的只占比 11.8%。

（二）债务压力大

随着近年来公共事业支出压力增大，许多项目建设的配套设施、后续管护需要村级自筹资金，面对群众改善村容村貌、完善基础设施、提高服务水平的现实需求，收不抵支的现象比较普遍，导致村集体产生过重的经济债务。比如德安全县 37 个村，就背负总额 629.93 万元的债务。

（三）政策转化难

在相当长一段时间里，发展农村集体经济很少被关注，在涉农项目倾斜、土地使用、财税减免返还、信贷扶持等方面，各级部门均缺乏可操作性的政策支持。比如农村集体经济组织作为特别法人问题，农业部门尚未拿出明确操作规程；各级部门投入到村集体的建设资金作为股金入股问题，尚未形成成熟的操作思路；一些涉农资金只能买“米”，不能买“油”，无法直接投入到村级集体经济发展上。

（四）干部视野窄

多数村干部年龄过大、学历较低、思想保守，缺乏发展村集体经济的新思路、新举措，对本村的资源优势挖掘不深，对有利于农村发展的政策贯彻不到位，导致地理、资源和政策等优势效能发挥较少，阻碍了农村集体经济的发展。

### （五）激励机制缺

发展村集体经济，一段时期内基本上没有被纳入各级工作考核范围，乡村两级干部也就没有压力，不愿意劳心费力发展村集体经济。少数村干部，虽然在村集体经济发展方面作出了贡献，但由于在晋升转编等问题上受到年龄限制，工作积极性有所降低。还有的村，有很好的发展基础和条件，村干部也积极谋事，但由于运用政策有偏差，工作受挫，因未及时视情况“容错”，导致当事人心有顾虑，不敢闯、不敢干。

### （六）监督管理弱

由于缺乏有效的监管机制，部分村集体资源、固定资产被变相变卖，造成了村集体资产的流失，影响了生产性资金投入。有些村在集体资金使用上只管现在、不管以后，导致集体资金使用不当，造成集体资产浪费。

## 三、发展壮大新型农村集体经济的对策建议

针对当前全市新型农村集体经济发展面临的主要困难和问题，各地要以乡村振兴战略为契机，立足更高站位，投入更大精力，把握用好政策机遇，坚持以改革求突破，创新谋发展，努力实现全市新型农村集体经济“强起来”“富起来”。为此建议：

### （一）压实主体责任，营造抓村集体经济发展的浓厚氛围

建议市、县两级成立发展壮大农村集体经济行动推进小组等工作领导机构，确定主抓部门和协管单位，理顺管理体制，加强督导，层层压实责任。建立联席会议制度，定期研究发展对策，特别是就当前村级债权债务化解难和闲置资源资产权属不清的问题，加快研究制定工作举措，化解改革工作矛盾。把村级集体经济收入指标纳入脱贫攻坚和新农村建设的验收考核指标，并作为基层党组织书记年度述职的重要内容。

### （二）创新扶持政策，着力增强村集体经济“造血”功能

在现有出台的发展村级集体经济政策的基础上，多管齐下、综合施

策，进一步增强政策的精准性和有效性。比如整合支农惠农资金和涉农基础建设项目建立专项基金，采取贴息、奖励、补助等方式扶持“空壳村”“薄弱村”发展；探索财政资金股权化，把各项涉农资金量化为村集体和农户享有的股金；支持金融机构向农村延伸布局经营网点，增加授信额度、降低贷款利率、延长贷款期限等，给予优惠和扶持；探索设立村级集体经济发展基金用于借贷、担保等，撬动工商资本投入到村级集体经济发展中。

（三）细化发展举措，有效激活村集体经济发展潜力

加快制订专门针对村级集体经济发展的长期规划，针对区位、人口、产业、资源禀赋等差异，选点探索村集体经济不同实现形式，强化分类指导。比如在有基础的地方，重点发展种养型的集体经济；在有条件的地方，大力发展现代加工业，拉长产业链，增强村集体经济发展实力；在有资源的地方，合理开发休闲旅游业，打造田园综合体，建设各类主题乡村旅游目的地；在有优势的地方，对接城市需求，着重发展社会服务业等，多途径拓宽村集体经济发展渠道。

（四）完善“三资”管理，切实保证村集体资产的安全和完整

完善“三资”登记监管机制，严格落实大楼、厂房、门面等集体资产登记管理责任制，对农村集体“三资”运行情况实时查询、实时分析、实时监督。除常规检查和公示公告之外，进一步发挥纪检、审计、财政等职能作用，实行常态化、机动式监管，严肃查处单位截留、挪用村集体收入资金和国家下拨到村集体的专项资金，加大违纪违法案件（尤其是各种涉农案件）的查处力度，保证村集体的正当收入不流失。

（五）加强人才培养，不断稳固村集体经济发展经营管理队伍

一方面，加强村干部、村集体经济组织带头人发展和管理集体经济方面的学习培训，用好的典型、经验激发他们解放思想、开阔视野、增长见识，不断提高他们的经营管理水平；另一方面，打破行业、身份、地域限

制，通过培养本地的新人、引进外地的能人、联络成功的名人等方式，将一批懂管理、会经营的村集体经济资产管理和经营人才充实到村“两委”班子中，为村集体经济持续发展提供人才保障。

（六）健全激励机制，更好推动村干部成为带动农村集体经济发展的核心力量

实行村干部经济待遇与村集体经济发展情况挂钩，鼓励村干部参股入股，比如对当年消除“空壳村”“薄弱村”的，可将村集体经营性收益的15%—20%充作奖励性资金，奖励工作成效明显的村干部。增加发展集体经济的考核权重，并作为评先评优的重要依据，在事业编招录和乡镇领导班子选拔时，同等条件下优先录用。旗帜鲜明地保护在发展新型农村集体经济方面先试先行的干部，支持经验丰富、群众信任、带富能力强的村党组织书记连选连任，以激发基层干部发展壮大农村集体经济的内生动力。

（执笔人：匡建军　刘海波　何文衡　余纯熹）

九江易家河温泉度假村

# 景德镇市新型农村集体经济发展情况报告

中共景德镇市委政策研究室课题组

发展壮大新型农村集体经济，是全面推进乡村振兴战略的必然选择，是促进农民增收致富、维护农村社会和谐稳定的重要途径，也是提升农村基层党组织凝聚力、创造力和战斗力的重要保障，不仅是重要的经济问题、社会问题，也是重大政治问题。围绕这一时代课题，市委政研室先后到市农业农村局和各县（市、区）及部分村（社区），以召开座谈会、实地走访、个案分析等方式开展了深入调研。

## 一、积极探索，不断开创全市新型农村集体经济发展新局面

景德镇市以消除村级集体经济“空壳村”、扶持“薄弱村”、壮大“富裕村”为目标，统筹宏观引领、深化改革、发展特色产业等举措，积极探索，认真实践，推动新型农村集体经济发展不断取得新成效。

### （一）明确总体思路，为新型农村集体经济发展“领航”

发展集体经济，实质在于解决农村统分结合双层经营体制中“分得彻底”但“统得无力”的问题。要做好“统”的文章，既要经营管理好集体资源（资产），也要适应新形势，对已经分到户的资源（资产）实行合作经营，发展规模经济，获得更多收益。党的十九大以来，我市结合乡村振兴

战略，不断探索和丰富发展新型农村集体经济的总体思路：以“三个三”创新发展模式为指导，落实农村土地所有权、承包权、经营权“三权分置”，探索资源股、资金股、技术股“三股分红”，实行政府有形的手、市场无形的手、农民勤劳的手“三手合力”，唤醒农村“沉睡”资源；以深化农村集体产权制度改革为抓手，有序推进农村集体“三资”清理、农村集体资源资产明确权属、集体经营性资产股权量化等工作，建立完善农村综合产权交易平台网络系统，推动“资源变资产、资金变股金、农民变股东”的“三变”改革，更好地激发各生产要素活性；以发展新业态新经济为重点，实施具有地方特色的蔬菜振兴、茶叶复兴、三产融合和品牌提升等农业发展工程，并积极指导各村在发展集体经济实践中，注重结合上级政策、结合本身基础、结合外部机遇，创造性地开展工作、加快发展。

（二）打造示范样板，为发展新型农村集体经济“破题”

为有效解决当前农村集体经济发展内生动力不足、发展思路不明等问题，我市强化引领、加大投入，分别选取了珠山区马鞍岭村和“高岭·中国村”田园综合体项目，实施重点突破，为全市农村发展打造样板、提供经验。在马鞍岭村实施的“闲云涧·马鞍岭”项目，由珠山区国资公司出资2100万元注册成立闲云涧文化产业公司开展专业化运营，引进专业经营团队北京蜗牛公司提供技术支撑，马鞍岭村小组成立农业合作社，以山川、土地、矿洞、水系、景观、房屋以及历史人文等资源入股，打造集陶瓷文化、生态休闲、旅游创客于一体的新农村发展示范点，建立起“保底收益＋按股分红”等分配机制，预计能为村民和村集体带来20万元左右的收入，为落后的城中村、城郊村依托区位、生态、文化等优势发展集体经济开拓了新途径。“高岭·中国村”田园综合体项目由景德镇黑猫集团（原景焦集团）携手浮梁县共同打造，选取浮梁县鹅湖镇及周边区域，规划总面积26平方公里，计划总投资50亿元，主要发展“生态农业、瓷茶文旅、论坛培训、运动康养、旅居文创”五大业态，涉及景瑶沿线万余亩耕地的整体流转，高标准农田改造，现代农业示范区建设及花海、林海、茶海等乡村旅游市场建设等具体工程。“高岭·中国村”田园综合体项目的扎实推进，将带动资源、要素、技术、市场需求在农村的整合集成和优化重组，为楚岗、高岭、东埠、天宝、南泊、小源等村庄带来更多的村民务工机会和集体经济收益，也为远离城市的农村如何发展提供参考。

（三）发展模式多样，农村集体经济发展呈现多渠道、多类型、多元化特点

不同的资源禀赋、地理位置、产业基础，决定了新型农村集体经济发展必须立足自身、因地制宜。近年来，在学习借鉴浙江衢州、开化，贵州湄潭等地先进经验的基础上，我市结合新农村建设、产业扶贫等政策，推动新型农村集体经济发展模式愈加多样化。一是资产经营型。在符合有关规定的前提下，对集体经营性资产进行建设改造、出租承包。比如昌江区官庄村抓住豪德建材贸易广场落户时机，修建仓储区 36000 余平方米，每年可收租金 400 多万元。还有珠山区新厂村、乐平市城郊社区、浮梁县大洲村等一批城郊村、城中村通过出租店铺、宾馆、厂房等，每年发包收入都超过 100 万元。二是资源开发型。通过依法开发土地、林地、水面、矿产等资源，获得集体收益。比如浮梁县柳溪村整合龙安山、船舱坞、王家坞等多家采石场，公开招标，外包经营权，每年收取管理费 20 万元；乐平市鲤首村以 500 元每亩价格流转群众土地，经过改造，以 1000 元每亩转租给合作社，每年可增加集体经济收入 3 万元。三是产业带动型。主要是结合当前“产业扶贫”等政策，统筹资金项目，发展特色种养产业或乡村旅游产业。比如乐平市鲍畈村种植中药材夏天无，昌江区徐湾村种植马家柚和莲子、瓜蒌，浮梁县严台村打造塔里精品民宿度假村发展休闲旅游。据统计，目前我市产业扶贫工作初见成效的村已有 163 个，还有 165 个村正在加快建设。四是混合经营型。统筹政府、

集体、村民、企业等多方面资源资产,以合作社形式共同发展。比如珠山区马鞍岭村引导农户依法流转闲置土地、出租房屋,推进村集体和村民以所有权、承包权入股,与闲云涧文化产业公司、北京蜗牛公司合作发展,不断唤醒乡村“沉睡”资源。还有乐平市城郊村与南昌创新科技公司合作,以土地入股,共同建设智慧型农贸市场。五是服务创收型。通过提供劳务服务等形式,既增加村民收入,也壮大集体经济。比如浮梁县柳溪村发动40多户村民,成立运输车队,目前已拥有60余辆东风车,年获利突破400万元。还有昌江区官庄村服务豪德建材市场发展,成立劳务队,开展装卸、营运业务,解决了近260名失地农民就业。

## 二、对我市新型农村集体经济发展情况的分析

虽然全市上下对发展新型农村集体经济的重视程度日益提高,也在政策、举措等方面进行了一系列有益探索,但客观地看,我市新型农村集体经济发展仍处于一个比较艰难的起步阶段。据市农经部门统计,按照集体经济年经营收入低于5万元就属“空壳村”的标准,目前我市尚有半数以上“空壳村”,而年收入50万元以上的较为富裕村仅占一成。可见,发展壮大农村集体经济任重道远。

我市新型农村集体经济发展方面的不足,主要表现在以下几个方面:

一是各村之间发展不平衡。集体经济发展较快较好的村(社区),主要是集中在城区、县城和较大乡镇的城中村、城郊村,具有得天独厚的地理区位优势,不仅通过土地转让获得大量资金,也能够在服务城市发展的同时获得更多机会,拥有多种固定收入来源,一定程度上形成了集体经济发展的“良性循环”现象,最好的村每年集体经济收入能达到600多万元。而更多的山区或偏远乡镇,大多没有任何经营性集体收益,仅靠转移支付和上级补助资金维持村级组织运作、开展公共服务,发展集

体经济的自我造血功能相对较弱。

二是大多数村集体经济发展水平较低。当前阶段，农村集体收益中较稳定、数额较大的部分几乎都是租金，还有的村干部将集体资产简单处理，一次性收取承包费或出让费。这类经营管理模式的好处在于比较稳定，能够较好地规避商业风险，但单纯的出租获利模式，也存在经营管理水平较低、市场适应性较差、比较被动等弊端，难以从根本上、长远上保持集体经济发展生命力，还可能对集体资产的保值增值形成阻碍，可以说是“守成有余，开拓不足”。

三是不少村集体经济长远来看增收乏力。不少城中村、城郊村的村干部坦言，虽然目前收益不菲，但对长远发展心里没底，主要是因为村里土地已被征用太多，要么几乎“无地可用”，要么就是剩余地块位置不好，边边角角、零零碎碎，开发利用价值不大。而对山区村、偏远村而言，随着生态保护要求日益提高，山林、矿产、土地等自然资源开发受限较多，旧有收入渠道逐步萎缩，新的渠道拓展不足。同时，还有的村因投资途径狭窄，账上躺着大额征地补偿款，却难以转化为进一步发展的资产资金，实际上在逐年贬值。面对农村环卫保洁、治安联防、基础设施建设及各项创建活动等方面的刚性支出逐年攀升，村集体经济收支矛盾日益增大。

究其原因，主要有以下几点：

一是思想观念有局限。一部分基层干部对如何发展农村集体经济了解不多、学习不深，积极主动性不高，甚至存在畏难情绪。有的村干部对农村土地“集体所有”认识不够，在村民流转土地、对接项目、联系企业的过程中只是起个简单的“中介”作用，甚至直接“缺位”，没有考虑到“集体”作为农村土地所有者的利益。有些村民不了解新型农村集体经济特点，对集体经济的认识还停留在“大锅饭”的阶段，甚至认为搞集体经济是“开倒车”，所以心存疑虑，参与热情不高，还会受限于自身利益或眼前利益，在集体决策、收益分配、土地流转等方面闹分歧、引纠纷，影响集体经济发展。

二是政策落实难到位。主要表现在土地政策、税收政策、财政政策等方面。征收土地要预留不低于征地面积的5%作为集体经济发展建设用地，对涉及农村集体经济发展的契税、增值税、印花税、所得税等实行不征或免征等政策都不同程度存在“落实难到位”的问题。特别是面对规划建设、用地报批等政策性、专业性强的事务，涉及部门又多，村干部普遍感觉“无从下手”。

三是发展缺少“领头羊”。当前我市农村，大多由村“两委”代行经济职能，缺少独立的集体经济组织和具备现代市场管理经验的专业人才。有的村干部文化程度偏低、年龄偏大，对发展壮大村级集体经济“有想法却没办法”。又因为青壮年大都外出打工，有知识、有见识、有精力、有闯劲的“本土能人”难寻；就算是有少数能人，也担心有风险、受非议，不愿参与集体事务，造成农村集体经济发展带头人难寻的问题。

四是资产资金难统筹。多年来，农村集体资源过于强调“分”，不仅把土地、山林等自然资源细分到每家每户，连城镇建设、过境公路的土地征用补偿费也普遍存在“分光用光”现象。现有的集体固定资产大多是村委会大楼、提灌站、学校等非经营性资产，造成很多村实质上已成为“空壳村”。还有的村干部表示，现行政策下集体资源资产都是归各自然村所有，行政村难以统筹经营，不能形成发展合力。在资金方面，更是存在积累少、融资难、债务重等问题，严重影响了农村集体经济发展的步伐。

## 三、关于加快推动新型农村集体经济发展的意见建议

适应新时代新要求，推动新型农村集体经济发展，让村级集体收益成为推进乡村振兴战略的强大助力，必须从思想、组织、政策、改革等方

面认真研究、综合施策。

(一)加强思想动员,营造发展新型农村集体经济的良好氛围

要突出“新型农村集体经济”的鲜明主题,通过各种形式的宣传教育、学习培训、典型引领,使大家厘清概念、转变观念,充分认识集体经济如同村里“财政收入”的重要地位,增强发展新型农村集体经济的信心决心,激发内生动力,形成“党委政府高度重视、基层群众理解支持、社会各界积极参与”的良好氛围。特别是要抓住农村的“关键少数”,重点提升村干部的思想认识和能力素养,通过专题学习、外出参观考察等方式,使村干部坚定思想认识,从不愿、不懂、不敢发展集体经济,转向主动担当、敢闯敢试,并通过“身边人”影响“身边人”,让更多的农村群众投入到发展集体经济的大潮中。

(二)选优配强村干部,切实发挥推动集体经济发展的带头作用

“火车跑得快,全靠车头带。”要高度重视村级干部队伍在引领新型农村集体经济发展方面的“主心骨”作用,切实提高村干部能力素质,增强村级组织的凝聚力、公信力和战斗力。综合采用组织委派、群众选举、公开竞聘等方式,使那些群众信任、责任心强、有开拓意识、懂现代市场经济的人才进入村“两委”班子,特别是要瞄准农村致富能手、农民企业家、合作社理事长、大学生村官等群体,拓宽选人用人渠道,采取兼职兼薪等灵活方式,让各类农村人才的智慧、能力得到充分体现。同时,注重对村干部的培训提升,与时俱进地增强政策、管理、技能等方面的实用性、针对性教育,并积极探索落实村干部选拔重用、报酬与村集体经济效益挂钩等具体方式,激发工作积极性。

(三)加强行业指导,引领新型农村集体经济健康快速发展

为减少当前部分村级集体经济发展的盲目性、无序性和同质化现象,建议以乡镇(街道)为单位,从地理区位、产业基础、资源文化等方面出发,因地制宜地对各村发展新型农村集体经济进行合理规划、科学指

导，或“一村一策、错位发展”，或“规模打造、形成合力”，集中发展一批规模种植、特色养殖、电商销售、休闲观光、乡村旅游等具有较强市场竞争力的特色产业，延伸产业链，拓宽收入渠道，让集体和农民都能获得更多收益。为做好此项工作，一方面要结合各类政策和综合产权交易市场等平台，在招商引资、信息公开、政策咨询等方面建立顺畅的联系渠道，以更好地利用社会资源、对接工商资本；另一方面要重点关注的，就是加强基层农经队伍建设，尽快改变素质不高、人员老化、人员不足等农经队伍现状，让更多年富力强、熟悉党的农村经济政策、了解村集体经济发展方向的干部成为各级党委、政府指导发展新型农村集体经济的参谋者和实践者。

（四）强化资金支持，为新型农村集体经济发展注入驱动力

政府财政需加大投入，设立专项资金用于配套新型农村集体经济发展项目，或合理整合支农惠农资金向集体经济倾斜，广泛探索“资金变股金”的操作途径，避免出现“撒胡椒面”式、有投入但不见效的尴尬局面。可以参照外地做法，设立专项启动资金、引导资金，采取“双向选择”的方式，既可以由各职能部门精心选取那些有资源、有条件、有基础的村打造集体经济发展试点村，实现“重点突破、典型示范”，也可以公开资金、项目信息，由那些发展意愿强烈、思路比较成熟的村主动申请项目落地，经审批决定是否投放资金。还要引导税收政策、金融政策更多地为农村集体经济发展服务，在税收优惠、贷款融资等方面制定细则、落实责任，建设现代化的农村金融综合服务体系。

（五）加大改革力度，建立新型农村集体经济发展长效机制

以“放管服”改革为契机，加大行政职能服务农村集体经济发展的倾斜力度，特别是要在下放农村土地利用和管理职权、简化审批程序等方面作出探索和实践，不断破解农村土地利用和管理中现存的各类问题。建议由各级农业部门牵头，以农村综合产权交易市场为平台，高效

对接各职能部门、行政服务中心和第三方机构，在政策咨询、跟踪服务方面更好地为农民服务。在巩固清产核资等工作成果的基础上，加快集体经济成员身份界定、股份量化等工作，全面推进集体资产股份制改革，创新农村集体资产的管理体制、经营机制和分配制度。在村级组织建设中，探索“政经分离”，改变一直以来由村“两委”代行经济职能的现状，设立独立的农村集体经济组织并充实人员，让“专业的人干专业的事”，在自主经营管理、抗拒市场风险、维护自身权益方面发挥更多作用，提升农村集体资产资源管理的市场化、组织化程度。

（执笔人：刘冬）

景德镇 3A 级旅游景区闲云涧马鞍岭景区

# 壮大集体经济　推进乡村振兴

中共萍乡市委政策研究室课题组

发展壮大农村集体经济，是实施乡村振兴战略的重要抓手，是实现共同富裕的重要保证。近年来，萍乡市努力探索发展农村集体经济的有效途径，切实增强农村集体经济“造血”功能，通过加大财政支持、产权制度改革、创新发展模式等措施，我市农村集体经济得到了长足发展。2017 年，全市 648 个行政村，村级集体经济年收入在 10 万元以上的村 74 个，其中 100 万元以上的村 23 个；5 万—10 万元的村 77 个；5 万元以下的村 168 个。村级集体经济的发展，为村级组织日益增长的运转需要和公共服务刚性支出提供了保障，党在农村的政权基础得到了进一步巩固和加强。

## 一、基本情况和主要特点

随着农村改革的不断深入，一方面，原来村级集体企业已全部改制成私营企业，村级集体所有的土地、森林、荒地、山塘等资源也落实到户，村级集体经济在一段时期内呈现急剧下滑趋势；另一方面，随着民生工程、民生保障普惠政策的落实，过去村级组织的弹性支出变成了刚性支出，村级组织入不敷出的现象越来越显性化，严重影响了农村基层政权的巩固,农村全面建成小康社会的目标怎么办？近年来,萍乡市加强党的领导,在全市开展发展壮大村级集体经济创建"五好"村级党组织活动,从加强村级班子建设入手,统筹各方资源,大力扶持发展村级集体经济。以深化农村集体产权制度改革为基础,以激发集体经济发展活力为主线,以促进共同富裕为根本目标,壮大新型农村集体经济。同时,按照"全面消除薄弱村、壮大一批中等村、培育一批示范村"的思路,加大制度、政策、资金、项目等扶持力度,探索新型农村集体经济实现形式和运行机制,确保在壮大新型农村集体经济中实现共同富裕。2017 年,全市村级集体总资产达到 14.63 亿元,同比增长 12%；全市村级集体经济总收入 6.3 亿元,同比增长 15%。

通观我市村级集体经济的发展,主要有以下几个特点:

1. 领导高度重视,发展思路明晰

全市召开了发展壮大村级集体经济创建"五好"村级党组织工作部署大会,以市委名义制订了实施方案,确定了工作任务和目标。市委成立了全市发展壮大村级集体经济工作领导小组,把增加村级集体经济收入作为硬任务,纳入党建考核体系,加强了对全市发展壮大村级集体经济工作的组织领导。各级党委、政府强化责任,狠抓落实,将发展壮大村级集体经济工作纳入全局性、中心性任务来谋划,作为领导班子年度目标责任考核的重要内容之一。党委组织部门加强统筹协调和督促检查,多次召开县区、镇村协调会、调度会,对县区、乡镇和各级工作组在谋划发展思路、狠抓项目建设、完成年度任务等方面进行督导检查,及时指导村级集体经济的发展。

2. 坚持因地施策,发展模式多样

各县区认真开展调查研究,摸清村情家底。根据各村的区位特点、资源条件、经济基础等实际情况,划分为城中村、城镇郊区村、园区周边村、平原村、山区村等几种类型,进行分类指导,因地施策。各地在此基础上,探索符合本地实际、定位比较准确的发展壮大村级集体经济的新路子。比如,湘东区的"四动"模式(产业带动、资源开发驱动、服务创收拉动、资产租赁推动)、芦溪县的"四型"模式(资源型、产业型、流转型、服务型)、上栗县的"四资驱动"模式(资源入股驱动、资产经营驱动、资金奖励驱动、资本运作驱动)等等,既具有很强的共性,又各具特色、灵活多样,初步形成了多渠道、多类型、多元化的发展格局,村级集体经济的"造血"功能明显增强。

3. 统筹各方资源,全力扶持发展

在发展壮大村级集体经济的过程中,注重统筹各种资源,凝聚发展合力。一是统筹人力资源。市县两级先后派出了188个工作组,1200名干部进村入户指导帮扶,市直37个工作组由36名市级领导挂帅,37个正县级单位牵头,103个成员单位抽调专人组成工作组进村帮扶,强力推进村级集体经济发展。二是统筹自然资源。充分利用土地、山林、水利、"四荒"等资源,有针对性地加以扶持。比如,有山林、水利资源的村,各级部门加大支持力度,帮助此类村在发展种养业和低改林、公益林等方面争取项目和资金。三是统筹政策资源。各县区坚持"多予、少取、放活"的方针,从资金、项目、土地、税收和金融政策等方面,制定了一系列切实可行的措施,全力支持村级集体经济发展。安源区对所有村级集体经济收入在10万元以下的村实行财政兜底,其中不足部分由区、镇街财政按5:5的比例分担,确保每个村级组织的年运转经费不少于10万元。各县区、乡镇普遍实行了乡镇可用财力进行奖励的办法,鼓励村级开展招商引资,引进企业。奖励标准一般在5%—10%之间。

## 二、六种发展模式案例分析

根据我们调查,目前,我市发展村级集体经济主要有六种类型,即资源开发型、产业带动型、土地经营型、服务创收型、乡村旅游型、资本运作型。

（一）资源开发型

这是目前发展村级集体经济的主要模式之一。这一类型主要分布在资源相对比较丰富的平原村和山区村。其主要特征是，采取村集体资源入股、个体资金合股等方式，对村域内的山林、水利、矿产和“四荒”等资源进行联合开发，增加集体经济收入，使资源优势转化为经济优势。矿产资源开发。如湘东区荷尧镇善山村的煤炭、石灰石资源丰富，通过招商引资引进洗煤厂、石子矿等企业，村集体以资源入股的方式参与联合开发，每年为村集体经济创收10余万元。林地资源开发。如芦溪县宣风镇沂源村整合林地1000余亩，向上争取竹林地改造项目，村集体经济年收入增加4万元。水利资源开发。如芦溪县张佳坊乡瞿田村利用丰富的水资源，由村集体和村民集资，打造了漂流、农家乐生态旅游产业，村集体经济年增收2万元，摘掉了“空壳村”的帽子。

（二）产业带动型

这一类型主要分布在有一定产业基础的特色农业村和工业村。其主要特征是，通过发展产业来带动村级集体经济收入的增加。如，湘东区下埠镇木马村围绕陶瓷产业基地发展布局，引进了6家陶瓷企业，村里面为企业提供劳务服务，可为村集体经济增收10多万元。下埠镇潘塘村成立种养专业合作社，整村推进花卉苗木产业，村集体经济收入可超100万元。莲花县琴亭镇莲花村做大做强莲子产业，每年能为村集体带来3万元以上的经济收入。安源区丹江街丹江管理处利用村级集体的厂房，积极引进低能耗、无污染的企业，促进村级集体经济增收。开发区利用自身产业基地优势，大力发展实体经济，引进产业项目落户到管理处，增加财税返还收入。

（三）土地经营型

这一类型主要分布在城市郊区农村和区位条件相对较好、有一定优势农产品的村。其主要特征是,将土地作为村集体最重要的资源,走以地为媒、以地生财、以财带村的路子。一是通过土地流转承包、租赁等形式增加村集体经济收入。如上栗县赤山镇幕冲村流转土地2000亩,带领村民种植金丝菊、水果玉米等,村集体经济收入由原来的7万元提高到了15万元。芦溪县银河镇紫溪村以"产业党小组+产业基地""产业党小组党员+村民+贫困户"等模式,建立集中连片200亩蔬菜、1100亩脐橙、320亩高产油茶、260亩猕猴桃等基地,受益农户430余户、贫困户80户,每年为村集体经济带来10万余元收入。二是入股分红。芦溪镇年丰村依托修整老河道取得的土地,引进了一家皮革厂,以土地入股的形式参与企业经营,每年可为村集体经济创收10余万元。福田镇边塘村将土地入股千亩"红鲫鱼"繁育基地,村集体每年获固定红利5万元。三是发展"楼宇经济""房东经济"。如开发区的横板、登岸、光丰等管理处利用整理取得的建设用地,兴建综合服务楼、商务楼、公寓一条街、停车场、专业市场等,采取租赁经营等形式,出租给企业或个人,充分发挥楼宇经济效应,为集体经济固本强基。

(四)服务创收型

这一类型主要分布在园区周边。其主要特征是,依靠提供劳务来增加集体经济收入。提供劳务的方式有多种,有的是通过村集体牵头兴办农民专业合作社、协会等合作经济组织,为企业或群众提供产前、产中、产后服务,并收取一定劳务费用,如莲花县六市乡海潭村通过领办产业协会和专业合作社,提供中介服务,每年为村集体经济创收3万元;有的是为村所辖地企业或群众提供直接服务,从中获得一定的收入,如湘东区下埠镇大陂村地处陶瓷产业基地建设发展区域内,通过为企业协调工农矛盾、做好征地拆迁等工作,享受工业园区可用财力分成,村级集体经济每年创收超过6.5万元。

（五）乡村旅游型

这一类型主要分布在生态环境较好、山水旅游资源丰富的山区村。其主要特征是，利用青山绿水和风景秀丽的生态环境，开发旅游资源，打造乡村旅游品牌，创办农家乐、餐馆、招待所、度假村、休闲观光农业、娱乐场所等经济实体，增加村级集体的资源开发收入和服务经营收入。如湘东区东桥镇长塘村打造"春观花、夏摘果、秋垂钓、冬品酒"的四季乡村旅游，每年为村集体经济创收 5 万余元。莲花县坊楼镇沿背村将红色教育和乡村旅游融为一体，作为村级集体经济发展的方向，带动了当地的快速发展。村级集体所有制企业将军情土特产公司打造了"沿背老阿姨"等 3 个品牌，推进了特色油菜、大米、有机蔬菜加工，村民年均增收 2 万余元。村级文艺演出队自编自演采茶剧《并蒂莲花》，展现甘祖昌将军和龚全珍老阿姨的感人故事，演出已达 400 多场，创收 110 余万元。

（六）资本运作型

这一类型主要分布在城中村、城郊村和工业实力较强的县区近郊，区位、交通、通信等优势明显。其主要特征是，开展了以资源变资产、资金变股金、农民变股东的"三变"改革，有效地推动了农村集体经济发展。我市安源区农村集体产权制度改革工作综合排名全省第一，高坑镇高坑村和青山镇温盘村两个村全面完成中央试点。如高坑村产权制度改革后，村级集体经济年收入近 2000 万元，年产值近 8 亿元。界定村集体成员 1921 人，养老保险和医疗保险覆盖率实现 100%，每人每年分红逾 3000 元。村民（股东）一年三节都享有一定的福利待遇，年满 60 岁、70 岁、80 岁、90 岁的每人每月再分别领取 320 元、340 元、370 元、390 元；设立了村养老中心，全天候对老年村民免费开放。农村集体产权制度改革，为发展壮大农村集体经济和农民致富奔小康开辟了一条新路径。

## 三、存在的主要问题及其原因分析

从总体上看,我市村级集体经济还处在资源开发利用、盘活资产存量的低水平发展阶段,面临的困难和问题还不少,主要表现在以下几个方面:

1. 增收渠道窄,发展后劲不足

目前,村级集体经济收入主要来源于土地流转、集体资产出租、服务企业等方式,渠道比较单一,自身经营性收入不高,发展的后劲不足。2017 年,全市还有 329 个村除了一般性财政转移支付资金、上级财政项目补助外,没有其他集体收入。

2. 产业层次低,发展质量不高

主要依靠资源初级开发、农产品粗加工,整体水平和档次不高。许多村的一、二产业项目只是初级、低水平的,科技含量较低,管理粗放落后,精加工、高附加值的项目寥寥无几。有的村虽然有特色农业产业,但由于缺乏龙头企业,无法形成规模效应,受市场波动、资源禀赋减少等影响较大,村级集体经济收入不稳定。

3. 地区差异大,发展态势不均

受地理、环境、资源、历史等因素影响,全市呈现出城郊村优于平原村、平原村优于山区村、资源富集村优于资源贫瘠村的现状。村级集体经济年收入 5 万元以下的村主要集中在山区乡镇,村级集体经济年收入 10 万元以上的村主要集中在城郊村和平原村。特别是山区村,发展村级集体经济非常艰难,以湘东镇和东桥镇为例,2 个乡镇均有 18 个村,但湘东镇村级集体经济年收入 10 万元以上的村达到 9 个,东桥镇一个村都没有;东桥镇有"空壳村"3 个,而湘东镇一个都没有。

上述问题的产生,究其原因,既有主观方面的因素,也有客观条件的影响。主要有以下几个方面:

1. 部分村干部思想认识不到位

主要存在三种倾向：一是对于要不要发展村集体经济，还存在思想分歧。有的乡村干部认为，现在搞市场经济，国有企业都在改制，原先的集体企业也都卖完了，各级都在放手发展个体私营经济，只要经济发展了，农民富裕了，有没有集体经济无所谓。二是村换届选举三年一次，村干部有顾虑。感到任期偏短，想做成点事很难，同时又怕做了事，当地发展了，自己换届选不上，不愿“前人栽树，后人乘凉”，这种思想较为普遍。三是“等、靠、要”思想比较严重。有的村干部过度依赖上级扶持，思维固化，眼界狭小，不会主动去多想办法、多出主意、多流汗水，缺乏艰苦奋斗和创新创业的精神。

2. 部分村发展集体经济的条件差，一时难以找到发展的有效途径

一是不少山区村特别是地处偏远、资源匮乏、交通不便、信息闭塞的山区村，发展的基础条件较差。有的既无资源可供开发，又无项目、资金支持，发展壮大村级经济非常困难；有的交通不便、信息不畅，即使有一定的资源优势，也难以开发利用，打开市场。这些村受制于区位、交通、资源、资金、市场等条件限制，一时难以找到发展集体经济的有效途径，举步维艰，陷入了发展困境。二是村级集体积累普遍不足，制约了集体经济发展。农村实行家庭联产承包责任制、集体林权制度改革后，许多村不仅没有保留集体经营的土地、山林，集体以前积累的资产也拆分殆尽，发展壮大村级集体经济成为“无米之炊”，困难重重。

3. 部分村干部市场经济意识不强，带领发展的能力有待进一步提高

一些村干部队伍年龄老化，素质不高，思想保守，开拓创新精神不足，发展村集体经济的思路不清、办法不多，带领发展的能力有限。特别是村集体经济薄弱的村，“两委”班子显得无力，也无奈；有的村干部缺乏现代经营管理的知识和技能；有的村干部事业心不强，素质和能力远远不能适应发展市场经济的需要；有的村干部安于现状，热衷“守摊

子”。

4. 债务不断加重，影响了村集体经济的培育壮大

一是历史性债务。农村税费改革前，由于公益事业建设、兴办实事工程等，很多村已经背上了沉重的债务，形成了历史性负担。二是新增债务。近几年来，在加快新农村建设、农村水利建设的同时，村里面为了把实事做好，在村集体经济不足的情况下，只好举债搞建设，已远远超出了自身的承受能力。县乡普遍反映，由于新农村建设和农村水利建设需要资金配套，举债多的村达到近 100 万元，少的村也举债 10 多万元。新旧债务叠加在一起，牵扯了村干部相当大的精力，客观上也无本钱发展村集体经济。

## 四、对策与建议

发展壮大村级集体经济，既是当前农村工作的重要任务，也是农村基层组织建设的重要内容。我市在发展壮大村级集体经济过程中积累了许多好的经验，也探索出了一些有效的实现途径。面对新形势、新任务，建议从以下几个方面努力，推动村级集体经济向更高层次、更高水平、更高目标迈进。

### （一）形成共识共为，做到“六破六立”

一是要破除那种认为发展集体经济已经过时的思想，充分认识到发展集体经济对于巩固基层政权基础、提供民生保障的重要性，树立“三变”理念，把资源变资产、资金变股金、农民变股东，一心一意发展集体经济。二是要破除“长官意志”“大包大揽”的思想，树立科学决策意识，充分发挥群众参与、共谋发展村级集体经济的积极性。三是要破除急功近利、急于求成的思想，树立科学发展、绿色发展的理念。不以牺牲环境为代价换取眼前的利益，不能为了一时发展把资源耗尽、把资产卖光，要为永续发展留足空间。四是要破除跟风而上、盲目发展的思想，树立实事

求是、一切从实际出发的理念。遵循市场经济规律和农村客观实际，深入分析自身比较优势，切实找准符合地方实际的发展路子，能搞什么项目就搞什么项目，能上多大项目就上多大项目。五是要破除小富即安、不思进取的思想，树立立足当前、着眼长远的理念。对村级集体经济比较好的村，要有长远规划，促进村级集体经济由资源经营型向资产经营型、资本运作型转型。六是要破除"等、靠、要"的思想，树立主动作为、创业创新的理念。进一步提高村干部队伍素质，强化市场经济意识，培育创业创新精神，提升村"两委"带领发展的能力和村级集体自我发展的能力。

（二）因地制宜创特色，注重"五个立足"

特色就是生命力，特色就是竞争力。无论是城中村、城郊村还是园区周边村，平原村还是山区村，由于各地的经济基础、区位条件、资源条件千差万别，发展壮大村级集体经济一定要从实际出发，因地制宜，扬长避短，发挥比较优势，创自己的特色。一是要立足资源做文章。坚持"靠山吃山、靠水吃水"。充分开发利用村集体所有的土地、山林、水面等自然资源，在村级组织不直接创办法人企业的前提下，采取股份合作、劳务服务等形式，将资源优势转化为产品优势、经济优势。矿产资源丰富的村，积极兴办企业，合理开发矿山资源。山林资源丰富的村，吸引林业投资项目，发展"林下经济"。旅游资源丰富的村，发展旅游休闲经济，开发观光农业、农家乐等项目，形成"一业为主，多元开发"和"一乡一业，一村一品"的产业发展格局。二是要立足资产做文章。要盘活流动资产，搞好货币资金和债权债务的清理，弄清村集体经济账面的现金、存款和债权、债务状况，除维持正常支出和项目支出外，尽量多筹集资金用来发展壮大村级集体经济。要盘活固定资产，搞好固定资产的清理。对村集体的固定资产，弄清资产数量、类型和账面价值，了解这些资产的经营状况以及相关合同、协议等情况，充分利用固定资产发展壮大村级集体经济。三是要立足服务做文章。借助本地的产业优势与特色农产品优势，成立专业协会、专业合作社等，采取“公司＋农户”“专业合作社（协会）＋农户”等形式，开展技术指导、信息传递、物资供应、产品加工、市场营销等服务，以有偿服务方式增加集体经济收入。探索成立服务性机构或劳务公司，组织群众为企业提供劳务或其他代办服务，为企业和群众提供中介服务。四是要立足区位优势做文章。地处城郊接合部、中心集镇或工业园区周边等区位优势明显的村，用好、用活、用足土地政策，通过招商引资、入股合作等形式，兴办仓储区、专业市场、宾馆等，就地安置本村群众就业，带动二、三产业发展，实现群众增收与集体增收“双赢”。五是要立足山区村做文章。山区村在资源、资金、人才、市场等方面均处于劣势，是今后发展村级集体经济的重点和主攻方向。

（三）加快扶持力度，凝聚“四种力量”

发展村级集体经济，仅靠村集体自身的力量和资源是有限的，必须利用一切可能条件，争取各方面的力量和支持，聚成发展的强大合力。一是要继续加大支农惠农政策扶持力度。首先是统筹和整合农业、林业、水利、扶贫、新农村建设等支农惠农资金，作为发展壮大村级集体经济专项扶持资金，采取补助、奖励等办法，不撒“胡椒面”，集中力量重点支持年收入5万元以下的村，尤其是山区贫困村。其次是对边远山区村实行特殊的扶持政策。由市本级统一调剂，将村级集体经济富裕村和经济条件好的城中村、城郊村的上级转移支付资金，调剂给山区贫困村，以弥补发展村级集体经济启动资金的不足；在园区、基地或中心镇征地过程中，划拨30亩左右的土地，用于偏远山区村招商、建设厂房，获取土地或厂房租金，其土地或厂房纳入县乡“三资”管理，以防止资产流失。再次是继续坚持乡镇可用财力返还奖励政策，其比例标准由各乡镇根据实际情况确定。第四是积极化解村级债务。不管是旧债还是新债，市、县（区）政府都要引起高度重视，作为深化农村改革的一个重要方面予以考虑，多管齐下，采取清收还债、减息减债、变现还债、节支还债、县区财政补贴还债的办法逐年化解。关键是要遏制新债的发展，兴办农村公益事业须量力而行，严禁超出偿还能力举债搞建设。二是要积极争取部门的支持。加强部门扶持力度。借助帮扶单位在信息、资金、技术等方面的优势，帮助村做规划、跑项目、筹资金、找市场、强服务。积极争取金融机构放宽贷款抵押担保范围，允许村集体将其直接经营管理的土地、山林、矿产等自然资源的使用权以及房产等作为贷款抵押担保，政府贴息，为村级集体经济发展提供足够的资金支持，村级集体利用所贷款项置业或入股企业获取固定分红。三是要大力吸收社会资金支持。要发挥企业优势，开展村企资源结对、合作开发，实现双赢。要鼓励和引导农村外出务工经商能人带资金、带项目回乡创业，牵头领办集体经济项目。四是要抱团发展村级集体经济。各县区要突破就农村抓农村、就城市抓城市的传统思维定式，创新村级集体经济发展模式，探索村村联合、强村帮弱村、大村带小村的办法。以强村、富村为依托，充分考虑周边地域的相近性、优势的互补性和资源的共享性，促进以城带乡、以村带村，实现优势互补、共同发展。

（四）实施人才建设工程，打造“三支队伍”

发展壮大村级集体经济，关键在人。一是要加强村级领导班子建设。从调查中发现，凡是村级班子特别是村党支部书记能力强的村，村级集体经济发展就快，否则，发展就慢。因此，选好配强村级领导班子，尤其是选好村党支部书记，是村级集体经济发展快与慢的关键。要把那些有经营头脑、有致富本领、有奉献精神、有民主作风、有群众基础的农村优秀人才选拔到村“两委”班子中来。对集体经济发展落后、班子战斗力不强的村，可以从乡镇党政机关选派优秀党员干部到村任职，帮助抓班子、带队伍、促发展。二是要加强大学生村官队伍建设。要加大大学生村官选派力度，鼓励和充实村级人才队伍，为村级集体经济发展提供智力支持。支持和引导大学生村官发挥聪明才智，扎根农村，兴业创业。三是要重视乡土人才的培养。村级集体经济要发展壮大，培养留得住、发展得起来的本土人才是关键，要建立乡土人才定期培训制度，采取“项目＋培训基地”订单培养方式，为发展壮大村级集体经济筹备“带不走”的人才。加大“走出去”的工作力度，组织经济薄弱村干部到先进地区、先进村参观学习，拓宽发展视野，提升发展能力。四是要进一步加大村干部考录和选任工作力度。把发展村级集体经济作为市、县（区）对村考核的一项重要内容，市里面要继续坚持村干部考录公务员制度和村干部选任科级领导干部制度，并增加考录和选任名额。以解决优秀村干部“有奔头”的问题，充分调动村干部发展壮大村级集体经济的积极性。

（执笔人：李圣）

萍乡幕冲农业基地鸟瞰图

# 新余市新型农村集体经济发展情况的调研报告

中共新余市委政策研究室课题组

农业强不强、农村美不美、农民富不富，决定着亿万农民的获得感和幸福感，决定着全面小康社会的成色和社会主义现代化的质量。发展新型农村集体经济，走共同富裕道路，是强农业、美农村、富农民的重要举措，是实现乡村振兴的必由之路。近日，新余市委政研室组织课题调研组，对全市一县三区新型农村集体经济发展情况进行了调研，形成如下调研报告。

## 一、主要做法

新余市坚持“党建带动、政策驱动、多方联动、村级主动”的工作思路，着力提升发展能力，夯实发展底板，汇聚发展合力，创新发展模式，走出了一条多元化可复制的新型农村集体经济发展新路。2018 年，全市 413 个行政村村集体经济年收入均达到 3 万元以上，其中 399 个村突破 5 万元。

### （一）党建带动，提升发展能力

通过发挥各级党组织的先锋模范和战斗堡垒作用，为发展村级集体经济提供重要保障。一是高位谋划统筹。市委书记亲自与各县（区）委书记签订发展村级集体经济责任状，把发展壮大村级集体经济作为“书记工程”、作为全市农村七件大事之一进行重点部署重点推动。市、县（区）、乡（镇）分别成立了发展壮大村级集体经济工作领导小组，建立了由党委书记负总责，相关部门各司其职、合力攻坚，一级抓一级、层层抓落实的良好工作机制。二是用心选育能人。将选好育强基层党组织书记作为强化组织引领、发展壮大村级集体经济的切入点，围绕发展经济选能人，选好能人助发展，着力打造一支“强政治、强能力、强管理、强自律、强素质”的“五强”书记队伍。为提升村书记发展村级集体经济的能力，拓宽其发展思路，全市连续两年组织了由市委书记亲自授课的村支书培训活动，并多次组织优秀村党组织书记赴浙江、安徽、河南等地学习考察。三是严格督促考核。把发展壮大村级集体经济纳入各级领导班子绩效考核和基层党建述职的重要内容，作为村党组织和村党组织书记评优评先的重要依据，对考核优秀的村支书按乡镇干部标准“领工资”，邀请列席市委全会。建立不合格村党组织书记调整退出机制和帮弱治散机制，对发展缺思路、无能力、没干劲的 40 名村支书进行调整，对被督察为市级软弱涣散的 11 个村党组织，安排市县挂点领导、帮扶单位和第一书记进行指导帮扶创建。

（二）政策驱动，夯实发展底板

近两年，为加固农村经济发展的制度底板，新余市县各级密集出台了系列文件，搭建了较为完善的制度框架，为发展村级集体经济提供了坚实支撑。一是统一谋划出台纲领性文件。2017 年 12 月，市委、市政府制定下发了《关于进一步推进农村集体产权制度改革促进村级集体经济发展的实施意见》，全面部署村级集体经济发展，提出了发展总体目标，明确了工作任务和责任单位，出台了土地、税收、金融、人才等方面的扶持政策。2018 年 2 月，制定下发了《关于进一步完善农村土地所有权承包权经营权分置办法的实施意见》，以优化土地资源配置，更好地推动三权分置改革。二是因地制宜出台配套性文件。市级有关部门根据总纲规定出台了相应配套文件,确立了党建引领村级集体经济的发展思路,明确了具体目标和工作任务;县区分别结合各地实际细化政策措施,构建域内政策体系,如渝水区的“1 +3”、分宜县的“总方案 + 三年规划”等;各乡(镇)重点在政策的衔接配套落地上下功夫,以确保“制度红利”的有效释放。三是各方配合出台支持性文件。为选好发展村级集体经济带头人,出台了包括选拔任用、管理考核、教育培训、激励保障等在内的系列选优育强村党组织书记办法细则;为规范集体经济运行管理,出台了《关于加强村务监督委员会建设实施意见》;为加大乡村两级工作推进力度,出台了有关“转变作风、坐实结果”活动方案;为引才兴农提升发展能力,出台了有关“千名人才基层行”活动方案,选派农业、旅游等方面专业技术人员 300 余名,到农村开展技术指导、业务咨询等 6800 多次,培训基层实用人员 9100 余人次。

(三)多方联动,汇聚发展合力

统筹各方资源,发动社会力量,形成全市上下共同发展村级集体经济的强大合力。一是多渠道整合资金抓投入。由组织部门牵头,会同财政、农业等部门,市县共整合涉农、基层党建等各类资金近 1.7 亿元,其中市委组织部整合补缴党费、基层党建经费等 300 万元,市委农工部每年预算专门资金 200 万元,分宜县、渝水区、高新区、仙女湖区分别整合资金 3900 万元、1 亿元、1380 万元、1040 万元,作为村级集体经济发展引导资金。二是多类型推进项目抓落实。为了变“输血”为“造血”,各地将引导资金用足用活用实到各类项目上。有的作为纯资本投资到市内经营状况优质的企业,按照每年不少于 15% 的比例进行收益分红;有的委托工业园区投资管理,按每年不低于投资总额 10% 的收益分红;有的用于投资厂房、光伏发电等;有的筹建劳动服务公司,承接本地土方等基础工程建设;有的投入农业、渔业、旅游等优势产业。三是多形式发动力量抓帮扶。在以城带乡方面,安排市县领导、各级机关及驻市企事业单位,结合扶贫、新农村建设等工作,对124个自然村开展结对帮扶帮建活动,重点发展集体产业。在以强带弱方面,组织引导强村和乡镇商会党组织,充分发挥资金、信息、人才等方面优势,与弱村进行结对帮扶,目前全市有34个弱村通过“强村+弱村”“商会+弱村”帮扶形式,村级集体经济年收入已超过5万元。

(四)村级主动,创新发展模式

各地充分尊重基层首创精神,发挥村级主体作用,坚持因地制宜、因村施策,积极探索村级集体经济发展路径,形成了多种发展模式。

1.“土地流转+”模式

适用于区位偏僻,田多、山多、人少的村,代表农村改革的主要方向,在新余一县三区呈遍地开花之势。土地流转一般与发展特色产业、引进企业、建立农民合作社、实行股权改革、开展服务创收等多种形式叠加一起,共同发力发挥作用。具体表现为村级组织依法流转农户承包的土地,以股份合作形式转租给农业企业、合作社、种养大户,进行规模经营、连片开发,发展优质稻米、优质瓜果、高产油茶、蔬菜、中药材、休闲农业等“一村一品”特色农业,农民从中可取得土地、就业、股权收益,村集体不但有租赁费、股权分红,还可通过“两委”服务取得服务费、管理费。比如,分宜县杨桥镇社下村引进江西鑫康生态农业公司和桔宸农业开发公司,成立农业合作社,流转耕地1800余亩、山地2000余亩,耕地流转率达100%,山地流转率达50%,大力发展莲子、夏枯草、高档水果种植和鹌鹑养殖等特色种养产业,不但村民增加了土地、就业、股权收入,社下村也由原来的“空壳村”转身成为年集体经营收入10多万元的示范村;高新区水西镇河坪村委在村主干道两侧流转30亩土地种植郁金香,流转130亩发展优质水稻种植、小龙虾养殖和百香果种植产业,每年可增加村集体经济收入4万元。

2. 资产经营模式

适用于城区、城郊、工业园区及乡镇政府所在地的村。这些村一方面占据地利优势,一方面部分获得了征地安置费,具备经营资产的基础。主要是通过整合村级组织现有闲置或低效使用集体资产,或者兴建房产、交易市场等形式,以公开租赁、承包经营、自主开发、买断经营、股份合作及产权试点等方式,实现集体资产保值增值。比如,渝水区城南办事处的东风村委,通过发展"房产经济",固定资产达 4 亿元,仅各类市场就有 5 个,村集体经济年收入近千万元;高新区的水西镇、城东办、马洪办一些村委,利用征地拆迁新建办公楼或村级活动中心的有利时机,出租经营部分楼层,每年可增收 3 万—10 万元;分宜镇新村引入社会资本对废旧的新村旅社进行改造装修,并组织志愿者对一处闲置集体房产进行整治,两处被盘活的资产为村集体经济年增收 6 万元。另外,在一些虽不具备上述优势条件,但拥有耕地、矿产、山林、水塘等自然资源的村,通过规范出租、转让、发包行为,充分发挥资源效益,顺利将资源变资产,拓展了集体经济增收空间。比如,分宜县操场乡石塘村将 80 亩集体土地租给企业建设生态养殖小区,通过收取租赁费和管理费发展村级集体经济。

3. 资金入股模式

适用范围较广,形式也较多样。主要是将农业综合开发、低产林改造、扶贫攻坚等涉农资金统一打包入股实体产业,通过保底分红获取稳定的集体经济收益。有的入股农业经营项目,如新余近几年下达的"空壳村"发展集体经济资金,大部分采取了这种模式,虽然目前资金量少、收益不多,但模式可取。有的入股工业企业,高新区由于具备工业优势,这种做法比较普遍,如城东办各管理处通过入股城东商贸城收益分红,保障每个管理处不少于 3 万元收益,马洪办南岭、东港、白沙桥等村委均分别投资二三十万元给当地企业,年收益可达 5 万元。

4. 乡村休闲旅游模式

适用于两类情况。一是具有山水、人文、历史底蕴的村，村组织以资金、资源入股，或以集体固定资产折价注入形式，合作开发经营乡村旅游项目，在经营收入中按一定比例分红，增加集体经济收入。发展较好的有分宜县的尚春村、防里村、介桥村，渝水区的黄坑村、下保村、礌诞村，仙女湖区的昌坊村、江口村、洋田村等。二是具有地理、产业优势的村，虽然缺乏自然风光和人文历史资源，但通过发展"特色种养产业＋体验式配套项目"形式以带动休闲旅游产业发展。如渝水区罗坊镇湖口村的千亩荷花，每年吸引大量游客前来观赏；界水乡联盟村依靠有机蔬菜基地开展乡村采摘、垂钓等活动，成功打造亲子游品牌，既带富了农民，又带强了村集体经济。

5. 创办实业模式

适用于引领致富能力强的地方。比如，渝水区姚圩镇河埠村为摆脱村集体经济空壳的窘境，于去年 7 月份成功建成老俵情面条厂，已为村集体经济带来 8 万多元的收益；水北镇琴山村投资 170 万元建设"琴山高产油茶精加工厂"项目，为全村 3700 亩油茶提供深加工；仙女湖区河下镇白米村书记发挥特长，带领村民组织了建筑队，主要负责辖区及附近一些小型建设工程，每年增收 20 万元。

6. 招商引资模式

适用于区位优势好、经济基础强、班子战斗力强的村。这些村不满足于简单的资产经营带来的房租收益，而是积极谋划、主动作为，通过招商引资放大资产倍数效应。有的发挥城郊优势，如紧依主城区的渝水区仙来新城的廖家管理处，通过加大招商引资力度，先后引进先诚医药有限公司、宇鑫家纺、顺风快递、钢城驾校等 4 家企业落户管理处，给群众带来实惠的同时，曾经的"空壳村"也发展为年收入达 40 余万元的经济强村。有的发挥平台优势，如渝水区良山镇周宇村委利用紧靠良山工业平台优势,“筑巢引凤,借鸡生蛋”,利用闲置的土地建设标准厂房,打造周宇工业园区,引入了3家企业落户该园区,其中两家已投入正常生产,村委年收入租金30余万元。有的发挥资金优势,高瞻远瞩投资“异地”,如前面提到的东风管理处,2006年就在高新区投资兴建东风工业园,通过招商引资引进多家企业,年租金超过百万元。

7. 光伏发电模式

适用范围广,是政府主导的普惠“输血”模式。新余充分利用国家政策和本地光伏产业优势,在农村大力发展光伏发电。比如,分宜县有32个村建成了光伏电站,大大增强了村级自身“造血”能力;渝水区计划用两年时间完成全区农村157个行政村村级光伏电站建设,每年可为村级集体经济收入增加5万—10万元;高新区、仙女湖区也分别加大了光伏电站建设力度,其中马洪办山南村、库陂村、桥上村的分布式太阳能发电项目,每年每村可增收5万元。

8. 异地置业模式

适用于地处偏僻、资源匮乏、经济落后的村,是政府主导的普惠“输血”模式。有的采取购买标准厂房形式,比如渝水区今年统筹资金4650万元,按50万元/村的标准,委托渝水区国资局为93个行政村,集中统一到新兴工业园区购买标准厂房,并按照10%比例分红;有的采取异地投资房产形式,如高新区水西镇利用区里500万元投资资金,在西城路与南源路交叉路口新建28间两层商业店面,每个村委至少分一间,作为村集体经济固定资产。

## 二、存在问题

近年,我市在发展新型村级集体经济方面做了大量工作,取得了一些阶段性成效。然而,受历史与现实、市场与机制、主观与客观等诸多因素影响,全市村级集体经济总体依然薄弱,存在着一些不容忽视的问题。

一是发展意识不强。各级发展村级集体经济的意识淡薄，缺乏长远规划和考量，真正落实少。基层“等、靠、要”思想严重，过多依赖“输血”，求新求变求发展意识不强；一些干部缺乏担当精神，畏难思想严重，怕吃力不讨好，怕经营失败村民埋怨，干脆不求有功、但求无过。

二是发展基础不牢。大部分村委可供支配的资源有限，缺乏发展经济的物质基础。在落实家庭承包责任制及开展林权制度改革过程中，大多村没有保留集体经营的土地、山林；在消赤减债工作中，绝大多数村的优质资产、资源等被处置；在税费改革、林权改革、矿产矿山整治、山塘水库退养等政策主导下，部分“靠山吃山”的村级集体经济大幅减少，如分宜县铃山镇一些行政村税费改革后每年损失林业收入达 30 万元，凤阳镇、双林镇、杨桥镇的一些行政村因矿山整治每年损失煤矿收入达 50 万元。

三是发展力度不均。部门之间存在多头管理、职责分散现象，带来文件执行难、政策落地难等问题。比如，有的地方“拆三房”腾出的集体土地未能顺利申报城乡建设用地增减挂钩项目，有的村级集体经济组织没有完全享受税收优惠政策，有的村干部对村级集体经济绩效考核事项一问三不知。

四是发展思路不活。在发展经济上点子不多，办法不活，渠道不广。2018 年全市村级集体经济总收入 1.93 亿元，其中经营收入 0.24 亿元，仅占 12.44%。部分集体经济发展较好的村，多为利用区位优势进行资产经营、收取辖区内企业管理费服务费等模式，真正通过发展特色产业、开办实体、开发旅游等模式实现增收的不多。

## 三、几点建议

当前，要破解发展所面临的难题，推动村级集体经济整体更好更高质量发展，主要应该做好以下五个方面工作：

（一）工作加力，营造良好环境

发展壮大村级集体经济既是实施乡村振兴战略的迫切需要，也是增强农村基层党组织凝聚力、向心力，夯实党在农村执政基础的重要保障，要切实增强发展新型村级集体经济的责任感、使命感。一是强化领导。要发挥好“书记工程”的核心领导作用，加大统筹谋划、部门联动、协调配合力度，营造全市上下齐抓共管共同努力的良好发展环境。二是强化管理。加强对村集体“三资”监管，积极发挥村务监督委员会作用，进一步规范和完善民主决策的内容、形式和程序，完善村财务公开和民主管理制度，确保村级集体的正当收入不流失，不断提高村集体资产的利用率。三是强化考核。加大农村集体产权制度改革、村级集体经济发展绩效考核力度，抓紧出台具有可操作性的考核细则，推进督查考核工作走向常态化、长效化。

（二）扶持加大，筑牢发展根基

加大对村级集体经济的政策资金扶持力度：一是实行更优惠的政策。土地方面，稳步开展农村土地征收、集体经营性建设用地入市、宅基地制度改革试点，探索地票交易制度，积极推进城乡建设用地增减挂钩，鼓励和支持村级集体经济组织依法实施土地整理、村庄整治，产生的土地收益适当返还奖励给村集体。税收方面，对集体经济组织以及代行集体经济组织职能的村民委员会、村民小组，符合税收政策规定的，给予相关减免和优惠。金融方面，将农村集体经济组织纳入“财政惠农信贷通”“政融保”支持对象和评级授信范围，开展生产设施、集体山林权、村级股权等抵押担保业务，鼓励保险机构与村集体经济组织开展特色优势农产品保险合作，降低投资农产品项目风险。二是加大资金投入。鼓励各级财政逐年增加对农村的公共服务支出，加大对各类涉农资金的整合投入力度，加强对资金的使用考核力度。三是建立长效帮扶机制。大力推广“强村＋弱村”“商会＋弱村”形式，实现以强带弱、以点带面。

（三）机制加活，激发内生动力

创新体制机制，激发村级组织主体内生动力。一是深化产权制度改革。加快推进农村产权制度改革，赋予农民对集体资产股份的占有、使用、抵押、担保、继承、退出等六项权能，在全市所有行政村推行股权管理模式，成立农民合作社或股份制公司。二是明确主体地位。明确村级集体经济组织独立的市场法人地位，完善议事规则和监督办法，明晰农村集体经济组织与村民委员会的职能关系，实行村民委员会事务和集体经济事务分离，有效发挥好集体经济组织在管理集体资产、开发集体资源、发展集体经济、服务集体成员等方面的作用，并独立承担市场经济风险。三是出台激励办法。将集体经济增收与村干部报酬挂钩，允许从村级集体经济当年新增经营性纯收入中按一定比例提取奖励资金，用于奖励对村级集体经济发展有功的村干部；对在村级集体经济发展中有突出贡献的村带头人，不但要给予经济奖励，还要提升政治待遇。

（四）措施加实，拓宽增收渠道

理清发展思路，因地制宜把准发展路径，拓宽增收渠道，提升"造血"功能。一是盘活现有资源。利用好耕地、矿产、山林、水塘等集体自然资源，在保护好生态环境的前提下，通过招投标等形式进行开发经营；利用闲置或低效使用房屋等资产，发展"物业经济"。二是发展优势产业。实施"一村一品"战略，重点在土地资源充裕的地方开展规模化特色种养，通过采取"村集体经济组织＋农民合作社（家庭农场）＋农户"等形式，提升产能增加效益；在农副产品丰富或有能人有技术的地方发展现代加工业，通过延伸产业链提高农副产品附加值；在有自然山水、人文历史资源或拥有地理优势、产业优势的地方发展休闲旅游业，通过"旅游＋""生态＋"等模式，推动农业、林业与旅游、教育、文化、康养等产业深度融合；在有区位或劳动力优势的地方发展社会服务业，通过创办家政中心、物业管理公司、劳务公司、异地置业等，收取服务管理费。三是开展招商引资。用工业化理念经营农业，利用自然、地缘和人脉等方面资源，大力开展招商引资活动，通过吸引工商资本的进驻带强农业、带富农民。

（五）队伍加强，增添干事活力

村干部是发展村级集体经济的组织者、实施者，其素质是影响村级集体经济发展的关键因素。一是选好带头人。继续按照“五强”书记要求，选好具有富民强村能力的领头人。二是配强“两委”班子。通过培养新人、引进能人等方式，从农村致富带头人、专业合作组织负责人、优秀民营企业家、复员退伍军人、外出务工经商人员、大学生村官等优秀人才中选优配强村级班子。三是开展素质提升工程。不断提升村干部的思想文化素质、管理领导才能、专业素养和市场驾驭能力，鼓励村级党组织、村委会和村集体经济组织领导班子“三位一体”交叉任职，组织农村集体经济组织负责人到外跟班学习，拓宽视野，打开思路。

（执笔人：陈文燕　胡云锦）

新余东风工业园生产车间

# 鹰潭市发展壮大新型农村集体经济的调研报告

中共鹰潭市委政策研究室课题组

近年来，中央和省委十分重视发展农村集体经济，要求各级各部门鼓励支持和培育壮大村级集体经济，进一步提高农村、农民的组织化程度，引领农民群众增收致富。近期，市委政研室对鹰潭市全市农村集体经济发展情况进行了调研，并赴上饶市广丰区，安徽省歙县、旌德县等地考察学习当地发展农村集体经济的好经验好做法，形成调研报告如下。

## 一、鹰潭市农村集体经济发展现状和困难问题

### （一）发展现状

2017 年，全市各地认真落实中央和省委、市委关于发展壮大农村集体经济文件精神，村级集体经济取得一定的发展。截至 2017 年底，全市 336 个村委会集体经济组织总收入达 1.26 亿元左右，平均每个村集体经济组织收入 37.5 万元，较上年增长 12.5%。其中，经营收入可达 450 万元左右，平均每个村 1.3 万元，增长 34% 左右。无经营收入的行政村 236 个，占村委会总数的 70%；有经营收入的行政村 100 个，占村委会总数的 30%。在有经营收入的行政村中，收入 5 万元以下的村 60 个，占 60%；5 万—10 万元的村 30 个，占 30%；10 万—50 万元的村 8 个，占

8%;50万—100万元的村2个,占2%。

我市村级集体经济发展的主要模式有:一是资源型。主要是利用未发包的集体资源,获取资源发包收入。余江区的潢溪逢叶、洪湖苏家、杨溪大塘,通过流转土地,建立集体经营的油菜、吊瓜产业基地,获得收入。二是资产型。月湖区四青杏树园村通过长期发展的积累,城区集体房产店面年租金收入近百万元。贵溪雄石象山村委会利用土地换资产,盘活7个店面,每年店面租金收入20万元。余江潢溪逢叶、中童九都村等,引进客商发展光伏产业,村集体10%分成,两村收入每年不少于10万元。余江平定洪桥村吴家组结合宅基地改革,挂牌出让20亩集体经营性建设用地,直接获益82万元。三是合作型。将扶贫产业资金、帮扶资金及项目资金整合起来,由村委会牵头成立农民专业合作社,集体、农户按股分红。贵溪雷溪南山村参与欧绿多肉植物产业园入股分红,年收入近8万元。贵溪罗河龙山村将各方面产业扶贫资金整合起来,由村委会牵头成立白茶专业合作社,2017年村集体经济收入6万多元。四是服务型。余江山底优质稻合作社秉持“人人有活干、个个是股东、家家有钱赚”合作模式,把田地、劳动力、技术和合作社发展基金按照3∶3∶3∶1利益分配,增加了社员收入,壮大了村集体经济。

(二)存在的困难和问题

一是发展农村集体经济的基础较薄弱。许多行政村都是“无启动资金、无自然资源、无产业依托”的“三无村”:绝大部分行政村依靠乡镇转移支付资金运转,村集体经济收入几乎没有,不少村里还有欠债;土地、山林、水面等自然资源基本已经分包到农户手中,或早已以极低的价格长期出租;大多数行政村都没有依托矿产、旅游、工业等产业发展集体经济的条件。

二是对发展农村集体经济的认识不到位。一些干部认为搞市场经济就是谁有本事谁致富,只要经济发展了、农民富裕了,有无集体经济无关紧要;有人认为各级都在重点发展个体私营经济,再提发展村级集体经济是走“回头路”,不合时宜;还有人对集体经济的理解比较片面、陈旧,认为集体经济就是集体办企业,发展集体经济费时费力,也容易导致村官腐败等等。这些错误认识制约了村级集体经济发展。

三是发展农村集体经济的意愿不强烈。20 世纪 90 年代初,兴起过一阵村办企业的热潮,但出于种种原因,很多村办企业最终失败,有的还留下不少债务。很多村干部“一朝被蛇咬,十年怕井绳”,畏难心理严重。还有的干部私下认为,把村里集体经济发展好了,如果下一届不能连任,那就是“自己种树、他人乘凉”,持续性发展集体经济的意愿不强烈。

四是发展农村集体经济的机制不健全。我市目前扶持村级经济集体发展的政策措施较少,特别是相关土地、金融、财税支持政策少。发展村级集体经济,干部人才是关键,而目前在农村懂经营、会管理、有发展能力的干部人才很少,不少干部因循守旧、改革创新意识不强。这些因素都严重制约了我市农村集体经济发展。

## 二、外省市发展农村集体经济的经验和做法

近年来,省内外许多地市都把发展壮大农村集体经济作为一项重要工作来抓,创造了不少好的经验做法。

### (一)发展类型

概括各地发展村集体经济模式,主要有以下几种:“无中生有”型。安徽省歙县一个偏僻乡镇的省级贫困村,村委会没有任何资源和资产,村支书带领村干部,利用上级土地整治相关项目资金和省级扶贫资金,将因劳动力外出打工而撂荒的 40 余亩土地租赁下来,成立莲藕种植合作社,发展观赏莲藕种植,出售盆景莲花和莲子,发展乡村旅游,仅 2016 年集体经济收入就超过 20 万元。土地流转型。上饶市广丰区一些村委

会将本村农民撂荒的土地或荒山整合，利用申请的项目资金平整并建好配套设施，转租给专业合作社，通过平整改造，实际出租面积增加20%左右，出租价格（含管理服务费）也增加100—200元/亩，村集体每年可取得不少于6万元经济收入。入股分红型。安徽省旌德县有的村委会将已整治好的土地和建设好的道路基础设施入股本村的专业合作社，获得一定数额的保底分红。这些合作社也非常乐意与村委会合作，一方面省去了基础设施建设的资金投入，另一方面可以得到村委会的支持帮助，有利于合作社发展。资源盘活型。上饶市广丰区处于山区，人多地少，宅基地资源十分紧张，一些村委会将村里的闲置土地集中整理，在依法满足农民建房用地需求的前提下，向申请建房的村民公开招标拍卖，按宅基地位置优劣“择位竞价”，每年也可增加不少村集体经济收入。发展旅游型。安徽省歙县、旌德县有些村委会利用本村优美的自然风光和古村文化优势，引进旅游开发公司，推介开发本村风景点，发展乡村旅游的同时收取保底分红；广丰区有的村子将闲置的民房改造利用，发展民宿产业，带动体验旅游经济，增加集体经济收入。招商奖励型。上饶市广丰区出台政策，鼓励各乡镇村委会动员外出创业成功人士返乡创业，村委会干部提供信息、“穿针引线”，乡镇主要领导带他们外出招商，一旦项目落地产生效益，按照县里奖励办法，从乡镇实得税收里面返还20%—30%奖励给相关村委会。贫困帮扶型。上饶市广丰区尝试建立“飞地市场”，将上级相关政策资金整合，在县城、园区等繁华地段建立大型集贸市场或厂房，将这些固定资产按比例分给偏远的贫困村，让它们每年从中获得收益。资产增值型。安徽省歙县一些紧靠风景区的村，利用集体用地建设停车场等基础设施，发展社会服务等业务；上饶市广丰区横山镇廿四都村充分利用位于经济繁华的县区中间优势，积极发展第三产业，建成的集贸市场每年可收取租金和管理费60多万元。

（二）共同经验做法

分析以上几种村级集体经济发展模式，它们之所以能够取得成功，有以下几个共同因素：一是思想上高度重视农村集体经济工作，把它作为“一把手工程”，县、乡、村三级齐抓共管，县（区）一级普遍设立发展农村集体经济项目基金，如上饶市广丰区设立1000万元扶持资金，用于帮扶缺少资金的行政村启动集体经济项目建设；二是充分整合利用上级各种涉农补贴政策、基础设施建设资金，一改过去“撒胡椒面”资金使用模式，分批重点扶持，集中高效利用；三是特别注重村“两委”班子建设，把致富能人、经营管理能力强的村民吸收进村组干部队伍，积极想办法发展集体经济；四是充分依靠成熟经济体，与专业合作社、旅游开发公司等经济体合作经营，入股分红；五是利用一切可以利用的资源，包括农业惠农政策、项目预期收益、政府公信力等，作为村集体的信用资本入股，从而获得数额不等的保底分红收入。

## 三、发展壮大鹰潭市农村集体经济的对策建议

（一）提高认识，强化发展壮大村级集体经济的意识

习近平总书记指出，要把发展壮大村级集体经济作为基层党组织一项重大而紧迫的任务来抓，增强基层党组织的凝聚力，提高村级组织服务群众的能力。发展壮大村级集体经济是打赢脱贫攻坚战的需要，也是提高农村公共服务能力、提升基层组织凝聚力创造力战斗力的需要。建议从两个方面发力，强化全市上下高度重视发展壮大农村集体经济的认识，凝聚共识：一是市级层面成立发展壮大村级集体经济的领导小组，明确牵头部门，强化组织领导；二是出台发展壮大村级集体经济的《实施意见》，加大政策支持，并将其纳入县（市、区）和乡镇考核内容。

（二）完善机制，加大政策支持力度

统一思想，着力破除制约农村集体经济发展的体制障碍，构建促进

发展的机制，形成齐抓共管的工作合力。一是加大财税支持。积极争取省财政每年统筹安排的专项资金，市县两级财政建立村级集体经济发展专项基金，采取以奖代补、竞争立项等方式支持发展壮大村级集体经济。鼓励财政项目资金向村集体领办创办的合作社倾斜。对村级组织引进落户的企业，可将地方财政所得的部分收益返还到村。税务部门给予村级集体经济发展充分的税收优惠政策。二是加大用地支持。严格落实征收土地留地安置政策，留地比例不得低于征地面积的5%，作为集体经济发展、创业创新、安置就业的建设用地。明确高标准农田建设新增耕地归村集体所有，置换出的建设用地指标优先用于村级经济发展项目，土地增值收益返还村集体所有。三是加大项目支持。坚持以县为主，按照“渠道不乱、用途不变、协同推进、合力发展”的原则，整合相关资金，在国家政策允许范围内，将项目资金更多地投向集体经济发展项目，优先立项、重点扶持。这些项目产生经济效益后，村级可从中划分一定的收入或持一定的股份。四是加大金融支持。创新金融产品和服务，把村级集体经济组织纳入评级授信范围，设立发展村级集体经济专项信贷资金，降低融资门槛，加大信贷力度。将农村集体经济组织纳入“财政惠农信贷通”支持对象；抓好农村集体建设用地使用权、村集体资产等抵押贷款试点工作，积极发展和创新林权抵质押贷款融资模式。

（三）选好班子，抓好发展壮大集体经济队伍建设

强化党的农村基层组织建设，加强党对农村工作的领导，已经成为发展壮大农村集体经济的迫切要求。当前重点要打造好三支队伍：一是按照“选能人、用强人、推新人”思路，选任善于抓项目、能够带群众上项目的村党支部书记，积极探索村集体经济组织管理人员报酬与村级集体经济效益挂钩，调动广大农村干部的积极性、主动性和创造性，打造一支能够带头致富、带领群众致富的“双带”型队伍。二是通过派驻政治素质好、群众观念强、热爱农村工作的机关干部，打造一支能够积极引导当

地干部群众因地制宜，找准切合驻点村实际的发展路子，增强村级集体经济的“造血”功能的村第一书记和驻村干部队伍。三是鼓励和引导农村外出务工经商能人带资金、带项目回乡创业，牵头领办集体经济项目，打造一支自愿为村级经济发展贡献力量的群众队伍。

（四）创新模式，因地制宜发展壮大村级集体经济

充分发挥村“两委”作用，坚持实事求是、因地制宜原则，促进村级集体经济稳健可持续发展。一是鼓励村集体开发闲置或低效使用的办公用房、厂房、仓库等资产，租赁或投资入股，增加村级经济收入。二是鼓励村集体合理流转农户承包的耕地、山林、水面等资源，进行土地整理、连片开发，集中流转或以股份合作形式给农业合作社、种养大户进行规模经营，使村集体从中获得相应的经济收入。三是鼓励城郊村、园区村、交通沿线村等，利用区位优势和文化旅游资源优势，发展商贸物流市场、生态观光农业和旅游等产业，合理合法做好资源开发，发展集体经济。四是鼓励村集体通过积极参与县乡两级招商引资工作，为农民专业合作社和农户提供服务，组织劳务输出、保洁、物业管理等服务，提供一定的代理服务，增加村级收入。五是鼓励有一定闲置资金的村，在控制风险的前提下，适当购买理财产品、商铺店面、仓储设施等物业和投资政府的一些建设项目，搞好资本运作，增加村级收入。

（五）加强监管，强化对农村集体资产的管理

在全面清查村级经营性资产、公益性资产和资源性资产，明晰集体所有产权关系，完善村级集体“三资”台账的基础上，加强监管：一是健全村集体“三资”管理制度。涉及村级集体“三资”管理重大事项，坚持集体决策、集体讨论，经村党员大会和村民代表大会通过，并报乡（镇、街道）审批同意。村级集体经营性资产出租承包，必须通过产权交易平台，进行公开招投标，不得采取买断经营权和长期承包不变的简单做法。二是全面推行农村集体“三资”委托代理服务。采取“村财镇管”“组财镇

管”模式,镇级代管统一资金账户、统一会计核算、统一档案管理。建立健全村级财务制度,严格落实财务收支预决算、开支审批及招投标、财务公开等管理制度,提高集体“三资”使用的透明度,严格执行重大财务事项审计和离任村干部审计,防止集体资产、资金、资源的流失和浪费,增强村级集体经济发展后劲。

(执笔人:张卫平　江鹍)

鹰潭市农村电商产业蓬勃发展

# 赣州市发展壮大新型农村集体经济的实践与探索

中共赣州市委政策研究室课题组

发展壮大新型农村集体经济是实施乡村振兴战略的重要抓手，是推进农业农村现代化的重要内容，是实现共同富裕目标的重要保证。近年来，赣州市认真落实中央和省委决策部署，强化党建引领，坚持因村施策，变“输血”为“造血”，村级集体经济不断发展壮大。

## 一、基本成效

2017 年，全市 3469 个行政村集体经济总收入为 4.26 亿元，平均每个村为 12.28 万元，比 2016 年平均增长了近 2 倍，无集体经营性收入的“空壳村”全部消除，42% 的村级集体经济收入达到 5 万元以上，比 2016 年增长了 3 倍还多。2018 年，各地认真贯彻落实全市基层党建工作要求，持续发力、合力攻坚，村级集体经济得到较快发展。

## 二、主要做法

近年来，赣州市坚持把发展壮大农村集体经济列为“一把手工程”，出台一揽子帮扶奖补政策，建立村级集体经济考核激励机制，积极探索农村集体经济有效实现形式，着力提升村级集体经济经营管理水平。

（一）抓实村级集体经济“一把手工程”

把发展壮大村级集体经济作为基层党建承诺事项，提出“要实现村级集体经济收入平均增长30%”的目标。出台《关于稳步推进农村集体产权制度改革发展壮大村级集体经济的实施意见》，把发展村级集体经济作为“一把手工程”，纳入各级党组织书记党建述职评议考核重要内容，纳入脱贫攻坚和乡村振兴考核重要内容，要求县（市、区）委书记亲自挂帅，作出承诺，年底兑现。

（二）出台一揽子帮扶奖补政策

市县两级组织部门牵头统筹协调，把服务村级集体经济发展作为市县两级落实党建工作责任制的重要内容，推动金融、财政、国土、发改、扶贫等部门出台多项高含金量的帮扶政策。2018 年 8 月，市政府出台实施《关于支持村级集体经济发展壮大的若干措施》，进一步拓宽强村富民渠道。

一是征拆补偿政策。征收集体土地时，按规定给予村集体预留用地指标。同时，将协征协拆费全额返还村集体，作为集体经济发展资金。实施城乡建设用地增减挂钩项目，交易纯收益按不少于每亩 2 万元的标准直接奖励给村级集体。

二是项目扶持政策。鼓励各县（市、区）整合涉农和扶贫领域资金，采取财政补助一点、帮扶单位和乡镇出一点、银行贷一点的“三个一点”模式，帮助村级集体建设光伏发电站、购置商业店面、进行仓储物业等项目，实现稳定收入。

三是金融扶持政策。市财政每年安排 10 亿元风险缓释金，撬动银行信贷资金 80 亿元，每个贫困村可申请贷款 100 万元用于发展村级集体经济，由财政贴息 3—5 年。各县（市、区）分别安排 500 万—800 万元专项资金，对发展村级集体经济进行奖补和贷款贴息。

四是税费优惠政策。对村级集体投资兴建标准厂房、商业店铺等实体项目，免收征地管理费等行政事业收费，服务性收费按底价减半收取。实体租赁收入上缴税金地方留存部分，采取补助方式，用于村级集体运转。

五是产业奖补政策。对发展烟叶等特色产业的村，按照上缴税收的一定比例作为产业发展奖补资金，奖励给村级集体。对发展休闲农业和乡村旅游的村，农业龙头企业吸纳贫困户入股并帮助其脱贫的，给予村级组织3000—5000元的奖补资金。

(三)建立村级集体经济考核激励机制

把发展壮大村级集体经济作为抓党建促脱贫攻坚的重要任务，建立健全党员干部责任落实机制、考核激励机制、党组织带头人选拔机制，保障村级集体经济持续健康发展。

一是党员干部责任落实机制。为了让各地各部门都“动”起来，实行“一村一台账”“一月一调度”，要求各地按照“一村一策”要求，制订具体发展计划，明确资金来源、发展目标、发展模式以及具体措施，对“薄弱村”“空壳村”实行销号管理，形成“时间倒排、任务倒逼、责任倒追”的落实机制。2017年，将帮助村级发展集体经济列为驻村第一书记和工作队长年度考核的重要指标，所挂点帮扶村集体经济收入未达到5万元的，年度内不能评先评优。

二是党员干部考核激励机制。将村级集体经济发展业绩与村干部报酬、绩效考核、招录考试挂钩，调动村干部谋发展、抓发展的积极性。如，瑞金市对新办集体经济长效项目并能因此获取持续性收入的村，按投资额20%的比例进行资金奖补，从而激发村级积极性。

三是基层党组织带头人选拔机制。把选优配强党组织带头人、夯实建强基层党组织，作为推动村级集体经济“薄弱村”和“空壳村”实现“脱壳化蝶”的关键之举。大力推行“实习村干部”培养制度，引导和支持致富能人、大学生、退伍军人参选村“两委”干部，真正把组织认可、群众满意的人选拔出来、培养起来、使用上来。2018 年新当选的村(社区)党组织书记中,致富能手就有 2105 人,占比达 60% 以上。

(四)探索农村集体经济有效实现形式

加快推进产权制度改革,使其成为自主经营、独立核算、自负盈亏的市场竞争主体,逐步实现“资源变资产、资金变股金、农民变股东”,维护农民利益,促进集体经济发展。

一是全面开展农村集体资产清产核资。按照“清理—核对—公示—审核—上报”的统一流程,对全市所有村组集体资产全面清查。经核查,全市集体资产总额 63 亿元,其中经营性资产总额 18 亿元。

二是稳步推进农村集体产权制度改革。按照“清资产、定成员、量股份、创实体、活经济”的总体思路,咬定发展壮大集体经济目标,推动以资源变资产、资金变股金、农民变股东为主要内容的集体产权制度改革。2015 年启动试点以来,之后每年都试点一批,目前全市已完成 444 个村组的改革试点。通过产权改革试点,进一步明确了集体经济组织成员与集体的关系,强化了村级集体经济加快发展的体制机制保障。

三是有序实施“三权分置”政策。在全面完成集体土地、承包地确权发证的基础上,推动“三权分置”试点,重点引导农户入股组建土地股份合作社,支持村集体增强“统”的功能,引导整村整组流转土地实行统一经营,发展集体经济。当前,农村土地承包关系基本稳定,结合土地平整、高标准农田建设等,撂荒耕地得到有效流转,土地规模经营、集体经营的理念逐渐形成。

(五)提升村级集体经济经营管理水平

发展壮大村级集体经济,必须坚持“一手抓发展,一手抓管理”。各地在积极探索村级集体经济发展新路的同时,注重村级集体经济规范管理。

一是强化“三资”监督机制。制定《农村集体资金资产资源管理办法》,完善乡(镇)“三资”代理机构,加快推进“三资”信息化管理进程,全面实现“三资”管理全面电算化和市、县、乡三级实时监控,使“三资”管理实现阳光操作。

二是规范财务收支管理。督促各地坚持民主、公开、透明原则,健全完善集体财务管理制度,真正做到用制度管钱、管权、管事。推动“三资”监管信息平台运用,规范村级财务公开,及时全面公开收入、支出信息。启动村集体财务审计监督机制建设,组织相关人员培训,对村级财务收支、债权管理、“一事一议”筹资酬劳及财政奖补资金使用情况列入定期审计内容,促进了村级财务管理逐步规范化、制度化。

三是减轻村级组织负担。将减轻农民负担工作的对象范围向村级组织延伸,严格执行精减和压缩面向村级组织负担政策,严禁向村级集体乱收费、乱集资、乱摊派、乱罚款,减少村集体非生产性开支。结合清产核资工作,重点对村级组织负债情况进行清理,对于有负债的村,协调相关部门和乡(镇)加强配合,按照“一村一策、一债多策”的原则,采取多种方式,逐步化解现有债务。

## 三、创新九种发展模式

坚持党建引领,把村级集体经济发展作为推进基层组织建设的有力抓手,指导村级党组织挖掘自身潜力,创新集体经济发展模式,多元化、特色化发展壮大集体经济。

一是资源利用模式。对利用不合理的资源,进行全面清理登记造册,依法有序组织回收、回购,再以公开竞拍方式面向市场招租,最大化地获取资源收益;将山塘、山林等闲置集体资产,通过公开发包、自主开发等方式,盘活经营,增加集体经济收入。如大余县黄龙镇大龙村依托景区有效激活资产资源经营,把景区内的山林、田地全部流转景区经营,用于生态旅游项目,村集体获得租金收入;对景区内的农房由集体全部回购，统一规划重建或装修改建为民宿、农家乐、观光点等，由景区统一安排客源，返租给农户或集体经营，2017年实现村级集体经济收入37万多元。

二是资产经营模式。对城中村、城郊村、园中村，利用预留土地建设标准厂房、专业市场、仓储设施等经营性资产，获得稳定的集体经济收入。如章贡区白云村大力发展物业租赁经济，村集体经济稳步发展，利用毗邻龙都商城、贸易广场的优势，以村组共同集资开发、合作、入股等形式，开发摩托车大市场、鞋帽市场、机电市场及市场周边配套商贸区。通过公开招标租赁、资产入股、合作开发等形式，促进资产效益最大化，引进了医院、酒店、物流等民营企业租赁村级资产。2017年，村组集体经济收入达3400多万元。村民可享受养老、医疗、救助、就学等20多项福利保障。

三是产业带动模式。对农（林、果）业优势村，围绕脐橙、油茶、蔬菜等赣南优势产业，由村党组织牵头创办农业产业合作社，按股分红，增加收入。如崇义县龙勾乡良田村，流转土地500亩，争取上级资金完善基础设施，并注入上级帮扶资金30万元，合股设立经营公司，建成荷花、百果园等产业示范基地；引进社会资本建立现代农业示范园，协助经营主体流转土地1000亩，按土地租金10%收取土地流转服务费，2017年实现村集体经济收入20余万元。

四是土地开发模式。对“空心村”，以城乡环境整治、“两违”治理等契机，做好做活城乡建设用地增减挂钩文章，加快土地整理、盘活土地存量，增加村级集体经济收入。如南康区龙华乡黄塘村，对集中连片的破棚烂厕、空心房、废弃砖瓦厂等，通过实施土地“增减挂”和“旱改水”项目，按照2万元/亩的标准返还给村集体，实现收入22万元；通过实施土地复垦项目，村集体投入10万余元种植南瓜60余亩，与当地食品加工企业签订供货协议，按约定产量保底收购，实现收入15万元。

五是异地置业模式。对无资源、缺资金、距离城镇较远等发展受限的村，通过争取财政和单位帮扶资金，在城镇、集市购置商业门面或其他经营性资产，采取租赁、合股、经营等方式获取稳定收入。如龙南县积极探索异地置业模式，在县域经济价值高的地方设立创业园，投入1.19亿元，为全县107个村（社区）购置了107间店铺，总面积1.6万余平方米。创业园建成后，由县专门机构统一管理，使每个村（社区）都在县城拥有150多平方米店铺，各村集体经济每年稳定增收4万元以上。

六是服务创收模式。鼓励村级集体结合精准扶贫、乡村振兴政策，创办劳务输出等中介服务组织，为群众提供农业生产、建筑施工、仓储物流等服务，增加集体经济收入。如南康区东山街道坨圳村紧盯家具企业“环境整治、用工需求、安全隐患排查”等需求，成立了村级社会事务服务中心，设立环卫服务、消防服务、劳务服务3个服务站，为辖区内家具企业提供有偿服务，2017年实现经济收入49万元。

七是借助政策模式。各县（市、区）结合实际，制定出台支持村级集体经济发展的实施意见、工作方案，这些政策措施为村级集体经济发展营造了良好的发展环境。如，南康区明确在征地拆迁中给予村集体预留地政策，村级实施土地“增减挂”每亩给予2万元奖补资金。

八是社会帮扶模式。对社会资源丰富村，鼓励和引导企业结对帮扶或社会贤达资助，助力村级集体经济滚动发展、增收。如全南县城厢镇镇仔村，以国家开发银行江西分行资助的50万元作为启动资金，整合县工业园征地拆迁村级管理费125万元，流转本村土地250亩，与龙头企业合作建成西兰花、包菜等蔬菜基地，2017年实现净收入26万元。

九是整合资金模式。结合本地实际，积极探索多元化发展之路，有效整合各类资金,兴建光伏发电等村级集体经济发展项目。如兴国县激江镇杨澄村,整合扶贫资金及村级贷款资金等多方资金共280万元,集中打造了3条光伏发电长廊,建成光伏发电设备415千瓦,2017年建成当年村级集体获得发电收入22万元。

虽然近年来赣州市村级集体经济取得较大突破,但由于基础较差,村多面广,仍然面临一些困难和问题。一是发展基础薄弱,增收后劲乏力。一些村级集体经济主要通过出租房屋、土地、山林、店面和上级"兜底"保障政策获得收入,增收缓慢。二是"三资"管理不严,处置不够规范。一些村级集体资产存在低价出租、出售现象,且租赁时一次性收取长年租金,因租赁合同保管不善,造成村干部换届时,档案资料交接不清的问题时有发生。三是激励措施落实不到位,干群获得感不强。有的基层干部担当意识不强,村集体经济收入激励机制、奖励政策难落实,村组干部积极性难发挥。

下一步,我们将坚持以改革创新为引领,积极探索农村集体经济的新形式和运行机制,发挥村党组织对集体经济组织的领导核心作用,推进农村集体资源要素市场化优化配置,促进集体经济发展和农民持续增收。

一是稳步推进农村集体产权制度改革。按照中央和省委统一部署,扎实推进集体资产股份合作经营为主的产权改革,解决农村集体经济发展的关键问题。通过改革把共同共有产权制度的传统集体组织,改造成为按份共有产权制度的新型集体经济组织,赋予新型集体经济组织充分的自主经营权、独立财务权,使其成为自愿组合、自负盈亏、民主管理的经济组织,逐步实现"资源变资产、资金变股金、农民变股东",促进集体经济发展,实现农民增收。

二是创新村级集体经济实现形式。积极引导村集体经济持续健康发展。重点鼓励支持集体组织发展农林经济、乡村旅游经济、物业型经济、服务型经济。农林经济重点围绕脐橙、蔬菜、油茶以及其他特色产业，发展种养、加工项目，增加村集体经济收入；乡村旅游经济由村集体自主开发，或引进社会资本发展合作经营；物业型经济以镇村为单位，整合村集体“三资”综合开发利用集体经营性建设用地，或实行异地兴建、联村共建，在镇区、工业园或城区置办商铺门面、标准厂房等物业；服务型经济由村集体创办农村电商代办代购、农贸市场、餐饮住宿、养老殡葬、教育托管等实体，领办农机技术、劳务输出、农产品销售、农资供应、储运加工等服务组织，增加集体经济收入。

三是进一步加大政策扶持力度。既要保持现有政策的延续性，又要健全完善政策体系和配套措施，特别是要研究新一轮的扶持政策，发挥政策的导向作用。加大各类涉农资金的整合力度，各级财政、相关职能部门积极推进村级集体经济专项扶持资金有效利用，重点支持年收入5万元以下的村发展集体经济项目。同时，开展市级新型村级集体经济发展示范村创建活动，注重培育典型，加大宣传推介，发挥示范村引领带动作用，掀起新型村级集体经济发展热潮。

四是加强农村基层党组织建设。选优配强村“两委”班子带头人，注重从致富能手、专业合作组织负责人、优秀民营企业家、外出务工经商人员、返乡创业人员、高校毕业生、复转军人中选拔优秀人才。大力实施村干部能力提升工程，坚持开展村干部业务培训，注重加强村班子成员集体经济发展意识和发展能力的培养。充分发挥第一书记和驻村工作队的作用，帮助村级集体经济理清发展思路、争取发展资源、拓宽发展路子，加快推进集体经济转型发展。

五是促进集体经济绿色发展。健全完善乡村生态环境保护工作机制，加强村级集体经济发展过程中的环境监督工作，督促各地合理开发利用乡村生态资源，走人与自然和谐共生的可持续发展之路。严格落实环境准入制度，防止污染企业向农村转移。推行绿色生产方式，加快淘汰退出农村“小散乱污”企业。探索政府购买服务、生态补偿等方式，支持村级集体经济组织发展生态修复、林下经济等绿色经济。

（执笔人：罗理聪　刘文中）

赣州市“旱改水”项目复垦蔬菜基地

# 在希望的田野上实现乡村振兴

中共宜春市委政策研究室课题组

党的十九大提出实施乡村振兴战略，强调要深化农村集体产权制度改革，保障农民财产权益，壮大集体经济。发展新型农村集体经济是强农业、美农村、富农民的重要举措，是实现乡村振兴的必由之路，宜春作为农业大市，发展壮大村级集体经济，具有更加深刻的现实意义。近年来，我市按照“清资产、定成员、量股份、创实体、强经济”的工作思路，积极打造农村集体经济新业态，努力为实现乡村振兴培育新动能。截至目前，全市共消灭“空壳村”814 个，集体经济收入超 5 万元的村达 1083 个；全市共建立村级集体经济组织 1233 个，占总数的 56%，其中股份经济合作社 129 个，经济合作社 1104 个。

## 一、宜春市的主要做法和实践

### （一）摸清集体家底，盘活资产资源，为农村集体经济发展夯实基础

#### 1. 深入认识当前村级集体经济发展现状

截至 2017 年底，宜春市共 2209 个行政村，当年无经营收益即“空壳村”923 个，占比 41.8%，有集体经济收入的 1286 个，占比 58.2%，集体经济收入总计 10527.48 万元，其中年收入 50 万元以上的村 18

个，仅占0.8%。课题组对有集体经济收入的1286个行政村的村集体经济收入情况进行了详细统计分析，力求做到心中有数，发展有路。总体来看，宜春市村级集体经济发展整体水平不高，收入5万元以下的“薄弱村”占了将近一半，真正意义上的富村、强村少；集体经济结构不优，全市村级集体经济收入主要是出租收入和发包收入，集体经济中第二、第三产业的占比低。从集体经济收入获得途径来看，仓储、厂房、店面出租收入2973.12万元，占总收入的28.24%；山水、土地资源发包收入（管理费或承包费）3009.49万元，占28.59%；这两项为农村集体经济主要收入来源，占比达56.83%。从地域分布情况来看，全市18个集体经济收入50万元以上的村中，有12个是城郊（城中）村，占66.67%；平原村和山区村是有集体经济收入村的主要分布区域，但集体经济收入较多的村主要分布在城郊。从村党组织书记情况来看，有“双带”能力的有1182人，高中及大专学历的有1131人，家庭年收入在5万元以上的有1232人。由此可见，村党组织书记的个人综合素质对发展集体经济具有较大影响。

2. 全面开展农村集体资产清产核资工作

宜春市全面开展农村集体资产清产核资工作，并把这项工作作为推进农村集体产权制度改革、发展农村集体经济最重要的基础性工作来抓。在广泛调研的基础上，农业部门联合出台了《宜春市农村集体资产清产核资工作方案》，编印了《农村集体资产核资百题问答》2000余册，举办了业务培训班，开展了多批次督导检查。各地精心组织、科学安排，按照“先资产后资源”“先账内后账外”的要求，确保了清查数据真实、准确、可靠。各地实行台账制度，完善监督机制，分类登记经营性资产、非经营性资产、资源性资产，加强动态管理。目前，全市2214村、23363个组全面开展了农村集体资产清产核资工作，共核实资产39.13亿元，其中经营性资产3.08亿元。

3. 稳妥推进经营性资产股份合作改革试点

宜春市通过对集体资产折股量化、确权到户，让“资产变股权、农民当股东”，激活农村“沉睡资产”。一是强化试点指导。指导全国试点县——铜鼓县开展试点，91 个行政村全部成立了股份经济合作社，申领了股权证。其他县（市、区）每个乡（镇）选择了 1—2 个有净资产且经营性资产较大的村开展改革试点，目前，全市已成立村级集体股份经济合作社 228 个，股改的村占总数的 10.32%。二是健全组织机构。全市共建立村级集体（股份）经济合作社 2194 个，其中成立村级集体股份经济合作社 228 个，量化资产总额 7879.99 万元，界定成员 24.63 万人，设置股权 54.62 万个，股改后的村级集体经济组织普遍建立“三会一章”（股东大会、理事会和监事会，制定组织章程）。三是创新方式方法。因地制宜探索利用土地经营权等成立土地股份合作社，比如丰城探索“一次保底，二次分红”的土地流转模式，由各村成立土地合作社，与村民签订土地流转协议，再由土地合作社与承包户、种养合作社、公司签订承包协议，村民成为股东，承包地成为“股票田”。丰城市被列为全省农村土地“三权分置”试点县。

（二）强化政策扶持，搭建发展平台，为农村集体经济发展提供保障

宜春市高度重视村级集体经济工作，先后制定出台了一系列扶持农村集体经济发展的政策措施，比如 2017 年底出台了《关于稳步推进农村集体产权制度改革发展壮大农村集体经济的实施意见》；2018 年 7 月 15 日，出台了《关于发展壮大村级集体经济若干政策措施的意见》，提出 20 条具体扶持政策。这些政策措施，为推进宜春市村级集体经济发展发挥了重要作用，取得了较好效果。除此之外，还在以下几方面发力：

1. 加强组织保障，把抓村级集体经济工作列入了基层党建巡察和领导班子考核内容

成立了市发展壮大村级集体经济工作领导小组，建立了定期协商会

议制度；各县（市、区）制订了村级集体经济发展规划。同时，将发展村级集体经济工作列入了各级党组织书记党建工作任务清单和基层党建工作述职内容，列入了县、乡经济社会发展和党的建设情况巡察及基层党建巡察内容，列入了县、乡领导班子考核内容，作为评价领导班子和党政主要负责人考核等次的重要依据。凡未完成发展村级集体经济年度工作目标的，县、乡党政主要负责人要向上一级党委、政府作出专题说明，并且年度考核不得评为优秀，党政班子成员不得提拔重用，分管负责人不得调整岗位。

2. 强化人才支撑，选优配强村级集体经济发展带头人

一是选强党支部书记。2018 年初，宜春市抓住村党组织换届的契机，努力把眼界宽、能力强、素质高、带头致富和带领群众致富能力强的“能人”“贤人”选到村书记的岗位上，全市共有 673 名外出务工经商返乡人员、致富能手、产业大户、农民专业合作组织负责人当选村书记，约占总数的 30%。二是育强村干部队伍。注重从“一村一名大学生工程”学员、农村致富带头人、优秀民营企业家、复员退伍军人、外出务工经商人员、大学生村官等优秀人才中选配村“两委”干部，将一批有经营头脑、有管理能力、有奉献精神的年轻同志充实到村“两委”班子里，把农民中思想政治素质好的致富能手培养成党员，将党员中的致富能手培养成村干部。三是配强村第一书记。对村班子不强而且集体经济薄弱的村，宜春市选派市、县、乡优秀干部担任驻村第一书记，帮助理清发展思路、争取发展资源、拓宽发展路子，加快推进集体经济“薄弱村”的转化提升，做到“不摘帽不松劲、不脱贫不脱钩”。

3. 提供财政支持，安排财政专项资金扶持经济薄弱村发展集体经济

自 2018 年起，市县两级每年安排一定的财政专项资金扶持经济薄弱村发展集体经济项目，其中市本级不少于 500 万元，丰城市、樟树市、高安市及袁州区不少于 300 万元，上高县、宜丰县、奉新县、万载县不少

于200万元,靖安县、铜鼓县及明月山温泉风景名胜区不少于100万元。目前,市级财政已安排了500万元扶持25个村,每个村20万元。高安、万载、明月山在获得扶持村级集体经济—助推美丽乡村建设试点省级补助资金1500万元的基础上,又各配套900万元资金,其中高安配套了2400万元。靖安县财政安排100万元,设立扶持村级经济发展专项基金,按1∶8比例放大,为村级集体经济组织提供全额贷款。万载县安排党建经费1069万元、农业产业发展方面资金2404万元、统筹整合财政涉农资金1.22亿元,用于支持发展壮大村级集体经济。

4.加大土地扶持,让村集体分享土地经营收益和增值收益

土地是发展农村集体经济的重要因素。高安在每年的土地出让金中提取1%,对100个位置偏远或受规划限制、村内资源匮乏、发展空间较小、组织软弱涣散的行政村,集中在城区、工业园区、集镇统一规划建设经济实体,经营收益权归村集体。宜丰、靖安结合农村宅基地管理试点工作,对“一户一宅”超面积部分实行有偿使用管理,对腾出的宅基地实行择位竞价,村集体按相应比例收取宅基地有偿使用费,可增加集体经济收入15万—20万元。袁州区在267个涉林村成立林权管理服务点,将集体林流转、采伐纳入公共资源交易体系,鼓励村级集体经济组织利用耕地后备资源进行土地开发复垦,新增耕地占补平衡指标折算成费用奖励给村级集体经济组织。

5.实行税费减免,有效降低村级集体经济发展成本

宜春市按照有关政策规定,村级集体经济实行各种税费减免。比如,村级集体经济组织直接从事种植业、畜牧业、水产业销售自产农产品,免征增值税;从事农、林、牧、渔业项目的所得,减征或免征企业所得税;农村集体土地所有权、宅基地和集体建设用地使用权及地上房屋确权登记,不征收契税;与国家指定收购部门订立的农副产品收购合同,免征印花税。对村级集体经济组织物业出租的房产税、增值税以及村级公

共事业建设工程所征的有关地方税收,实行财政返还。对村级集体经济组织领办或参股投资兴建标准厂房、职工宿舍等物业建设项目,免收征地管理费、土地登记费、房屋登记费、白蚁预防费、人防工程易地建设费等5项行政事业性收费。

### (三)鼓励基层探索,激发创新活力,为农村集体经济发展提供示范

宜春市各地结合现代农业、产业扶贫、秀美乡村建设等,以资产资源为依托,坚持因地制宜,一村一策,探索了一些发展壮大村级集体经济的有效做法。

#### 1. 发展特色产业增收

立足各具特色的产业优势和资源优势,因地制宜,发展特色产业,实现集体经济收入增长。适合发展现代农业的,采取返租倒包、租赁承包、土地入股等多种形式流转土地,发展蔬菜、水果、茶叶等优势农业产业。山林、河湖等自然资源丰富的,利用水资源丰富、风光优美的优势,开发水利水电、旅游观光等项目,让村集体和村民成为股东。如万载县茭湖乡,从2000年就开始谋划以茭湖村为中心发展有机农业,全乡1.2万亩耕地、5万亩竹林全部实现有机转换,被授予“国家有机农业生产基地”荣誉称号。高安市上湖乡南坪村,转变“小篮经济”,统一品种、统一技术,利用大棚种植辣椒,面积达到2000多亩,基地菜农户年均收入在3万元以上。奉新县赤田、赤岸、干洲等乡镇的村集体与工业园区的大型纺织企业签订订单生产,购置织布机500多台,办起“小作坊”,年织布能力达300多万米。

#### 2. 盘活资源资产获利

充分利用集体闲置资产,盘活资源,使“闲”变“忙”,激活农村“沉睡资产”,确保集体资产保值增值。城中村积极整合闲置的办公楼、厂房、设备及产业用地等集体资产,以公开招标形式实行买断、租赁经营,或者以投资入股形式参与企业经营,提高闲置存量资产的利用率;边远村充

分利用村级集体统管或农户承包的荒山、荒水、荒地、荒滩等“四荒”资源,鼓励经营管理能手、种养大户进行规模经营,增加村集体经济收入。如铜鼓县排埠镇永丰村,依托当地资源,建设了金丰水电站、金丰罐头厂、金丰雷竹专业合作社3个经济实体,村集体资产从负债20多万元发展到拥有资产近1000万元。丰城市剑南街道丁家社区,清理整顿空地集资建设蔬菜批发市场和停车场,年租金收入超100万元。靖安县双溪镇大桥村、双溪村,利用城关村区位优势,将村集体闲置资产改造成宾招出租,年集体经济收入超10万元。

3. 用足扶持政策生财

依托发展前景较好的农业专业合作社、农业产业园和产业协会,采取股份制形式,让村集体与农民以土地经营权、资产、资金、资源等方式参股,或投资科技含量高、经济效益好的项目,增加村级集体经济收入和带领群众脱贫致富。如铜鼓县排埠镇黄溪村,成立村级股份经济合作社,通过流转30亩耕地,建起高山刺葡萄基地,其中5亩收益归村集体所有,25亩收益平均分给25户贫困户,预计集体经济增收7.5万元。宜丰县统筹建设1018个村级光伏发电站,其产权和收益全部归所在村集体所有。截至2018年6月,已累计发电602万度,村集体经济增收约249万元(不包含光伏发电补贴)。

4. 借助其他途径创收

经济条件比较好、企业比较多的村,村级组织按照企业方便、村民实惠、村级增收的原则,发展各类中介服务组织,为企业和农户提供原料供应、技术指导等有偿服务,收取中介服务费用来增加村集体经济收入。如上高县芦洲乡章江村为村内4家石灰石开采企业提供周到服务,每年获得100余万元服务性收入。一些地方还鼓励有能力、有资源、有途径的村组织直接参与招商引资,对村集体招商引资落户的企业,由乡镇根据税收实得部分按比例返补到村。如奉新县甘坊镇下村村今年引进两家产值约2000万元的手套厂,通过税收分成,每年可增加村集体经济收入5万余元。

## 二、宜春市发展农村集体经济存在的问题及制约因素

虽然我市在发展农村集体经济上进行了很多探索,村集体经济得到了一定程度的发展壮大,但也存在一些问题,主要表现在:

### (一)有资源缺效益,“造血”不足

从调研情况看,绝大多数村集体存在“统得缺失、分得过度”现象,统分相结合的双层经营体制没有得到充分发挥。作为农业大市,全市村集体拥有耕地面积627万亩(确权口径),占全省的1/6;林地面积106.89万公顷,约占全省的10%。但多数村是将绝大部分的集体土地、山林、水库等资源承包到户,集体只有少数的机动地和公益林。据统计,全市以入股方式流转的耕地只有16万亩,仅占确权面积的2.56%,占流转面积的6%。并且承包租赁流转费大部分给了农户,村集体最多只分得5%的管理费,村集体收益很少。集体资源没有真正用好用活,效益没有得到最大限度地发挥。

### (二)有资产缺运营,“生血”不旺

据不完全统计,2017年,全市农村集体经济组织资产总额为19.44亿元(固定资产10.38亿元),村平均资产88万元,但真正能像铜鼓排埠永丰村、宜丰新昌桂花村将资产资源运营好的村并不多。许多村邻近工业园区、现代农业园区和风景名胜区,天时地利都不错,但大多村没有集体意识,要么空在那里不搞,要么少数村干部、个体老板私人搞,虽然资源本是集体的,但村集体没有任何收益。一些靠自然资源(如煤矿等)有限开发的村,收入来源渠道正在逐步萎缩。

### (三)有组织缺能人,“活血”不畅

当前很多村就缺能干事的团队、会带头的“能人”。受市场经济和

打工潮的影响，很多年富力强、懂经济、有头脑、有闯劲的人纷纷外出务工或创业，导致多数村干部年龄偏大、文化素质偏低，且思想保守、观念落后，缺乏经营手段，有资源条件不会用，有集体经济不会管，“等、靠、要”思想偏重。村级组织人员少，常规工作任务重、压力大，整天疲于应付，没有把主要心思和精力放在发展村级集体经济和增加农民收入上。群众发展集体经济的意识逐渐淡薄，认为市场经济就是谁有本事谁致富，只要经济发展了，自身富裕了，有无集体经济无关紧要；甚至有村民认为搞集体经济只会富了村干部，对村“两委”缺乏信任，对发展集体经济不关心、不支持。

(四)有热点缺热度，“补血”不全

尽管宜春市部分地方在积极探索发展村级集体经济，但总的感觉是有热点缺热度，关键在于缺少宽松的政策环境和外部环境，没有形成强大和足够的合力、共识，没有建立起促进农村集体经济发展的长效机制。各地村级集体经济发展的具体工作主要由农业部门推动，部门工作力量没有有效整合，“政府主导、部门协作、广泛参与”的协作机制没有完全建立。同时，村级集体经济发展环境有待优化。比如，贷款融资难，在一些地方村集体经济组织其经济法人地位得不到认可，导致金融机构很少向村集体发放贷款；项目审批繁，单个项目需要发改、国土、建设、规划、环保、消防等多个部门审批，审批周期长、手续烦琐，一些审批规费较高。

## 三、发展农村集体经济的对策和建议

发展村级集体经济，必须在总结推广各地好经验好做法的基础上，瞄准当前存在的突出问题，分类施策、对症下药，推动形成村村有集体经济项目可发展、有集体经济收入可支配、有集体经济实力可办事的良好局面。

（一）转变发展观念，高度重视农村集体经济发展工作

一要提高认识。发展农村集体经济，中央有要求，农村有需求，农民有呼声，必须引起各级的高度重视，列入重要议事日程，抓紧抓好抓到底。二要明确目标。要紧紧围绕乡村振兴战略，进一步明确农村集体经济发展目标，精心制定新时代农村集体经济发展总体规划，明确发展任务，选准发展路子。三要精准施策。要切实加强对发展农村集体经济问题的调查研究，广泛倾听农村群众诉求，提出壮大农村集体经济的对策措施。在工作精力上，适时从整治建设转移到产业发展上；在帮扶方式上，要从单一财政扶持转变为政策、财政、智力等综合施策上；在工作主体上，要充分尊重农村集体组织自治原则，尊重农民意愿、保护农民利益、充分发挥农村集体组织的主观能动性。四要强化指导。要把发展农村集体经济作为各级领导的重要工作任务，大力推行领导干部联系经济薄弱村、部门和企业联村结对等制度，为各村组织提供具有政策性、前瞻性、可操作性的精准指导。

（二）拓宽发展思路，探索发展农村集体经济的新途径

立足村情扬优成势，发展与之相适宜的集体经济。一要整合资源增收。深入做好秀美乡村、全域旅游与农村集体经济发展的融合文章，指导各村深入挖掘当地人文、历史、民俗、特产等，开发或者参与开发健身游、探险游、观光游、乡村避暑游和乡村特色小吃游、乡村民俗游等特色旅游产品。二要依托项目增收。要积极招引符合区域产业发展规划、经济效益高、社会效益显、环境效益好的企业、项目落户，促进一二三产业融合发展，带动农村集体经济发展。三要挖掘潜力增收。紧紧抓住美丽乡村建设、城镇综合整治契机，加快对村级农贸市场、物业用房的提升改造，增强商业综合体能力，着力实现业态转型，扩大村集体经济收入来源。在政策允许范围内，支持和鼓励村集体合理利用山林、池塘水面、“四荒”地、低丘缓坡等资源，增加村集体经济收入。四要合作发展增

收。支持和引导村集体以土地、物业等资源,以保底分成的方式合作、入股,稳妥参与景点打造、产业投资、基础设施建设投资等,促进农村集体经济投资多元化发展,实现资产管理向资本运营的转变。

(三)加大扶持力度,促进农村集体经济快速发展

一要加大政策扶持力度。进一步完善村级集体预支留用地指标的落地政策,及时调整布点规划,努力实现指标落地。对各村现有被闲置的集体建设用地进行全面梳理,制定出台集体建设用地开发建设政策,按照每个村规模大小,允许相应的建设用地用于产业布局,既推进集体经济发展,又减少土地浪费。要注重发挥"一事一议"的作用,对于有利于村集体经济发展的项目,在不违背政策的前提下,尽可能通过"一事一议"的办法,成熟一个、上马一个,帮助村集体突破政策瓶颈,拓宽增收渠道。二要加大财政扶持力度。要进一步完善财政转移支付制度,对村级的专项投入和各类补助要及时足额拨付到位,有效使用,保证村级组织正常运转。要加快制定出台秀美乡村长效管理办法,制定补助标准,明确经费投入来源,确保长效管理落实。

(四)健全长效机制,增强农村集体经济发展后劲

一要规范"三资"管理机制。进一步完善"三资"平台管理工作,建立健全村级财务公开制度,推动村集体经营管理的公开化、透明化和规范化。加强村级民主管理,建立健全农村集体经济民主决策机制,规范和完善民主决策的内容、形式和程序,不断提升村集体经营管理的民主性和科学性。二要建立典型带动机制。要立足实际,突出增收特色,指导各村集体组织提炼总结增收的好思路、好方法,着力形成适合本村的增收模式。要加强农村集体之间的沟通交流,鼓励先进村集体"现身说法",努力通过典型示范,整体推动农村集体经济的发展。三要建立村级债务化解机制。要严格落实债务化解责任制,控制新增债务,建立健全举债申报审批制度、债务动态监测和预警机制,坚决防止盲目举债。同

时，采取有效举措努力化解村级债务，着力为农村集体经济发展营造宽松环境。

（五）加强基层组织建设，加快农村集体经济自我发展

一要强班子。加强对村“两委”班子领导发展集体经济知识和技能的培训，提升发展农村集体经济的能力，着力培养造就一支懂农业、爱农村、爱农民的“三农”工作队伍；适时组织村党组织书记、村主任到先进地区进行考察学习，开拓发展经济思路，增强致富带富本领。二要抓考核。把发展壮大农村集体经济纳入对村班子和村干部考核的重要内容，完善奖励政策，落实奖惩责任。要探索建立村干部报酬增长与集体经济发展有机挂钩机制，激发“两委”班子发展村集体经济的积极性与主动性。三要重自治。进一步健全自治、法治、德治相结合的乡村治理体系。制定完善村规民约，明确奖罚举措，引导村民树立主人翁意识，转变生活观念，消除乱扔垃圾等陋习，减少村级管理支出。

（执笔人：熊洪清　邓爱文　龙娟　张凯）

宜春市铜鼓县永丰村设施农业基地

# 以改革创新发展壮大
# 新型农村集体经济的上饶实践

中共上饶市委政策研究室课题组

发展壮大村级集体经济是提升基层党组织政治功能和服务功能的迫切需要，是实施乡村振兴战略的重要任务。近年来，上饶市坚持以改革突破瓶颈，以创新激发动力，形成了村级集体经济发展的新态势。截至目前，全市210个乡(街道、镇)2672个村均发展了集体经济。其中，5万元以下的1764个，占比66%；5万—10万元的662个，占比25%；10万—20万元的161个，占比6%；20万元以上的85个，占比3%，从而进一步提升了基层党组织的凝聚力和战斗力，推进了秀美乡村建设和乡村振兴。

## 一、主要做法

近年来，我市始终把发展村级集体经济作为党委、政府的重要工作，围绕“2018年底基本消除‘空壳村’”目标任务，坚持抓党建强引领、抓改革强动力、抓供给强保障，进一步完善了加快村集体经济发展的体制机制。

### (一)突出压严责任，强化党建引领

一是强化统一领导。成立了由市委副书记任组长的全市村级集体

经济发展工作领导小组,市委办公厅、市委组织部、市委农工部、市财政局、市扶贫办等部门为成员单位,构建了“县级主导、乡镇主抓、部门联动、村级主动”的工作机构。二是强化领导责任。坚持把发展壮大村级集体经济作为县乡两级党委书记党建述职的一项重要内容,作为全市年度经济社会发展、党的建设巡察的一项重要工作指标,并建立了村级集体经济工作台账,定期调度工作情况,督查工作进度。部分地方在完成上述规定动作的同时还做出了一些自选动作。如,弋阳县延伸触角,将发展村集体经济成效与村“两委”干部绩效考核挂钩,明确根据增收任务完成情况核发绩效报酬,未完成消除“空壳村”目标任务的村“两委”干部拟停发年度绩效补贴。三是强化基层组织。在加强“第一书记”“支书助理和主任助理”选派管理工作力度的同时,按照“懂农业、爱农村、爱农民”的标准,注重从政治素质好、法纪观念强、群众公认的致富能手、农民合作社负责人、优秀民营企业家、外出务工经商人员中选拔优秀人才担任村级组织负责人,着力调整了一批抓党建和集体经济发展无思路、无举措、无成效的“三无”村干部,切实加强了村级党组织班子建设。四是强化社会帮扶。不仅结合秀美乡村建设、精准扶贫、社会治安综合治理等,建立健全了领导挂点部门帮扶发展壮大村级集体经济制度,而且深入开展“千企联千村、共建新农村”活动,动员和引导企业发挥自身优势,与农村市场、生态、矿产和劳动力等资源优势相对接,促进了企业增效、村集体增收。

(二)突出有效供给,优化政策激励

一是财税政策激励有力。各地均健全了农村公共服务和公共设施财政保障体制,每年安排财政预算资金 1000 万元以上,专项用于发展村级集体经济。部分县(市、区)探索采取以奖代补、财税补贴等形式,加大扶持力度,如婺源县设立总额 1000 万元的村级集体经济发展基金,主要用于村级固定资产投入贴息补贴、区域性农产品品牌创建补贴等。一些地方对于村集体招商引资产生的财政收入给予相应的财政返还，如广丰区裕丰社区引进大数据中心企业，所得财税50%返补给村级集体，每年增加集体经济收入2万元以上。余干县古埠镇古埠村党支部开展“招企进村”引进江西龙胜集团，按照每亩土地每年奖励1000元，该村集体每年可获得税收返补3.5万元。二是土地政策激励给力。一方面，各地均在征收集体土地时注重安排预留用地，用于发展壮大村级集体经济。如上饶经开区在征迁时预留5%的土地给村集体，通过国资公司统一兴建标准厂房进而获取租金收入，稳步壮大了村级集体经济。另一方面，各地结合近年开展的加强宅基地管理工作，积极推进城乡建设用地增减挂钩，为村级集体经济发展筹集资金。如上饶县彭家坞村整合村集体废弃工矿用地31.6亩，通过城乡建设用地增减挂钩节余指标有偿调剂，获益700余万元。三是项目政策激励发力。按照“渠道不乱、用途不变、协同推进、合力发展”的原则，积极扶持村级集体发展农业产业化、宅基地复垦、扶贫开发、农贸市场等项目。如万年县越溪村集体以山林权入股马家柚种植基地，每年每亩山林保底收入60元；德兴市将71个“薄弱村”的集体资产进行评估，打包融资入股建设农贸市场，成功地以几何倍数提升了资产价值；三清山枫林社区以秀美乡村建设为契机，利用20亩荒地建设马家柚基地，累计投资42万元，预计三年丰产期时可增加村级集体经济收入10万元/年。四是金融政策激励助力。一方面，鼓励金融机构降低融资门槛、加大信贷力度，把扶持村级集体经济发展作为信贷支农的重点，实行信贷优先、利率优惠，如上饶县金融机构将村级集体经济组织纳入评级授信范围，设立发展村级集体经济专项信贷资金。另一方面，加强农村担保体系建设，积极扩大农村有效担保物范围，开展生产设施、集体山林权、村级股权等抵质押贷款业务，抓好农村集体建设用地使用权、土地承包经营权、村集体资产、农房等抵押贷款试点，为村级经济发展提供更多的资金支持。如，婺源县作为全国农民住房财产权抵押贷款试点县之一，已于2018年9月13日通过省不动产登记中心验收，成为全省首家房地一体的农村宅基地和集体建设用地使用权确权登记发证成果通过验收县。

（三）突出模式创新，活化发展路径

坚持以深化农村改革为基础，转变发展理念，优化资源配置，因地制宜，因村施策，积极探索村集体经济发展的新路子。如余干县明确了大力发展物业经济、服务经济、资源经济、特色经济等四条具体路径。广丰区总结了资源开发、物业经营、生产服务、村庄建设等十种模式，有针对性地增强了村级集体经济“造血功能”。横峰县在秀美乡村建设过程中，通过“五清五拆”增加和盘活了归属村集体的大量土地，仅2017年就拆除各类危旧房、空心房62万平方米，整治空地193万平方米，为村集体经济创收奠定了坚实基础。

## 二、主要模式

经过近年来的探索和实践，上饶坚持“积极稳妥、因地制宜、市场主导、村为主体”等原则，逐步建立和完善了资产租赁型、资源整合型、稳健投资型、产业开发型、服务创收型、要素入股型等六种发展村集体经济的模式，有力地推动了村集体经济发展转型升级。

（一）探索建立资产租赁模式

鼓励村集体开发闲置或低效使用的办公用房、校舍、厂房、市场、仓库等资产，通过租赁或以投资入股形式参与经营，增加村级经济收入。对一些地处边远且无任何集体资产的“空壳村”，则整合挂点帮扶部门的项目资金或由县（市、区）财政兜底，在工业园区兴建厂房或在城区、集镇购置店面等固定资产，通过租赁经营获取收益。如，德兴市采取村（社区）自愿的方式，由德兴市投资控股集团对村集体活动场所进行收购，将无法抵押融资的集体资产转化为国有资产，再融资建设“集体经济示范园”；被收购的村集体活动场所（仍无偿给村集体使用）折价入股，按股分红，从而一举将“沉睡的资源”盘活变现。目前，“集体经济示范园”首期新建南门农贸市场项目，该项目共有零售铺位310个、年均租金2500元/个，批发店面80个、年均租金2.5万元/个，共收益约277.5万元；商品房共30套，年租金约2.4万元，收益72万元，项目所有收益一年约349.5万元。除去管理成本每年约60万元，年利润可达290万元，71个村（社区）因此每年获得的分红平均约4.08万元。又如，广丰区永丰街道东关社区利用原东关糖果厂、原东门停车站等闲置土地以及部分闲置“插花地”大力发展物业经济，集体经济收入实现了逐年稳步增长，2017年该社区集体经济年收入56.35万元，其中裕丰大道边十直房屋（建筑面积3260平方米）年租金55万元，东关糖果厂十一直房屋（建筑484平方米）年租金1.35万元。

（二）探索建立资源整合模式

鼓励村集体合理流转农户承包的耕地、山林、水面等资源，进行土地整理、连片开发，集中流转或以股份合作形式对农业企业、合作社、种养大户进行规模经营，在有效解决土地撂荒、发挥资源最大效益的前提下，使村集体从中获得相应的经济收入。如万年县大源镇南畈村，利用集体统管的荒地、荒滩、林场、养殖场、房屋等资源，通过招商引资、租赁经营的途径，将资源提供给企业主搞综合经营性开发，引进建立了稻源生态农庄。该农庄总投资近亿元，占地1000亩，流转出的土地建成了稻蛙共养、稻鸭共养、传统酿酒榨油坊、蚕茧容器、水上乐园、户外拓展真人CS基地等特色项目。营业一年来，接待各类游客1万多人次。目前，南畈村已累计出租耕地300亩给稻源生态农庄，田租收益为每年820元/亩，并以10%的速度增长，村集体提成10%，每年约2.4万元；累计出租山林500亩，按村人口人均享受山林红利50元/年。又如铅山县汪二镇火田村委会以每亩600元租金把农民手中的零散土地流转过来，再将这些土地统一以招商方式流转给公司发展设施农业，并收取每亩50元的管理费。2016年，火田村从万亩现代设施农业产业园一期项目收取土地管理服务费15万元。

（三）探索建立稳健投资模式

鼓励有一定闲置资金的村，在控制风险的前提下，适当购买一些债券、基金等理财产品和投资政府的一些建设项目，搞好资本运作，增加村级收入。鼓励村集体依法依规利用闲置资金，就近在城镇或商业区、工业园区置办商铺店面、仓储设施、厂房等物业，开展租赁经营。如广丰区横山镇廿四都社区，该社区为镇政府所在地，毗邻上饶县花厅乡。该社区依托区位优势，早在2003年便集资建设了一个占地5000余平方米的农贸市场，并在市场周边建设了4栋商住一体楼房，共有店铺44个，全部出租。此外，社区还有一个1100平方米的闲置厂房和1000余平方米的老居委会大楼，也对外出租。2017年，该社区集体经济收入达到70余万元。又如德兴市新岗山镇体泉村，德兴经济开发区九都工业小区坐落境内。近年来，该村利用闲置土地，新建了扶贫创业园用于出租。目前，扶贫创业园一期新建的4栋厂房，实现年租金收入12万元。再如上饶县旭日街道旭日村，该村抓住城市改造机遇，将18.2亩荒山成功改造成为旭日农贸大市场，共有总建筑面积14787平方米，容纳各类大小商户800余家，其中包括占地1000平方米的乐卖特购物广场。农贸市场的管理采取对外出租承包的方式，获得租金收益，形成村第一支柱产业。早在2016年就已实现村集体经济总收入320万元。

（四）探索建立产业开发模式

鼓励有交通优势的交通沿线村，充分利用已形成的特色产业带，按照规划开发建设专业市场、批发市场，由村集体租赁经营或合作经营，增加村级集体经济收入。鼓励有旅游资源的村，依托山水、古树、古村落及文化等旅游资源优势,发展民宿、农家乐、度假村、生态观光农业和旅游商品开发等旅游产业,实现旅游增收。如信州区北门街道郭门村,该村地处上饶市中心城区东郊,该村通过积极引入外资3亿元,已建成占地43亩,建筑面积6万平方米的郭门村集体经济创业大厦,其中一期润丰国际家居广场已于2016年12月3日开业,二期为智慧信州大楼,总面积1.5万平方米,目前正在协商进行整体打包出租,预计年收入约200万元。又如玉山县怀玉乡玉峰村创新"农、光、游"相结合的形式,在光伏设备下方种植具有经济价值和观赏价值的茶林,获得了持续稳定的收益。同时,该村充分发挥独有的"天然氧吧"和"避暑胜地"两大资源优势,大力发展"旅友之家"、民宿、农家乐经济。目前,已经挂牌11家农家驿站,成立各类民宿、农家乐26家,平均收入近3万元,为玉峰村壮大村级集体经济夯实了坚实基础。再如横峰县姚家乡王家村以"经营村庄"的理念,成立了农旅结合的"江西好客王家农旅文化发展有限公司",开发了"攀岩、齐心协力、模拟电网、逃生墙、轮胎墙、信任倒、真人CS"等项目。公司抽取一定比例的经营收入作为村集体经济收入。2016年,村集体经济实现收入2.5万元。

(五)探索建立服务创收模式

鼓励村集体为农民专业合作社和农户提供生资供应、技术指导、产品销售、信息流通等服务并从中获取收益。鼓励村集体通过组织劳务输出、保洁、物业管理等服务,获取服务性收入。鼓励村集体和通信、金融、邮政、广电、电力等企业联合,提供一定的代理服务,增加村级收入。如婺源县许村镇小港村,动员小港和大源两个自然村的24名党员牵头成立"港源富民合作社",由合作社进行统一规划、统一经营、统一管理,发展竹子特色产品制作、来料加工、乡村旅游等产业。仅竹筒酒、竹筒饭、竹筒菜等竹系列产品,每年实现利润近100万元。根据合作模式,村集体每年可从合作社利润中获得5%的管理费用,仅该项费用，村集体经济每年可实现收入 40 多万元。又如铅山县葛仙山乡项源村，该村是千载寺观葛仙山所在地。2015 年 6 月，葛仙山景区管委会与江西鑫邦实业集团有限公司签订葛仙山景区旅游开发项目合同，鑫邦计划投资 5 亿元打造葛仙山景区。项源村通过组织村干部和党员群众服务鑫邦公司景区开发的各个项目，为村民争取劳务用工、店面租赁等权益，并就集体经济分红达成协议，村民每年可享有景区 158 万元的分红；村集体每年可享有 26 万元的基础设施建设经费。上述两笔红利还将以每 5 年 10% 的额度递增。再如余干县石口镇渔池村支持浙江义乌光伏发电公司建设光伏发电项目，村集体每年可获取 6 万元服务管理收益。

（六）探索建立要素入股模式

深化集体经济产权制度改革，不仅推动集体土地、林地、水域等自然资源要素通过入股等方式加以盘活，而且推动各级财政投入到农村的农业生产发展资金、农业资源及生态保护补助资金、扶贫开发资金、农村基础设施建设资金、支持村集体发展资金等量化为村集体股金投入各类经营主体，将资源变资产、资金变股金、村集体变股东。如婺源县江湾镇江湾村，该村是国家 5A 级景区。婺源县按照“一个集团、一张门票、一大品牌”的思路，整合全县景点景区资源，组建婺源旅游股份有限公司，江湾景区就此并入县旅游公司，村级集体以从江湾景区获取旅游资源费的方式实现年固定集体收入 150 万元，并逐年按相应比例增加。又如弋阳县三县岭镇港王村，在村集体牵头下，该村 40 余户毛竹雷竹种植、花卉苗木种植、蜜蜂养殖农户，成立了弋阳县港王鸿亮综合种养专业合作社。村集体将 30 万元集体资金入股合作社，和入社农户各占股 50%，并通过统一生产资料、统一技术指导、统一销售渠道等服务，变单打独斗为抱团发展，逐步打开了市场。2016 年，合作社已实现收入 22 万元，其中村集体经济增收 11 万元。

## 三、几点启示

在推进村级集体经济发展的过程中深深地感受到，只有坚持并强化党的领导，大胆推进改革创新，着力发展特色产业，才能在村级集体经济发展壮大之路中攻坚克难、行稳致远。

### （一）加强党的领导是核心

村级集体经济健康稳步发展，关键是要坚持并强化党的领导，着力打造一支组织放心、群众满意的农村基层干部队伍。要进一步全面推行基层党组织标准化建设，切实增强党支部战斗堡垒作用。一方面，要破除没有上级支持就无从抓起等误区，积极整顿软弱涣散村党组织，真正把“致富引路人、模范带头人、群众贴心人”等选进村委班子，优化班子结构，切实提升农村基层党组织组织力，进一步激发农村党员荣誉感、责任感和使命感，让其在发展村级集体经济中大显身手、各展所长，全面激活发展村级集体经济的主动性和能动性。另一方面，要以党建为纽带，紧紧围绕乡村振兴战略和市委中心工作，将发展村级集体经济与其他各项工作有机结合起来，实现人手一体调配、资源一体投入、项目一体整合、成效一体显现。比如，结合项目开发，加强同企业、合作社等合作，促进资源向资金、股金转化；结合脱贫攻坚，用好扶贫资金和扶贫项目，切实增强村级集体实力。

### （二）推进改革创新是关键

发展壮大农村集体经济，因循守旧、墨守成规难以成事，必须要打破旧有桎梏，拿出“螺蛳壳里做道场”的功夫，结合市场政策导向和上饶发展实际，推进路径、业态和模式改革创新，进一步促进农村集体资产向资金资本转化，有效对接现代资本市场体系。要积极探索村级集体经济增值新路径，坚持走种养业、乡村旅游业、民俗文化业、农产品加工业等并举的多元化联动发展的道路；要积极探索村级集体经济发展新业态，着力打造生产服务、电商、旅游、健康、物业等一二三产业与集体经济融合发展的新型业态；要积极探索村级集体经济发展新模式，通过产业带动、资源开发、资产经营、配套服务、休闲旅游、物业经济等多种形式，打好发展壮大村级集体经济组合拳。

（三）发展特色产业是重点

特色是产业的生命，是村级集体产业做大做强的必由之路。在发展村级集体经济的过程中，要结合产业规划宏观布局，带动农民发展优势突出和特色鲜明的现代农业、乡村旅游、文化创意、中医药健康等支柱型特色产业。要注重以乡镇为单位，为每个村量身定制发展方案，积极引导村集体组织深入发掘当地特色，坚持宜农则农、宜工则工、宜游则游，走"一村一品、一村一业、一村一韵"的特色路子。要全面打开资源优势向经济优势转化的通道，积极争取有关试点政策，加大对集体土地、山林、水面等各类资源的开放力度，做好做足村级集体经济发展文章。

（执笔人：廖焕水　毛睿卿）

上饶市广丰区产业扶贫基地

# 壮大村级经济　筑强振兴堡垒

吉安市委政策研究室(改革办)课题组

习近平总书记强调,“农业强不强、农村美不美、农民富不富,决定着亿万农民的获得感和幸福感,决定着我国全面小康社会的成色和社会主义现代化的质量。发展壮大村级集体经济是强农业、美农村、富农民的重要举措,是实现乡村振兴的必由之路”。2015 年,吉安市结合精准脱贫攻坚和提升基层党建,实施了消除村级集体经济“空壳村”三年攻坚计划,重点消除没有任何经营性收入或收入在 2 万元以下的“薄弱村”(统称“空壳村”)。2017 年,吉安市委、市政府又制定出台《关于发展壮大村级集体经济的实施意见》,坚持以习近平新时代中国特色社会主义思想为指导,以实施乡村振兴战略为总揽,以实现共同富裕为目标,围绕构建适应新时代要求的村级集体经济组织形式、发展模式、推进方式,推动村级集体经济持续健康发展,走出了一条具有吉安特色的村级集体经济振兴之路,有效引领乡村组织振兴、产业振兴、人才振兴、文化振兴、生态振兴。

到 2017 年底,全市村级集体经济收入 2 万元以下的“空壳村”已由 2015 年底的 1702 个减少到 924 个;到 2018 年 6 月底,全市各地村级集体经济收入 2 万元以下的“空壳村”又减少了 296 个,剩下 628 个;预计

2018 年底,全市可基本实现消除“空壳村”目标。

**吉安市村级集体经济收入水平汇总情况表**

**(截至 2018 年 6 月底)**

| 村级集体经济收入水平 | 行政村数(个) | 占百分比(%) |
|---|---|---|
| 2 万元以下 | 628 | 24.8 |
| 2 万至 5 万元以下 | 1083 | 42.8 |
| 5 万至 10 万元以下 | 625 | 24.7 |
| 10 万至 20 万元以下 | 133 | 5.3 |
| 20 万至 30 万元以下 | 22 | 1.0 |
| 30 万至 50 万元以下 | 21 | 0.8 |
| 50 万至 100 万元以下 | 7 | 0.2 |
| 100 万至 200 万元以下 | 6 | 0.2 |
| 200 万至 500 万元以下 | 4 | 0.1 |
| 500 万元及以上 | 1 | 0.03 |
| 合　计 | 2530 | 100 |

## 一、强化探索与实践,打响三年攻坚战

市委、市政府把发展壮大村级集体经济与加强基层党建、实施脱贫攻坚、推动乡村振兴紧密结合起来,大力实施消除“空壳村”三年攻坚计划,多层面加大政策扶持和试点探索力度,多渠道向村级组织“输血”“造血”,为发展壮大村级集体经济注入了动力和活力。

一是强组织,让村级班子坚强有力。村级集体经济发展好不好,关键在于致富带头人强不强。为此,我们紧紧抓住基层党建这个“牛鼻子”,结合村“两委”换届,把选优配强村级领导班子摆在重中之重,着力吸收发展能人进入村“两委”班子,突出选配好村党组织书记。通过换届,全市 1500 多名政治素质好,熟悉热爱农村工作,愿意为群众服务的致富能手、农民合作社负责人、优秀民营企业家、外出务工经商人员以及乡贤等人才,被选拔进入村“两委”班子,成为助推村级集体经济发展的

“领头羊”。依托市县乡党校、远程教育平台、知名高校，以高校进修、讲堂授课、村官论坛、实地观摩等形式，落实村干部特别是村党组织书记培训计划，拓宽村干部视野，提升发展村级集体经济和带领群众致富的能力。同时，要求各村将发展集体经济作为承诺事项进行公开承诺，有效增强村级组织发展集体经济的主动性和积极性。

二是抓整合，让涉农资金向村聚集。各地以县（市、区）为主体，加大财政资金投入，市县财政逐年加大对新型村级集体经济发展的支持力度，对消除集体经济薄弱村、创建新型村级集体经济发展示范村和带动集体经济发展成效突出的企业实施奖补。市财政每年安排 100 万—200 万元村级集体经济发展奖补资金；市委组织部把中央和省市补交党费，主要用于支持示范试点村集体经济发展，其中 2017 年支持 31 个村，每个村 30 万元；2018 年支持 13 个村，每个村 50 万元。加强涉农资金整合，统筹安排高标准农田建设、土地综合整治、农业综合开发、农田水利建设、现代农业发展等项目资金支持新型村级集体经济发展。如万安县通过整合涉农资金、扶贫专项资金等共 8160 多万元，在所有行政村建设光伏发电项目，每个村仅此一项年均增收 4 万元以上，一举全部摘掉“空壳村”帽子；遂川县安排 2400 万元扶持发展村级集体经济；永丰县整合资金 1000 多万元、项目 117 个助推村级集体经济发展；吉安县按每个村投入 42 万元的标准，在全县 307 个行政村建设 60 千瓦的光伏电站；新干县按每个村 5 万元的标准建立村级集体经济发展专项基金，专项支持新型农村集体经济发展。

三是推改革，让集体产权增大效益。完善农村土地制度，健全承包地经营权规范流转制度，建立承包地经营权市场化流转机制，不断完善市、县、乡、村土地流转服务体系，促进耕地、林地经营权规模化、规范化流转。加快推进农村产权交易市场建设，搭建吉安市农村综合产权交易信息平台，建立乡镇农村综合产权交易站（中心、市场）198 个。全市累计共开展农村产权交易 1349 宗，交易总额 2.3 亿元，交易面积 14.96 万亩，为村级集体经济发展提供了制度保障和动力。稳步推进农村集体产权改革，在 55 个村（组）开展农村集体资产股份权能改革试点，共清查资产 3.94 亿元，资产量化配股 2.53 万股，成立股份经济合作社 57 个，产生股金分红 388 万元。

四是广探索，让发展模式因村制宜。鼓励引导各地因地制宜、因村施策，探索形成村级集体经济发展的多种渠道、多种模式。

1. 资源开发型

通过加强对村集体土地、耕地、山林、水面等自然资源的管理或经营，规范出租和转让行为，增加集体经济收入。如吉州区白塘街道先锋村利用地处城市中心的优势，坚持对预留用地的开发利用，并将集体经济收入大部分用于门面等固定资产投资，村集体经济不断发展壮大，2017 年村级集体经济收入 300 多万元；新干县荷浦乡莒洲村将 455 亩集体山场对外出租，每年获得租赁收入 9.2 万元；遂川县新江乡三联村抓住该县被列为全省首批林业产权制度改革试点县的机遇，探索总结了“分股不分山、分利不分林”林改模式，2018 年村集体经济收入达 82 万元；吉水县丁江镇塘边村采取的是同样的林改模式，虽然该村山地不多，但是通过村里统一经营，除去村民分红外，村集体经济收入每年达 16 万元。

2. 资产盘活型

鼓励村集体对闲置或低效使用的办公用房、校舍、厂房、仓库等资产，通过租赁或入股经营等方式，增加集体经济收入。如万安县芙蓉镇五丰村利用地处县城的优势，将老办公楼和旧仓库改建成高标准店面出租，年收入达 30 万元；永新县莲洲乡光明村结合精准扶贫，引进栖凤塔农业种植有限公司，盘活了闲置的村集体资产，村集体经济收入由原来的不足万元发展到 2017 年的 10 万元；新干县溧江镇石口村对厂房进行升级改造，实现租赁收入 16.5 万元。

3. 土地流转型

村级组织将农民手中的土地租赁过来，村集体以土地入股企业分红，或者开发整理后向外出租获利。如井冈山市拿山镇沟边村流转闲置土地 2700 余亩，以土地入股合作社发展红心猕猴桃、高山油茶、草莓、苗圃等产业，2017 年村集体经济获得收入 16 万元；新干县潭丘乡大塘村流转农民闲散土地 230 亩，在进行规划整治后，发包给颖川农业，实现收入 5.8 万元；泰和县螺溪镇藻苑村将“三荒”土地、水塘等资源统一收归村集体，经开发整理后，统一对外发包，年实现租金 5 万元。

4. 服务创收型

鼓励村级组织采取支部引领“公司（合作社、协会）+农户”等形式，开展技术指导、物资供应、产品加工、市场营销等生产经营有偿服务，增加集体经济收入。如新干县大洋洲镇塘西村通过组建合作社，为群众提供养鱼技术、市场销售等服务，每年实现增收 2 万多元。

5. 产业带动型

依托资源和区位优势，通过集体自办产业或招商引资，建立产业基地、“扶贫车间”或兴办实体企业，拓宽村级集体经济收入渠道。如永新县禾川镇袍田村充分利用地处县城、交通便利的优势，2006 年筹资 3000 万元兴建了标准较高的三湾宾馆，累计为村集体带来了近千万元的收入；新干县神政桥乡樟树下村依托丰富毛竹资源，2017 年由村党支部牵头成立了“矮子牌”竹篱笆加工厂，2018 年 1—10 月实现村集体经济收入 21 万元；永丰县依托家庭农场平台开展“智富农场”创建工程，全县 18 个“空壳村”均收入 2 万元以上；泰和县马市镇蜀口村通过发展农家乐，村集体每年收入达 10 万元；青原区东固畲族乡敖上村围绕打造“红色+畲乡+生态”旅游作文章，村集体经济收入超 8 万元；峡江县发展烟叶 2.75 万亩，返还烟叶税至村集体 340 余万元；安福县寮塘乡依托烟叶产业，18 个行政村集体经济收入均超 5 万元，其中冻边村达 30 余万元；

吉水县文峰镇低坪村充分利用葡萄产业，发展休闲观光旅游，通过股份经营，每年为村集体经济增加收入 7 万元以上。

6. 异地投资型

对一些地处边远且无任何集体资产的“空壳村”，整合挂点帮扶部门的项目资金，在工业园区兴建厂房或在城区、集镇购置店面等固定资产，通过租赁经营获取收益。如泰和县澄江镇桂花村在园区建设标准化厂房，每年厂房出租为村集体增加经济收入 20 余万元；泰和县禾市镇丰垅村在省直单位帮扶下购置县城商铺，村集体每年租金收入达 3 万元。

**吉安市村级集体经济发展模式汇总表**

**（截至 2018 年 6 月底）**

| 发展模式 | 盘活资产 | 流转土地增收 | 物业租赁经营 | 资本运营创收 | 可用财力分成 | 兴办农业项目 | 光伏发电 | 合作经济 | 乡村旅游 | 其他 |
|---|---|---|---|---|---|---|---|---|---|---|
| 行政村数（个） | 963 | 441 | 373 | 90 | 126 | 401 | 1014 | 536 | 123 | 228 |
| 占比（总行政村数 2530 个） | 38% | 17% | 15% | 3% | 5% | 16% | 40% | 21% | 5% | 9% |

注：一个村有多种收入渠道的重复统计。

## 二、正视困难与问题，把握发展着力点

尽管全市各地发展新型农村集体经济的共识已经形成，工作成效初步显现，形成了良好发展态势。但相较于发达地区而言，大部分村普遍存在集体经济发展总量偏小、模式单一、后劲不足等困难，值得深入分析和认真把握，针对性加以解决。从各村当前存在的实际困难和问题来看，主要有以下几方面因素：

（一）在客观条件上，表现为资源基础薄弱的制约

在落实家庭承包责任制和开展林权制度改革过程中，绝大多数村只

强调“分”的一面，而忽视了“统”的作用，没有保留集体经营的山水林田湖等资源资产。大部分村都将集体土地、山林、水库等资产全部包产到户或组，已无集体资产可用，陷入了“无米之炊”的困境。

（二）在主观因素上，表现为缺乏能人引领的困扰

受市场经济和打工潮的影响，很多年富力强、懂经济、有头脑、有闯劲的人纷纷外出务工或创业，加之不少村干部常规工作任务重、压力大，整天疲于应付，主要精力都放在家庭经济及日常工作上，对于发展集体经济无长远规划、无有效思路。

（三）在外力支持上，表现为政策落地见效难的瓶颈

现有的一些上级政策资金或者单位帮扶资金，在具体落实到村的过程中，因使用受限等问题，产生资金沉淀。如 2016 年江西省财政厅扶持某县 21 个试点村每个村 100 万元的集体经济发展资金，由于担心发展项目没有成效，不敢投入，导致扶持资金效用发挥不够。

（四）在发展态势上，表现为不平衡和收入来源单一的困境

临近城区及交通便利、自然资源丰富的村，集体经济发展好、收入高；而一些位置偏远、交通不便、资源缺乏的村集体经济则往往发展滞后。县（市、区）之间也不均衡，有的消灭了“空壳村”，有的“空壳村”比例仍然较高。从增收渠道看，不少村仅依靠资产资源出租，渠道比较单一；一些村只有光伏产业一项收入，一旦遇到国家政策调整，收入可能受到较大影响。

## 三、创新思路与机制，推动强村上水平

发展壮大新型农村集体经济，上级重视关切，基层迫切期盼，需要各级上下齐心、部门合力，立足农村实际，坚持问题导向，坚持“输血”与“造血”相结合、强村与富民相结合，在实施乡村振兴战略中，不断推动村级集体经济发展向更高层次、更高水平、更高目标迈进。下一步，吉安

市在完成消除“空壳村”三年攻坚计划基础上，将启动实施“村级集体经济三年强村计划”，进一步提高村级集体经济整体水平。力争到2019年底，全市一半以上的村集体经济收入达5万元以上；到2020年底，全面达到5万元以上，其中一半以上达8万—10万元。

（一）建立健全齐抓共管机制形成合力

一是强化领导。市里已经成立了发展壮大村级集体经济领导小组，办公室设在市委农工部，会同市委组织部、市财政局、市农业局和市发改委等部门，基本形成了较为顺畅的运行机制。下一步，推动各地从工作实际出发，相应成立领导小组，明确成员单位职能，形成统筹实施、合力推进的工作机制。明确县乡两级是责任主体，由党政主要领导亲自挂帅，抓好项目规划、资源整合、统筹联建、督促指导等工作。二是压实责任。落实县乡责任主体，实行村级集体经济台账管理，列出集体经济薄弱村清单，“一村一策”制订计划，明确目标值、任务书、时间表和责任人，挂图作战、销号管理。把发展壮大村级集体经济作为“一把手工程”，纳入县乡党组织抓基层党建项目，纳入党建述职评议考核的重要内容，作为考评选拔乡镇、村干部的重要依据。三是配强班子。把村级组织建设作为发展壮大集体经济的根本措施，注重从致富能手、复退军人、回乡青年中挑选思想正、作风实、敢担当、懂科技、有经营管理能力的能人担任村干部，尤其是要选好村级组织带头人，让村级集体经济发展有“主心骨”。

（二）继续推进产权制度改革释放活力

一是推动资源变资产。进一步深化农村集体产权制度改革，全面开展农村集体资产清产核资，推进吉水县全国农村集体产权制度改革整县试点工作。采取存量折股、增量配股、土地入股等多种形式，推动农村资产股份化、土地股权化，盘活各种资源要素，提高资源利用率。二是推动资金变股金。在坚持不改变资金使用性质及用途前提下，将财政投入到村的发展类资金，转变为村集体和农民持有的资金，投入到企业、合作社或其他经济组织，村集体和农民按股比分享收益。三是推动农民变股东。鼓励引导村集体和农民将财政产业扶持资金、劳动力技术、集体和个人资产通过评估折价入股企业或合作社，通过资金入股分红增加收入。

（三）进一步加大政策资金支持提升动力

一是在政策上打通"最后一公里"。建立市县（市、区）两级村级集体经济薄弱村扶持发展基金，以县（市、区）为主体，市级财政也要相应加大资金扶持力度。优先安排符合条件的经济薄弱村申报农村土地综合整治项目。加大农村金融服务力度，对符合条件的村级集体经济发展项目，增加授信额度、降低贷款利率、延长贷款期限等。二是在项目上注入"第一桶金"。强化对经济薄弱村"造血"项目的扶持，给予年经营性收入5万元以下的村不少于50万元专项扶持，为村级集体经济发展注入"第一桶金"。对各级财政支持的农村公益类小型项目，优先安排村集体作为建设管护主体。三是在帮扶上多添"一把力"。落实县（市、区）和乡镇领导班子成员结对集体经济薄弱村制度。组织开展党政机关、企事业单位党组织与集体经济薄弱村党组织结对联建，采取产业带动、项目联建、资金支持、消费增收等多种形式，开展"一对一"结对帮扶。进一步鼓励村企合作开发，形成"以企带村、以村促企、互利双赢"的发展机制。

（四）大力培育集体经济发展新亮点

一是要敢于"无中生有"。实践证明，发展农村集体经济可以做到"无中生有"，但必须把可行的思路付诸行动。比如，通过土地流转收取管理费或开发整理入股企业分红。峡江县福民乡娄屋得村高效盘活溪流资源分段外包搞养殖，每年创收2万—3万元；万安县潞田镇东村村流转50亩撂荒地入股何首乌生产企业，村集体经济增收2.1万元。比如，成立招工服务队，搭建企业与农民桥梁，收取一定服务费。又比如，组建村民合作社施工服务队，开展劳务承包，提取一定比例村级集体经济收入。再如，开发荒山荒地变良田获取集体经济收入。万安县潞田镇通过土地增减挂运作，鼓励村集体开垦房屋拆迁地、荒地等办法，让楼下村增收24万元、东村村增收12万元。二是要致力多样化发展。发展壮大村级集体经济，必须要改变单一增收方式，以市场为导向，因地制宜，选准项目，多渠道、多样化发展。如，安福县寮塘乡在主导产业烟叶种植计划逐年递减的情况下，居安思危，不等不靠，坚持用工业化的思维、工厂式的方式来推动农业生产经营，引进山东寿光田立方农业发展有限公司投资1亿元，在安茅线龙佳段建设700亩集绿色蔬菜种植、农业技术培训、生态农业观光为一体的农旅示范基地；引进安福县恒源畜牧有限公司投资1.6亿元在荆山村建设年生猪存栏2万头以上的生态循环养殖小区。三是要争取开辟新通道。从农村实际工作出发，积极争取中央和省出台相关政策，为村级集体经济开辟发展新路径。如农村生态补偿方面，村级组织和群众守护着青山绿水，为国家乃至全球作出了贡献，但看到了山上的"钱"却进不了集体和村民的腰包，得不到应有的收益。中央和省可出台相关政策，加大对生态保护的补偿力度，让村集体和老百姓得到应有的补偿收益。又如，征地拆迁中集体土地所有权补偿方面，当前征地拆迁中普遍是直接补偿给失地农民，作为土地所有权人的村集体，却没有得到补偿。省里可出台相关政策，在征地拆迁过程中，单独对集体土地所有权人的村集体进行适当补偿。再如，村集体在林木管理中的服务收益方面，虽然大部分山林都分到了户，但村级组织仍肩负着防火防盗、维护山场安全、村道维护、调解纠纷等职能，上级可出台相关政策，规定村集体在林木采伐收益中收取一定比例的管护费。

（五）逐步完善监督管理和激励保障机制

一是要规范村级财务管理。完善井冈阳光农廉网建设，将村级财务纳入农廉网"三资管理平台"信息化管理。规范"村财乡代管"制度，落实集体经济组织会计核算主体，严格报账程序和收支审批，严禁截留、挪用、平调使用村级组织资金。二是要积极化解村级不良债务。通过收欠还债、核销减债、拍卖还债、划转债务等多种途径，对村级各种债权、债务和担保金额进行有效化解。严格落实村级财务“零接待”制度，严格控制村级非生产性支出。三是要建立完善考核激励机制。为充分调动村干部发展村集体经济的主动性、积极性和创造性，各地要出台相关政策，把村干部的报酬与村集体经济发展的状况挂钩。如新干县出台政策，对在村级集体经济发展中作出重大贡献的村干部给予经济奖励，并优先推荐参加乡镇班子成员、公务员、事业站所工作人员招考；泰和县作出规定，集体经济经营性收入新增部分可提取 5%—10% 用于奖励村干部。通过机制创新，着力激发基层组织、基层干部抓集体经济发展的智慧与担当，切实推动新型农村集体经济不断发展壮大。

（执笔人：叶承旺　杨晓荣　涂志军　张春柳　彭申华　丁凡）

吉安市美丽的山水风光

# 脱贫攻坚离不开发展新型农村集体经济

中共抚州市委政策研究室课题组

发展新型农村集体经济对于脱贫攻坚、推动农民群众增收致富，具有重大的意义和重要的作用。习近平总书记早在20世纪80年代末担任宁德地委书记时就指出，“发展集体经济是实现共同富裕的重要保证，是振兴贫困地区农业发展的必由之路，是促进农村商品经济发展的推动力”。抚州作为内陆欠发达地区和原中央苏区的重要组成部分，农村贫困人口较多、占比较大，而且农村集体经济普遍比较薄弱，在脱贫攻坚中大力发展新型农村集体经济显得更为重要和紧迫。

## 一、在脱贫攻坚中，对发展新型农村集体经济的作用怎么看

发展新型农村集体经济，既是确保农村基层组织“有人干事”的重要保障、“有钱办事”的重要支撑，也是推进脱贫攻坚、实现共同富裕的重要载体，对于巩固党在农村的执政基础，实现全面建成小康社会目标具有十分重要的意义。

发展新型农村集体经济是增强农村基层组织凝聚力、战斗力的重要保障。农村基层组织是带领农民群众尤其是贫困群众发家致富的战斗堡垒。农村集体经济是村级可用财力的重要来源，是农村

基层组织凝聚合力、开展工作的物质基础。随着脱贫攻坚的深入推进和经济社会的全面发展，广大农民群众对更多更好享受改革发展成果的期盼越来越高。只有加快发展和壮大新型农村集体经济，才能更好地兴办农村公益事业，更好地保障农民物质和精神文化生活，更好地发挥农村基层组织战斗堡垒作用，为打赢脱贫攻坚战提供坚实的组织保障。

发展新型农村集体经济是提升农民群众自我发展能力的关键举措。发展壮大农村集体经济，不仅对村域经济发展起到重要的推动作用，而且对农民群众脱贫致富起到重要的带动作用。实践证明，农村集体经济发展好的地方，带动农民增收致富的能力就强，村域经济的发展就好。当前，抚州农村尤其是贫困村，“村穷民穷”的情况还在一定程度上存在，村域经济发展缓慢、农民群众增收困难的情况还在一定程度上存在。加快发展壮大新型农村集体经济，可有效促进村域经济发展，为农民群众增收致富拓宽渠道、提供支持，推动广大农村由“村穷民穷”到“村强民富”的嬗变。

发展新型农村集体经济是实现脱贫摘帽、巩固扶贫成果的现实需要。农村集体经济是农村经济的重要组成部分，也是促进农民增收致富、实现贫困群众脱贫的重要物质基础。省级贫困村实现脱贫摘帽的一项硬指标，就是村集体经济收入要达到5万元，这是一块难啃的硬骨头。加快发展壮大新型农村集体经济，可以为村集体积累充足的财力，增强持续投入后劲，提升“造血”功能，为实现脱贫摘帽、巩固脱贫成果奠定坚实的物质基础。

## 二、在脱贫攻坚中，抚州发展新型农村集体经济的现状怎么样

近年来，在打好脱贫攻坚战中，抚州市委、市政府高度重视农村集体经济发展，各地各有关部门采取积极措施、整合有效资源推进农村

集体经济发展，取得了较好成效，积累了一定经验，不仅发展速度有所加快，而且发展模式有所创新，收入渠道有所拓宽。如南丰县白舍镇中和村在全市率先成立集体独资公司——南丰县中和农业发展有限公司，积极盘活集体资产，兴办物业实体、培训农业实体，发展服务经济；崇仁县白陂乡赵家村采取“公司＋集体＋农户”等模式，通过项目资金入股、村民参股的形式，创办农村专业合作经济组织，发展麻鸡、生猪养殖产业，不断发展壮大村级集体经济；宜黄县二都镇白槎村通过盘活扶贫资金建设花卉大棚，用来发展花卉种植产业，发展乡村旅游，增加村集体经济收入；乐安县引进绿能公司，通过流转土地大面积种植优质大米，走产业带动型发展路子，既带动了农村集体经济发展，又促进了农民增收。

但是，应该指出，抚州农村集体经济整体实力还较薄弱，“造血”功能差，发展后劲不足，发展过程中还面临着许多制约因素。

首先是资源问题。一方面，在落实家庭承包责任制和开展林权制度改革过程中，大部分村没有保留集体经营的土地、山林等资源，而且把一些适宜集体统一经营的资源也平均分包到户，失去了发展集体经济的重要物质基础。另一方面，农村青壮年劳动力大量外出务工经商，在家务农的劳动力大多年龄偏大、文化层次偏低，一些村连选配村“两委”班子都困难，选配年富力强、综合素质高的“一把手”更困难，发展新型农村集体经济缺乏有知识、有技术、有经验、有闯劲的带头人和领路人，面临着严重的人才制约。

其次是资产问题。大多数村无集体资产，即使少部分有集体资产的，也存在产权归属不清晰、权责不明确、保护不严格、管理不到位等问题，集体资产没有得到有效的监管和利用，难以在经营管理中发挥资产保值增值作用，更谈不上投入到发展壮大新型农村集体经济中来。有的村虽然建立了村级股份合作组织，但大都停留在原始的家族管理模式上，难以按照现代企业的管理模式对其进行有效管理，导致集体资产的管理、开发和利用效益低下，损失浪费，不仅难以保障集体财产的安全性和收益性，也损害集体成员的利益，严重制约了农村集体经济的发展。

再次是资金问题。多年来，各级职能部门安排了大量的资金投入到新农村建设、交通道路和农田水利等村级基础设施建设上，但安排投入到农村集体经济发展的资金很少。虽然有一些部门安排了少量的农村集体经济发展资金，但也存在“小而散”“撒胡椒面”“救济式”现象，再加上村集体经营管理不善，没有发挥出财政资金的引导撬动作用，对发展农村集体经济的推动效果不明显。由于大部分扶持资金只重视“输血”而忽略了村集体“造血”功能，再加上刚性支出逐年攀升，村级组织对上级政策补助的依赖性日益严重，日常运转经费基本依靠转移支付，村集体经济可持续发展的推动力严重不足，无力投入经济、产业发展项目。

最后是“两委”班子问题。由于村“两委”班子三年一任，村干部频繁更换，再加上激励机制不健全，对发展集体经济不热心、不积极、不主动，“等、靠、要”思想严重。有的村干部认为发展村集体经济与自己无关，认为经营成功了，成果是集体的，自己得不到好处；经营失败了，群众要埋怨，村级债务难化解，责任是自己的，花费大量的时间精力去发展村集体经济，得不偿失。有的村干部认为发展农村集体经济尤其是发展产业项目持续投入大、见效周期长，风险高、难度大，不愿去用心用力。有的村干部只顾眼前利益，容易满足于出租房屋、土地、水面、林地等微小的租金收入，对发展集体经济缺乏长远的规划和思路。有的村干部缺乏经营管理知识，不懂得怎样盘活集体资产、资源，更不善于组建村级股份制合作组织，通过法人组织形式对村级资产进行有效监管和经营运作。

## 三、在脱贫攻坚中，加快发展新型农村集体经济应当怎么干

发展新型农村集体经济，不仅是经济问题，更是关系到党在农村执政地位能否巩固的政治问题。要把发展新型农村集体经济作为打赢脱贫攻坚战、带领农民群众增收致富的重要抓手，创新思路、补齐短板，为乡村振兴提供有力支撑。

第一，加大支持扶持力度。各级各有关部门要整合资源，灵活制定政策，为发展新型农村集体经济提供大力支持。一是财政要加大支持力度。整合财政和各部门支农惠农资金，采取补助或奖励的办法，向新型农村集体经济发展项目倾斜，吸引带动社会资金参与支持农村集体经济发展。实际工作中，要重点支持无集体经济收入和年收入在5万元以下的村，特别是贫困村发展集体经济项目。二是金融要加大支持力度。探索设立新型农村集体经济发展投资基金，通过财政出资引导，建立完善的村级集体经济组织和农业贷款风险补偿政策，募集社会资本投资新型农村集体经济发展项目。积极协调银行等金融机构，将依法取得法人资格的新型农村集体经济组织纳入评级授信范围，降低融资门槛，加大信贷支持力度，助推新型农村集体经济发展。三是企业要加大支持力度。鼓励和引导农业产业化龙头企业、合作组织和其他工商企业，结合自身实际，与农村优势资源、特色产业等自愿结合，共同开发，依法兴办经营服务组织和设施，投资发展农村集体经济，合作盘活存量资产，实现互利双赢。四是部门要加大支持力度。结合开展“四进四联四帮”活动，采取领导挂点联系、部门结对帮扶、党员干部驻村任职等方式，结对帮扶村级组织搞好班子建设、发展规划、技能培训等基础性工作。同时，指导和帮助村集体选好产业、选准项目，争取上级政策、项目和资金支持。

第二，管好盘活集体资产。全面推进农村集体产权制度改革，建立健全集体资产管理制度，管理好、运营好集体资产。一要搞好清产核资。农村集体资产数量庞大，但长期以来底数不清，疏于管理。要以2018年省委、省政府部署开展清产核资工作为契机，把集体家底的现状摸清楚，对集体经济组织逐一盘点实物，仔细核对账簿，彻查“糊涂账”，建立“明白账”，尤其要弄清经营性、非经营性、资源性资产的数量、归属和使用情况。在清产核资过程中，要同步加强集体资产管理，坚决防止集体资产边清边流、边查边失的情况发生。二要理清权属关系。要把全部农村集体资产的所有权，确权到不同层级的农村集体经济组织成员集体。在推进过程中，要严格按照这一要求，保持农村集体资产权属关系稳定。属于村民小组农民集体所有的，要确权到村民小组；属于村农民集体所有的，要确权到村集体。三要加强“三资”监管。要健全集体资产各项管理制度，完善村级集体资源、资产、资金台账，加快集体资产监管平台建设，规范集体资产管理和交易行为，推动集体资产财务管理制度化、规范化、信息化。要建立村级资产备案制度，村集体资产不得随意转让、变卖，防止资产流失。出于特殊原因需转让、变卖集体资产的，必须经村民大会或村民代表大会表决通过，并报乡镇和上级主管部门备案，确保村级集体资产保值增值。要加强村级财务管理，完善村财乡管村用制度，强化会计监督，推进财务公开经常化、制度化、规范化，防止乱支乱用、浪费损失集体资金的行为发生。四要盘活存量资产。要充分挖掘、整合闲置或低效使用的办公用房、老校舍、仓库等各类集体资产，通过以厂房、机器设备、鱼塘、闲置土地等集体资产发包、租赁或入股经营的方式，盘活用好存量资产，以存量换增量，为发展新型农村集体经济积累资金。

第三，探索多元发展路径。要完善农村集体经济经营管理体制，建立适应市场经济要求的法人治理结构，因地制宜，因村施策，积极探索和科学选择新型农村集体经济发展路径。一要推行股份合作。全面建立独立核算的新型农村集体经济组织即股份经济合作社,按照"资源变资产、资金变股金、农民变股东"的思路进行产权制度改革,建立集体资产经营机制。也可以按"土地变股权、农民变股东"的经营模式,将农民分得的土地入股,允许转让股权,形成股权适度集中。积极吸引农村经营大户、私营业主投资入股,实现投资主体多元化。支持农村集体经济组织按照合作社管理相关规定领办、参办专业合作社,与其成员或其他经济组织开展经济合作,共享合作经营收益。二要明晰股权关系。将原集体经营的资产,按村里的实有人口进行股权分配,使每一个村民都成为集体经济的股东,建立股东会、董事会、监事会,明确各自的职权。积极推进村企分开,调动各方面的积极性,使农村集体经济真正成为独立行使民事权利、承担民事责任的法人实体,成为公有制的有效实现形式。三要找准发展路子。要根据每个村的自然条件、资源禀赋和产业基础等,找准突破口,把好切入点,因地制宜选择"产业带动型、服务创收型、资源开发型、资产经营型、资本运作型、资产租赁型、乡村旅游型"等多种类型,合理制订农村集体经济发展规划。此外,要改进扶贫开发方式,将个体扶贫转变为集体扶贫,将"一户一策"转变为"一村一品"。

第四,夯实农村基层组织。村"两委"干部是发展壮大农村集体经济的主导力量。必须选优配强带头人特别是"一把手",不断提高农村基层组织发展集体经济的能力和水平。一要选优配强"两委"班子。要从本村致富能手、农民经纪人、合作社负责人等优秀人才中选拔培育一批懂经营、善管理、发展集体经济意识强的能人,作为村"两委"班子候选人进行重点培养。对抓党建和集体经济发展无思路、无举措、无成效的村干部,要通过撤换选派等方式进行组织调整。大力实施"人才回引"工程,把那些本土有头脑、有眼光的在外务工经商人员请回来、用起来，引领农民群众致富强村。二要提升村级班子素质。通过开展党组织书记轮训、党员固定活动日学习、党员骨干专题培训等方式，加大教育培训力度，努力提高村“两委”班子的整体素质。充分利用现有党校、现代远程教育培训等资源，有针对性地对村“两委”班子开展市场经济、股份合作、企业经营管理、村级集体资产和财务管理等知识培训，提高他们依托本地资源优势发展新型集体经济的技能和本领。三要精准选派第一书记。结合选派党员干部驻村任职工作，从市、县（区）和乡镇机关、企事业单位精准选派党员干部到村任第一书记，助推精准扶贫、精准脱贫，引导发展新型农村集体经济。各派出单位要积极为村级集体经济发展争项目、跑资金，增加集体经济薄弱村的原始积累，为加快发展打好基础。

第五，健全考核激励机制。把村集体经济发展纳入各级年度综合考核评价体系，发挥好考核“指挥棒”“风向标”的作用，倒逼从思想上重视集体经济发展、在行动中抓好集体经济发展。一要实行目标考核。落实好《中共江西省委　江西省人民政府关于稳步推进农村集体产权制度改革发展壮大农村集体经济的实施意见》精神，把推进农村集体产权制度改革、发展壮大新型农村集体经济纳入县（区）、乡镇领导班子目标管理考核内容。对在发展新型农村集体经济中成绩突出、贡献较大的人员，在评先推优、提拔任用时，予以优先考虑；对敷衍应付、工作不力的人员，进行通报约谈。二要完善奖励措施。把村干部报酬、招录与村集体经济发展情况挂钩，充分调动他们发展壮大新型农村集体经济的积极性、主动性和创造性。对为发展新型农村集体经济作出突出贡献的村干部或大学生村官，可以在村级经济实体中给予一定的股份分红，并在公务员招录和选拔乡镇班子领导时，同等条件下给予优先。三要规范收益使用。健全集体收益分配使用机制，新型农村集体经济收益主要用于发展农村各项公益事业，加强贫困群众基本保障，改善弱势群体生活条件，推动农民群众增收致富，让广大村民共享村集体经济发展成果。股份合作组织要根据年度收益状况制订分配使用方案，由全体成员三分之二以上表决通过，坚决防止以薪酬、分红等名义私分瓜分集体经济收益。

（执笔人：李光荣　王云生　欧阳时光）

抚州市广昌县姚西村田园风光

乐安县排下新村

## 典型案例

南　昌



九　江



景德镇



萍　乡



新　余



鹰　潭



赣　州



宜　春



上　饶



吉　安



抚　州

大余县黄龙镇大龙村利用优美环境办民宿发展旅游业

# 南　昌

## 01　“实体、飞地、楼宇”三力齐聚促发展 集体资产投资金融再腾飞

进顺村是青山湖区湖坊镇下辖的行政村，全村占地0.68平方公里，共有3个村民小组，428户，1468位村民。村党委下设三产、社区、园区3个支部，共有80名党员。2017年实现村级集体经济纯收入5036万元，村民人均可支配收入突破3万元。村集体先后获“全国先进基层党组织”“全国文明村”“中国十大名村”“中国十佳小康村”“全国巾帼示范村”“全国敬老模范村”“中国幸福村”等20多项国家级殊荣。

在推进村级集体经济发展实践中，进顺村作为一个典型的“城中村”，遇到较多的问题和制约因素。主要有：一是土地制约，生存和发展空间严重不足；二是人才制约，在发展现代经济产业尤其是高新产业时，高精人才缺失严重；三是“城中村”拆迁等工作任务繁重，牵制村干部的大量精力，较大程度上影响了村级集体经济的发展；四是部分“城中村”村级集体经济产业项目分布存在跨区现象，导致在产业项目推进上有关手续报批比较烦琐，影响村集体经济发展。

针对以上发展困境，进顺村充分发扬“勇于创新、敢为人先、和谐发展、富民强村”的进顺精神，不断推进村域经济健康持续发展。改革开放40年来，进顺村先后历经“盘活资产打基础、以地换地拓空间、招商引资谋发展”三个阶段，实现了从农业经济向工业经济、从乡村到城市、从农民到职工、从职工到股东的历史性转变。村级集体经济得到了稳健发

展,现拥有一个含多元经济成分的核心集团,基本形成了以发展三产为主体,园区建设为两翼,金融、商贸、物流、地产业并举的经济发展新格局。

### 一、夯实基础,做大做强实体经济

一直以来,进顺村都坚持做强做大做实村级集体经济实体。进顺村的实体经济从小而弱的乡镇企业做起,20 世纪 80 年代就先后建起了酱油厂、装订厂等 20 多个乡镇企业。90 年代起,进顺村致力打造现代化企业,通过购买先进设备、学习先进管理、引进管理人才等方式,成立了江西鄱阳湖实业有限公司,发展了现代化管理酒店、鄱阳湖建材公司、进顺物流公司等实体企业。实体经济的夯实,为村级集体经济发展奠定了扎实的基础。

### 二、突破制约,“飞地经济”拓展空间

作为一个没有土地的村庄,为了突破土地制约,早在 1998 年,进顺村就提出了“跳出进顺、发展进顺”发展战略,先后在村辖地之外购买 500 余亩土地,建起了进顺工业园区、鄱阳湖工业园、进顺物流园区和村民住宅区——进顺小康家园。在井冈山参股合资经营红星宾馆。通过发展“飞地经济”拓宽了发展空间,延伸了产业领域,缓解了村集体经济发展过程中的各类矛盾。

### 三、“筑巢引凤”,因地制宜发展“楼宇经济”

进顺村立足地处城市的区域优势,大力实施“筑巢引凤”工程,承接沿海发展梯度产业,通过招商引资,大力发展“楼宇经济”。先后引进麦德龙、苏宁电器、汽车 4S 店等 20 余个企业进驻村属物业,为村级集体经济发展注入了一股清流。目前,新建设的进顺国际大厦作为进顺村“楼

宇经济”发展的又一重要载体，将成为村级集体经济发展的又一大经济亮点和发展点。

## 四、产业升级，试水金融资本投资

为了实现村级产业升级，转变经济增长方式，进顺村在全省村级率先试水金融资本投资市场，先后多次投资参股南昌农商银行，目前为止，占该行10400余万股，成为该行十大股东之一。银行股份红利每年1000余万元，成为村级集体经济发展的一大支柱。

（执笔人：熊中高　高峰　乐和平　项艳　李霁蓉）

进顺村被誉为南昌市乡村旅游景观村

# 02　从传统到现代
# 这个村每一次都抓住了机遇

招贤村位于南昌市西北部、湾里区东大门，红湾公路穿村而过，离南昌市西外环高速路口不足1公里。全村6个村小组，现有农户662户，常住人口2265人，其中党员59人。拥有村集体企业江西招贤实业发展有限公司和南昌禹港体育休闲有限公司。湾里人说起这个村，没有人不羡慕的，这是一个没有贫困户的村，2017年村集体经济总产值达3亿多元，人均年可支配收入达到2.8万元。村集体先后被评为“全国科普示范村”“全国一村一品示范村镇”，致富带头人、村党支部书记李文华被评为“全国劳模”。

## 一、顺应时势，大力发展城郊型经济

招贤村早期是从传统的盆景苗木行业起步的，进入新世纪后，村“两委”大力发展城郊型经济，以盆景苗木业为支柱，采取“公司+合作社+基地+农户”经营模式，做强“一村一品”特色产业，逐渐形成了一定的村集体经济规模。近年来，在城镇化加速发展的大环境中，招贤村花卉苗木产业发展赖以生存的土地资源大幅缩减。村“两委”适时作出战略调整，按推动农村一二三产业融合的发展思路，继续大力发展城郊型经济：

一是为保证传统产业的优势，采取“村委会总承包，村民小分包”产业转移模式继续发展花卉苗木。在进贤县、永修县分别租赁3000亩和

6000 亩山地，帮助村民发展新苗木基地。全村苗木产业原来只有 4300 亩，各家各户只有几亩，如今有苗木技艺专长的在外承包规模都是 50 亩以上。村民们成功走出去发展，利用技术不但没有因失地而失业，反而进一步做大做强了苗木产业。同时，村集体由带领种养向营销转变，逐步建立起销售体系，拓展销售渠道，减少村民后顾之忧。

二是抓住城镇化建设、旧城改造契机，以村委会控股，村民自愿入股的方式成立江西招贤实业发展有限公司发展城郊型产业，建立混凝土预搅拌站，为更多的无技术失地农民提供就业机会。项目占地面积 2 万平方米，现有职工 201 人，其中失地农民 120 人，引进外来人才 81 人，包括资深专业技术人员 3 人。拥有现代化办公用房、实验楼以及 3 条 180 砼生产线、1 条水稳砼生产线、33 辆搅拌车、8 辆泵车（2 台地泵），日生产量可达到 5000 方左右。公司具备三级建筑资质，先后被评为先进企业、文明单位和诚信单位。8 年来，为国家创税 1 亿多元（其中 2016 年产值 1.6 亿元，税收 1022 万元；2017 年产值 3.1 亿元，税收 1598 万元；2018 年上半年产值 1.7 亿元，税收 666 万元）。

三是利用区位优势，抓住政策资源，以政府“揽山入城”发展战略为契机，着力打造“五位一体”综合示范旅游特色娱乐产业——江西禹港国际赛车公园“旅游 + 赛车”项目，成立了南昌禹港体育休闲有限公司。投资 2.8 亿元，修建了目前全国最大的一流室内卡丁车场馆。项目一期建成后，营运收入稳步上升。

## 二、以民为本，发展成果惠之于民

在发展村集体经济的同时，村“两委”制定了“少有所教、病有所医、老有所养”的十二字为民服务方针。村集体每年拿出一笔资金作为教育发展经费，并特聘了两名教师，增强村小学师资力量；2011 年，村集体开始承担每年村民新农合个人缴费部分款项；2012 年，又负担起每位村民医疗总费用中30%的未报销医疗费;2013年,区出台征地养老保险政策后,村委会花费2000多万元帮助所有村民交付征地养老保险费中个人一次性缴纳费用,使全村每个村民都享受了征地养老保险;2014年,全村5个村小组拆迁,村委会为老人们建立了两个老年人集中安置点,集中供养全村60岁以上的100多位老人,并免费提供食宿。近7年来,村集体为村民谋福利办实事花费资金近3000万元(2017年底数据为新农合约240万元,医疗费约260万元,征地养老保险2000多万元,老年人集中安置点约180万元)。在村党支部带领下,全村最困难家庭入股村集体后,目前银行存款70万元,实现了村民百分之百脱贫致富。

## 三、实行产权制度改革,资源变资产、村民变股东

改革前,村集体经济虽然有了一定的发展基础,但面临发展后劲的问题,一是村民参与集体经济管理的积极性不高,二是村集体资产产权不清晰,权属不明。农村集体产权股份制改革为解决村集体经济发展遇到的上述问题带来了难得的机遇。

整个改革过程按照有利于集体经济发展壮大、有利于农村社会和谐稳定的"两个有利于"原则,严格按照"三公一核准"操作程序,通过严谨细致的清产核资、成员认定、股权配置、编制清册、登记注册、建章立制等流程,摸索出了"政策依据一本书、宣传发动一封信、答疑解惑一本册、工作流程一张图、操作步骤一程序、清产核资一套表、成员认定一模式、股权配置一主体、权能确认一证书、完善管理一制度、保障质量一队伍、表彰激励一奖补"的"十二个一"工作模式,并于2018年11月初成立了招贤村股份经济合作联合社。

成果一:摸清了集体经济资产家底

通过"清理资产""清理债务""清理资金账务",对资产、债务、审计

账务进行全面清理盘点，做好资产登记，讨论资产核销与债务核销，审计查证了从2004年度至2017年度的全部征地款收支账目。通过清理资金账务工作，使村级财务账目更加清晰，资金归属更加明确，为以后村集体资产的保值增值奠定了良好的基础。2017年12月31日为基准日的清产核资数据，收回呆账8笔，确定原村办企业已撤销及当事人已死亡等确已形成呆账12笔，村本级因公益事业支出挂账4笔，村级集体总资产为29560万元，其中：净资产为11791万元，流动负债17739万元，长期负债30万元。经营性资产6205万元，非经营性资产15189万元，全资子公司所有者权益8166万元。固定资产总值5372万元，固定资产净值2938万元，在建工程2434万元。

成果二：界定了集体经济组织成员

全村共660户，人口2206人。其中包括原村人口288人，衍生人口1371人，婚姻迁入547人；现役军人8人，退役军人60人，农转非42人，婚姻未迁入103人，国家企事业单位60人，取得设市区户籍144人。全村界定完整权利义务成员1962人，部分权利义务成员244人，解决了成员界限不清的问题。

成果三：成立了新型集体经济组织

在全省国家级试点单位中，率先成立了新型集体经济组织——湾里区招贤镇招贤村股份经济合作联合社。一是进行了股份制改革。全村共配股2253.41股，配股时每股价值27517.08元。其中基本成员股2025.4股（完整权利义务成员1962股、部分权利义务成员63.4股），奖励股220.46股（包括独生子女股5.4股、军人股11.5股、特殊贡献股0.2股、社龄股203.36股），帮扶股9.15股（包括为可能的灾祸造成的贫困户而设的扶贫股0股、扶困股4股、残疾人股5.15股），使广大村民变成股东，有了村集体经济的归属感和获得感。二是完善了集体经济组织运行和管理制度。建立了《章程》，制定了《财务管理制度》等一系列规章制度，使村集体经济组织管理实现了制度化、规范化，为集体经济的进一步发展形成了动力，增添了后劲。

（执笔人：熊中高　高峰　乐和平　项艳　李霁蓉）

揭牌仪式上领到股权证书的招贤村村民股东合影留念

# 03 能人带动 农旅结合 共建共享

村集体经济是壮大农村经济、统筹城乡发展、实现农民共同富裕的有力保障，是实现乡村振兴的重要物质基础，也是决胜全面建成小康社会、建设富裕美丽幸福现代化江西的题中之意。党的十九大报告首次提出实施乡村振兴战略，其中一项重要举措就是“壮大集体经济”。江西省委、省政府策应中央的战略部署，出台了《关于稳步推进农村集体产权制度改革发展壮大农村集体经济的实施意见》，明确了发展壮大农村集体经济的目标要求、工作任务和保障措施。但由于资源禀赋、发展基础、交通区位以及文化因素的差异性，各地村集体经济发展路径及发展水平存在很大差异。为此，笔者就发展村集体经济问题随调研组前往南昌县向塘镇剑霞村调研，现就相关情况进行梳理和思考。

## 一、南昌县剑霞村集体经济发展的基本情况

剑霞村，位于南昌县向塘镇以东 5 公里，东临抚河，南靠浙赣铁路，320、316 国道穿村而过，交通便利，地势平坦。全村辖区 16 平方公里，耕地面积 8000 余亩，水面 400 余亩，所辖 25 个村民小组，1280 户，总人口 6200 余人，是南昌县的一个传统农业行政村。

剑霞村，古时称为梓溪，是汉高祖刘邦的第 42 代孙从礼游学成婚定居之地，是梓溪刘氏始祖。据明史记载，剑霞村仅梓溪刘氏就有相国一人、尚书四人、进士四十余人、举人上百人，足见其文化昌盛，后人称之为

"相国故里"。

计划经济时代乃至改革开放初期,由于剑霞村土地资源相对充裕,第一产业发展相对较好,以水稻为主的粮食生产,以瓜果蔬菜为主的经济作物生产,以生猪和家禽为主的畜牧生产,既满足了南昌居民粮食果蔬和畜产品需求增长的需要,也保障了剑霞村村民家庭基本收入的稳定。20世纪90年代后,随着市场经济的深入发展,由于多数村民存在"小富即安"心态,习惯于守着家里几亩耕地,外出打工少,家庭收入增长缓慢。二、三产业发展严重不足,村级集体经济几乎是"空壳村",村组干部管理缺位,农村环境"脏乱差"。可以说,2012年以前的剑霞村,经济社会发展相对滞后,是一个领导不愿挂点、乡贤不愿回家、民风彪悍、上访成风、周边垃圾成堆、小河污水横流的落后村庄。

2012年以来,剑霞村在新一任村"两委"带领下,着力壮大村集体经济,在产业发展、环境整治、乡风民风、社区治理和生活品质提升等方面取得了靓丽成绩——以瓜果蔬菜为主导产业的品牌农业与以"相国故里"厚重文化为主题的乡村旅游业有序推进;沟渠清水、田园风光,白墙黛瓦的江南民居一字排开,人居环境明显改善;梓溪刘氏家风重现,乡规民约重塑,朴实民风回归;德治、法治与村民自治相结合,公共事务村民主动参与,治安案件与群众上访零发生;村民收入大幅度提高,生活品质显著提升,对美好生活充满期待;等等。可以说,剑霞村从一个传统农业为主的"落后问题村""上访重点村",2017年蜕变成为"全国文明村""全国民主法治示范村",已经引起各方关注,官方主流媒体竞相报道,其做法值得总结、经验值得推广。

## 二、剑霞村壮大集体经济发展的基本做法

### (一)立足农业资源,做强第一产业

剑霞村地处城郊及赣抚平原,人均耕地1.2亩,农业灌溉条件好,高

标准农田已经全部建成。种植业作物主要是水稻、蔬菜和瓜果，尤其是蔬菜瓜果，长期销往南昌市区，经营效益较好。养殖业物种主要是生猪、家禽、鱼和珍珠等。2012 年新一届村“两委”班子因势利导，为发展壮大村集体经济，申请注册了“向塘”瓜果蔬菜商标，并以商标为抓手成立了剑霞锦绣蔬果有限公司、龙豪农庄、颐景园农庄等三家农业企业。三家企业采取“公司＋农户”的模式，统一把村民种植的瓜果蔬菜收集起来包装加工后卖给超市，实现了“农超对接”，延伸了农产品的价值链。目前，这三家公司解决了剑霞村剩余劳动力 600 多人就业，促进了村民人均收入的较快增长，由 2012 年的 9800 余元提高到 2017 年的 20000 余元。

（二）挖掘文化资源，发展乡村旅游

古时称为“梓溪”的剑霞村，有近千年的历史，“相国故里”铸就成的重学兴教、崇文尚武、忠孝为基、仁义为怀的乡风家风文化，是一张可以唱响的文化名片。

剑霞村距江西农业生态示范区——4A 级景区凤凰沟不足 5 公里，其厚重的历史文化资源可以与凤凰沟乡村旅游资源优势互补，实行差异化发展。近几年来，剑霞村经过精心规划和高标准建设，一个具有相国故里牌楼、巷道名人轶事文化、民俗广场、梓溪八景等内容，具有历史文化底蕴的千年古村已经可以接待八方来客。

（三）坚持民主决策，保障农民权益

剑霞村成立了村民理事会、家乡发展委员会、村务监督委员会，充分保障农村集体经济组织成员的知情权、参与权和监督权。村民理事会，可以让村小组的民生工程在阳光下低成本运行，让广大群众切实地感受到村“两委”在用心用意、公平公正地为村民办实事、办好事。家乡发展委员会，则通过乡贤的力量，争取民间资本、社会资本的参与，帮助村干部共同谋划村里的发展，带领村民共同致富，并帮助解决民事纠纷。村务监督委员会，由村里德高望重的五位老党员组成，监督村干部是否认真履职,规避经营风险,保障村民合法权益。

剑霞村从主导产业选择到民生项目建设,都体现了民主决策程序,激发了民间投资热情,促进了村集体经济发展。截至2017年底,剑霞村使用项目资金达1亿元,其中有4000多万元来自村民自筹。村集体经济从过去的“空心村”发展到近三年收入达到30万元。

(四)聚焦民生工程,激活内生动力

上学、住房、看病是三大民生工程,也是凝聚人力的民心工程。安全隐患的民房需要拆除、破旧不堪的村小学危房需要重建、泥泞不堪的村道需要整修、小病就医难的问题急需解决……新一届的剑霞村“两委”,上任伊始,聚焦这些民生问题,先着手建设村小学,共投入资金300余万元,上级拨款160万元,村委会争取资金140余万元,用不到一年时间,即2013年6月新学校交付使用,解决小孩上学问题,赢得了“能干事、干实事”的好评。安居才能乐业,村“两委”把改善村民的居住问题作为又一工作着力点,筹建江南民居。通过村民理事会的多次民主协商,确定最终民居方案:先期建设50套,按照286平方米、203平方米两种户型建设,有宅基地的村民“拆一还一”,面积不够补偿差价1500元/平方米;无宅基地、房屋的剑霞村村民,按照2300元/平方米计算房价。由于江南民居设计和建设体现了安全、绿色、环保,配套设施全面升级,未参与首期的村民盼望江南民居二期尽快开工。乘势而为,借助市委农工部“五位一体”综合示范村建设,上级政府的支持,村民的主动参与,乡贤的鼎力相助,剑霞村的道路、水利、学校、卫生院、银行、农贸市场、便民服务中心、路灯亮化、污水处理等涉及上学、就医、行路等民生工程相继开工,如期完成,村容村貌焕然一新。

## 三、剑霞村壮大集体经济的经验启示

剑霞村在五年时间内之所以从一个以农业为主的“落后村”、集体经济的“空壳村”一跃成为“全国文明村”“全国民主法治示范村”，其主要经验启示是：

（一）能人带动：乡贤作用不可或缺

时代呼唤乡贤。土生土长的剑霞人、曾在家族企业“向塘土鸡店”品牌餐饮公司经营15年、积累一定资金和人脉资源的乡贤刘伟平，怀揣着“带领乡亲致富、回家创一番事业”的朴实想法，于2012年2月15日欣然接受向塘镇党委的召唤，回到老家剑霞村担任村党支部书记。他凭借多年商场打拼的磨炼，形成了带有诚信、仁爱、和谐儒商文化影响的干事创业的人格特质。凭借对家乡乡土人情的了解，创立了行为有效的“协商民主四定四解工作法”，即民主选举“定人”，解决“无人干”的问题；立规建制“定责”，解决“无法干”的问题；探索创新“定向”，解决“不会干”的问题；激励考核“定心”，解决“不愿干”的问题。通过推行“协商民主四定四解工作法”，逐步实现“民事民办、民事民治”的村民当家做主愿望，产业发展和民生工程都得到了村民的拥护和主动参与。

（二）共建共享：破解集体经济“空壳村”难题的钥匙

如何让农村集体经济组织成员能够逐步实现共同富裕是发展壮大农村集体经济的出发点和最终归宿，如何让利益留在集体经济组织、由集体经济组织成员共享，是集体经济“空壳村”村“两委”干部的一道难题。对于剑霞村而言，2014年至2016年，土地确权完成后，实行典型的“确权确地”“增人不增地、减人不减地”，村委没有未承包到户的农村“四荒地”、山塘等集体资源；全部完成高标准农田建设，由于地处平原，土地平整无“溢出”土地；外出打工村民少，至2017年底，土地流转仅1200亩，不足15%，远低于全省农地流转率40%的水平，由此可见，通过土地流转、发展土地股份合作壮大村集体经济相当不易。剑霞村土地流转不畅的原因：一是对于该村村民来说，农地所承担的养老保障功能、失业保险功能尤其明显，以及村民的禀赋效应和控制权偏好，保护土地专用性资产免受机会主义的侵害，村民土地流转的意愿很低；二是剑霞村离向塘镇6公里，农民“恋地”情结导致土地流转交易成本高，民间资本、工商资本参与农地流转、规模化种植的意愿不强。2010年前剑霞村的土地流转，租金为每年500元/亩左右，现已达到800元/亩左右。剑霞村面对特殊的农村土地要素市场，村级集体经济组织的主动介入，共建共享经济：一是组建农业企业，通过“公司＋农户”运营模式，发展品牌农业，延长产业链，提高土地资源配置效率，在共建共享中分享共作剩余，壮大村集体经济。二是宅基地置换，有宅基地的村民“拆一还一”，原住宅面积不够补偿差价；无宅基地、房屋的村民，收取成本价，在共建共享、凝聚人心中壮大村集体经济。三是挖掘“相国故里”的公共文化品牌资源，打造乡村旅游，为壮大农村集体经济提供持久动力。

（三）不忘初心：党员干部勇于担当

剑霞村近年来，之所以集体经济发展迅速，公共管理秩序井然，村民幸福感明显提升，关键是充分发挥了党组织的战斗堡垒作用和党员的先锋模范作用。剑霞村现有党员139名，无论在产业发展、民生工程建设，还是公共事业管理等方面都彰显出共产党员的先锋模范作用。村务监督委员会由村里德高望重的五位老党员组成，在监督村干部是否认真履职的同时，帮助村干部共同谋划村里的发展，带领村民共同致富。

几年来，剑霞村村组党员干部以“两学一做”学习教育、“民情连心桥”、党员活动日为契机，定期开展“关爱留守儿童”“看望孤寡老人”“帮扶贫困家庭”“清洁家园”“义务巡逻”“交通疏导”“防汛排险”“矛盾调解”等暖心、爱心的公益活动200余次。尤其在围绕“平安剑霞、民主剑霞、法治剑霞、文明剑霞、富裕剑霞”的“五为一体”工作中，剑霞村党员干部身体力行、勇于担当，坚决做到“四带头”，即乡风文明带头、乡村振兴带头、服务群众带头、依法治村带头。党员干部的模范行动，进一步浓厚了党群连心、干群齐心的良好氛围，彰显了党员干部当先锋、做表率、处处以群众利益为上的良好形象,得到广大群众以及乡贤的充分肯定和高度赞扬。

综上分析,南昌县向塘镇剑霞村从“落后问题村”成功蜕变为“全国文明村”的经验表明,发展村级集体经济需要因地制宜,因势利导,立足当地资源,发挥乡贤作用,构建共享机制,激活内生动力。这些都需要基层党员干部不忘初心,勇于担当。

(执笔人:翁贞林 刘慧)

南昌县剑霞村已建成第一期50套江南民居

# 九　江

## 04　经营村庄　壮大集体经济

黄溪村地处修水县马坳镇南部，下辖 15 个村小组（含 1 个移民小组），共有村民 3200 余人，耕地 1326 亩。2008 年以前，该村曾是有名的“贫困村”“上访村”，如今华丽转身成为远近闻名的“秀美乡村”，先后被评为“全国一村一品示范村”“全国民主法治示范村”，2016 年全村实现脱贫。自 2008 年以来，黄溪村不仅农民人均收入由 1300 元提高到 2017 年的 12000 元，村集体资产更是由负债 200 多万元、村干部连续 5 年拿不到工资，发展到 2017 年村经营性集体资产突破 3000 万元，同时新增道路、桥梁等公益性固定资产 1000 多万元。

### 一、黄溪村壮大集体经济的具体做法

“没有集体经济不可能治理好村庄”，这是黄溪村党支部书记徐万年的深切感受。路灯坏了需要维修、村庄卫生需要打扫、五保户需要组织关怀、农田渠道需要维护，这一切都离不开钱，必须有稳定的资金保障。为此，黄溪村“两委”以经营村庄的理念，坚持“管而不死、活而不乱”的原则，不断壮大村集体经济，增强村庄治理的内在能力，其具体做法主要包括以下几点：

一是成立市场运行主体，对接参与经济活动的需求。黄溪村成立了江西省抱团实业有限公司，依据《公司法》行使完整的法人资格，作为独立的法人，参与市场经济活动，并相应组建了“修水县桑田蚕业合作社”

“修水县康绿蔬菜生产专业合作社”“修水县馨颐葡萄种植专业合作社”“修水县醇韵茶叶种植专业合作社”“修水县梦之绿苗木种植专业合作社”等各类农业专业合作社,依据《农民专业合作社法》,以互助性经济组织的形式对接各类产业的农业扶持政策,促进蚕桑、蔬菜、茶叶、水果、苗木等黄溪五大支撑产业的发展。

二是发展实体经济,确保集体经济收入。黄溪村先后发展了小蚕工厂、养蚕大棚、茶叶基地、自来水厂、苗木公司、发电厂、光伏发电、蚕茧收购公司等经济实体,村集体主要以入股形式参与各企业的经营,并针对不同合作方式制定了差别化的运行机制与分成比例,村集体经济组织从中获得收入。如投资 170 万元建设的小蚕工厂,利润按 3∶3∶4 比例分配:三成上交村集体经济组织、三成给所占用土地的村小组、四成作为企业发展基金;养蚕大棚则按 2∶8 分成:二成给村小组、八成上交村集体经济组织,并明确村集体经济组织承担大棚的修护任务;蚕茧收购公司的利润则按 5∶5 分成:五成上交村集体经济组织、五成留作企业发展基金。2017 年黄溪实现了村集体经济经营资产净收益 40 余万元。

三是改革扶农惠农资金的使用方式,确保财政资金转为集体资产。黄溪村针对非农户特定对象的各类财政扶农惠农资金,“颗粒归仓”地转化为村集体资产。如上级支持的苗木产业发展资金,并不是无偿地划拨给苗木公司,而是以村集体组织持 30% 的股份参与经营;蚕桑生产的大棚建设资金改变直接发放农户自建的做法,由集体统一建设,然后以 10 元/平方米每年的租金租给蚕农使用,但村集体要负责提供技术指导、引进优良高产桑树品种,以及日常修护。这一方面,黄溪村有过教训,第一年曾把大棚建设补助资金直接给蚕农,但个别蚕农用了一年后就不养蚕了,别人想用却用不上,大棚建设资产成为个人的财产,且浪费着。

四是建立激励机制,调动村干部加大集体经济建设的积极性。村集体经济资产的经营需要有人用心去谋划与管理。为了调动村干部发展村集体经济的积极性,黄溪村明确村集体经济年收益的 20% 可用于村干部奖励。2017 年,黄溪村村干部的年收入加上绩效奖励,可达到 3.5 万—3.7 万元。虽然可能比不上外出打工的经济收入,但作为村干部,在当地也是一个体面和受尊重的工作,每天能有 100 元的收入,也能维持基本的生活。目前在黄溪村 10 位村干部中(含 5 位聘用),有 2 位村干部专职负责村集体经济建设,1 位主要负责实体经济并兼任小蚕工厂董事长,另 1 位则主要负责对外业务洽谈,常驻南昌。

五是建立严格的监管机制,确保集体资产在阳光下运行。黄溪村在成立"村理财监督小组"(由党员、小组长和普通村民三类代表组成)的基础上,村"两委"推行"四议四公开"工作法,即重大事务一律采取"党组织提议—'两委'会商议—党员大会审议—村民代表大会或村民大会决议"模式,做到"决议公开、村务公开、实施过程公开、实施结果公开";每 10 户选举一个代表,实行"村民代表大会议事、支部决策、村委会执行"自治模式;创立"三角章"财务监督审核制度,即将一个公章平均分为三份,分别由该村三个片区的村民推举出一位为人正道、做事公正的代表掌管,只有在三个代表均对某项财务决议无异议并合三为一盖章才能通过财务审核。如曾在一次财务审核中,发现为学校老师购买的 10 个电扇单价不同而不予通过,后经调查发现当时商店同一价格的电扇不够 10 个,只能购买两种不同型号的电扇,方通过审核。这一系列措施切实保障了村民对村集体财务的知情权和监督权,实现了集体资产在阳光下的运行。

六是精打细算,发挥村集体资产每一分钱的效益。黄溪村把村集体资产当成自己家的财产一样珍惜,"经营村庄就像持家",也需要节俭。在黄溪承担过项目工程的老板有一个共识,那就是"在黄溪做事,来不得半点假"。曾经建设一个养蚕大棚在使用钢管框架时,虽然直径规格符合标准,但密度不够,重量要比正品轻 20%,结果被村干部在验收材料时发现,最后核算时按合同扣除了 20% 的造价成本。为此,村干部被认为"小气"。"这不是小气,而是规矩",徐万年书记告诉我们,确实因原材料涨价,我们同样会增加相应的造价成本。在黄溪村,不准接受请吃、不准接受烟酒礼物、不准接收红包，是村干部的三条铁律，不存在“拿人家的手短，吃人家的嘴软”。村集体也有大方的时候，全村在推行“确权确股不确地”的年底经营权流转租金分红时，全部返回各村小组按当年村民人数进行分配，尽管村集体在耕地流转中起了关键的组织协调作用，但不截留一分钱租金。

## 二、黄溪村壮大集体经济的启示

我省乡村振兴离不村集体经济组织这个基本载体，而村组织的经济实力决定了其推进乡村振兴的组织与协调能力，因此，尽快壮大我省各地村集体组织的经济是现阶段推进乡村振兴的一项基础性工作。黄溪村在壮大集体经济方面的成功做法为我们带来了以下启示：

一是加强村集体班子建设，形成战斗力强、稳定的村集体经济建设队伍。黄溪村发展的转折点是2008年村“两委”换届。这一年，曾当过3年副乡长、4年区企办主任，后又下海创业成功的徐万年，全票当选为黄溪村党总支书记；曾任南昌市第三建设公司项目主管，带领过60多个工人做工程的方小华当选村主任。徐万年和方小华就职后，带领村“两委”班子从改善干群关系入手，通过“跑项目、修大桥、建新村、创产业、引技术”等系列举措，提升了威望，凝聚了人心。针对村集体组织弱化是我省一个普遍现象，认为必须尽快加强村集体班子建设，培养造就一支懂农业、爱农村、爱农民的“三农”管理队伍。如何培育下一届村集体组织班子，也是60多岁的徐万年书记最担忧的事情。目前村“两委”班子大部分是50岁以上(其中3人已超过60岁)，且都有一定的经济基础，虽然存款越来越少，但子女支持，生活保障无忧。对于年轻人，仅凭奉献精神做好村干部本职工作是不现实的，他们也有着与同龄人一样的物质需求，去年下半年就有一位多年培育的年轻大学生辞职打工去了。因此，迫切需要提高并规范村干部的待遇，黄溪明确规定村集体经济收益可按一定比例用于村干部奖励,也是一条好的经验。

二是分类使用国家扶农惠农资金,明确国家财政资金向集体资产转化的基本原则。随着国家对“三农”扶持力度的不断加大,扶农惠农财政资金逐年增加,这些资金可划分为两类,一类是直接给予农户,用于生活条件改善或农业生产效益补贴,另一类就是用于区域生活环境改善、农业生产条件改善、产业发展扶持等,这一类资金不宜归农户个人或农业经营企业所有,而应转化为村集体组织经济,甚至可作为当前我省村集体组织经济最主要的原始积累。据初步估计,近十年来黄溪村每年争取到各类财政资金约500万元,除了拆迁安置等直接给予农民的补助,其他各类财政资金基本上都转化成为村集体组织经济。然而,与黄溪村形成鲜明对比的是,我省很多地方积极争取了大量的国家扶农惠农资金,但忽视了资金的使用效益,在利用中只是简单地交付农户或新型经营主体使用,导致大量资金转化为个人或企业资产的同时,也造成不少财产的闲置与浪费。因此,我省应规范各类国家扶农惠农资金的利用方式,在确保资金使用效益的同时,还应明确规定国家财政资金向集体资产的转化。

三是成立对接市场的经营主体,参与市场经济活动。我省村集体资产清查核资工作完成后,即将面临的第一个问题就是谁来管理和经营集体资产,从而实现集体资产的保值与增值。现有的村党支部和村民自治委员会都不具备完整的独立法人资格,无法完全参与市场经济活动。黄溪村在成立有限公司的基础上组建若干个农业专业合作社的做法,是一个值得借鉴的成功经验。一方面,实现了政企分离;另一方面,有限公司具有统一社会信用代码,完全可以参与各项市场经济活动,而各类农业专业合作社则对应了各类产业经营的优惠政策。当然,有限公司的经营必须有健全的监管体系作保障,在这方面,各地除了村规民约外,更应建立具有可操作性和切实有效的监管机制,确保广大村民拥有知情权和监督权。

四是因地制宜地发展实体经济,实现村集体经济与农户私有经济的共同兴旺。发展实体经济是实现村集体资产保值增值的重要载体，但村集体组织的实体经济应与当地的产业发展紧密结合在一起，实现村集体经济与农户私有经济的共同兴旺。如黄溪村之所以发展小蚕工厂、养蚕大棚和蚕茧收购公司等三个经济实体，就是针对当地蚕桑这个支柱产业，推行“集中养殖低龄蚕，分户养殖高龄蚕”蚕桑经营模式，服务当地蚕农的需要，一方面，通过小蚕工厂的集中养殖，解决了低龄蚕技术条件高、易死亡的问题，降低了农户养殖风险；另一方面，通过出租养蚕大棚，带动了广大蚕民的共同致富。现在蚕农只需养殖高龄蚕、种植桑叶就能获得每亩 1 万元以上的经济收益。蚕茧收购公司则直接解决了蚕茧的销售问题，黄溪村通过与苏州丝绸厂等蚕茧产品加工企业直接建立原料供应关系，有效地减少了中间收购商的销售成本。目前蚕茧收购公司不仅收购黄溪本村的蚕茧，还大量收购周边的蚕茧。2017 年，蚕茧收购公司共收购了 5000 担蚕茧，占全县蚕茧产量的三分之一，实现近 1000 万元的销售产值。

（执笔人：陈美球）

修水县黄溪村蚕桑产业园

# 05　变“空壳”为“实体”　带活集体经济

走进永修县柘林镇易家河村，崭新的楼房鳞次栉比，整洁的村貌欣欣向荣，淳朴的村民笑容可掬，一派欢乐祥和的气氛。全国文明村镇、全国一村一品示范村、中国乡村旅游模范村、全国造林绿化千佳村、全国民主法治示范村……一块块奖牌熠熠生辉，彰显着该村经济社会发展的成就。

易家河村地处赣北修河南岸，三面环山、一面临湖，全村面积36平方公里，辖一个林场和九个组，耕地面积2484亩，山林面积55000余亩，780户，3100人，是个典型的山区农村。以往受自然条件限制，传统的农业种植收入低，村集体经济收入几乎为零。

近年来，易家河村以党建为引领、以公司为依托，积极探索，大胆创新，走出了一条壮大村集体经济的新路子。尤其是2016年，该村积极借鉴外地成功经验，在九江市“第一个吃螃蟹”——成立易家河村投资公司，通过市场化运作发展，让村集体经济实实在在地壮大起来，让农民享受到实实在在的利益，实现了由“外部输血”向“自身造血”的华丽转身。2017年底，村集体资产由刚成立不足10万元增长到近500万元，全村居民人均纯收入已超过6600元。

（一）选好“头雁”带“群雁”

“集体富不富，关键看领路。”永修县高度重视村级“两委”班子的建设工作，在柘林镇党委的正确引导下，1981年出生的返乡创业大学生李智从村委会副主任干起，经过 8 年的历练，2014 年成长为村党委书记。近年来，在李智的带领下，村“两委”借鉴江浙等地成功经验，注册成立了九江市首家村投公司——易家河村实业有限公司，搭建起自身发展集体经济的平台。在坚持“村投”由“两委”牵头的同时，把村务管理与集体经营分离开来，通过“经管分开”，使村“两委”专注于公共管理与社会服务，公司管理团队专注公司运营。当前，易家河村党委的凝聚力和战斗力不断增强，形成了村级组织建设和集体经济壮大齐头并进的良好局面，易家河成为远近闻名的富裕村。2016 年，易家河村党委被评为全国、全省先进基层党组织。

（二）引导村民变股东

该村九一林场，2007 年林改后，200 多亩山林分给了 60 多户村民，但村民为图一时之利，肆意砍伐，使原本葱茏茂密的林场几乎变成荒山。面对这种情况，易家河村实业有限公司 2017 年与这 60 多户村民，签订为期 30 年的租赁合同，在九一林场种植柑橘。易家河村实业有限公司负责投资、管理和经营，占股 70%；村民以土地入股，占股 30%，华丽变身为股东，人人参与分红。3 年后柑橘就能产生经济效益，按当前市场行情估算，柑橘亩产 5000 斤、产值 10000 元，总产值将达到 200 万元，剔除农资、管理成本 70 万元（约 3500 元/亩），净产值 130 万元，60 多户村民每年可获分红 39 万元，收益至少是现在的 3 倍。效益稳定后，根据协议，将适当调整股份比例，农户占 60%，公司占 40%，收益也随之增加。

（三）盘活资源变资产

村投公司立足本地，根据现阶段可预见成果，设立了基建工程部、劳务服务部、投资管理部、公益建设部和文化拓展部。通过运行“村级 PPP”模式，用资源开发后的项目收益进行互换融资，用投资准入条件谈判进行资源保护，选择性地进行招商，寻求资本合作。目前，村投公司正在实施的项目有 3 个，其中投资 340 万元的民宿服务中心项目，已落实资金100万元,正在平整土地,今年底建筑主体工程可完工。与县农业旅游投资公司合作开发70亩土地,已达成合作共识并正式签订协议。项目成功后,村集体将拥有3000万元产权性房产。这些固定资产,可以向银行抵押贷款,获得流动资金进行再投资,再受益。

(四)挖掘潜力激活力

一方面,盘活土地资源。把闲置土地或利用率不高的土地集中流转,进行产业转型升级,由村投统一管理、统一生产、统一分红,并进行现代农业化转型,建设休闲农业示范园。另一方面,盘活劳动力资源。吸纳村里闲散或富余劳动力,进行专岗对口技能培训,考核上岗。目前村投公司已与庐山西海国资公司、西海温泉假日酒店、广州凌峻旅游(江西)公司等周边企业签订了意向性劳务用工协议,并成功输送就业人员130多人,实现了农民到上班族的完美转变。

(执笔人:匡建军　刘海波　何文衡　余纯熹　蔡定锋)

永修县易家河村柑橘采摘园

## 06　采取“三个三”模式发展集体经济

马鞍岭是景德镇珠山区竟成镇三宝村下辖的一个自然村，村庄坐落在丘陵山谷间，面积约50亩，人口42户156人。我们来到马鞍岭村调研时正下着小雨，两侧青山绿意盎然，簇簇花朵点缀山间，不高的山林居然有水气形成的层层白雾，清一色的粉墙黛瓦，马路旁一条潺潺的小溪缓缓流过，跨溪而过是一座木桥，经典的江南小桥流水人家景致。

“这两年村里变化确实很大”，陪同的村小组长汪锋说。道路改善了。以前进出村庄的道路是砂石路，平时少有维护，坑坑洼洼的，很不好走。现在换成了平整的柏油路，两侧还铺设了彩色人行道。村貌变美了。每栋村舍外墙都粉刷一新，房前屋后、道路两旁还种植了景观树，铺设了绿地；小溪上架设木质廊桥，设置了亭阁，修复了多个瓷业水碓，保护了古矿口遗址、古官道等，再现了唐宋以来开采瓷土矿的场景。人气变旺了。多名陶艺制作大家来村开办工作室。每天早上都有三宝村的中外“景漂”来村晨跑，周末外来的游客更是络绎不绝，几个停车场都停满了，现为停车犯愁。村民有奔头了。通过自家房屋出租、公益性岗位设置，村里9个建档立卡贫困户都已脱贫。有些长期在外打工的也回来就近就业了。集体经济起步了。村集体资产资源都派上用场，几处过去闲置的房屋出租了，空置的平地改成了停车场。下一步优良水质的山泉也将推销到三宝村工作室和景德镇市。

变化得益于三宝国际瓷谷项目建设的推进以及新农村建设。2017年,由珠山区财政的新农村建设专项资金、三宝国际瓷谷项目资金共同出资1300万元,对进出马鞍岭村的路面全面升级,对电、气、地下管网进行改造,对所有房屋统一加固、翻新,并新建房屋、亭阁、廊桥,增添新植被,完善配套公共设施。在此基础上,结合景德镇和三宝国际瓷谷的陶瓷旅游产业定位,充分挖掘本土特色资源,探索"三个三"的经济发展模式,做好资源整合和对接,大力发展乡村特色旅游经济。

主要做法是"三个三"模式:三权分享、三股分红、三手合力。即村集体组织村民成立农村合作社,将集体资产和资源交给专业公司运营,由政府引导,市场运作,共同参股,实现利益共享。

"三权"指的是所有权、经营权和承包权。在三个权利共享的过程中,让村民的利益在农村项目经营和持续盈利中得到保障,即"项目盈利,村民获利"。2017年底,马鞍岭村成立农村合作社,以"闲云涧·马鞍岭"为建设项目,引入景德镇市珠山区国有资产经营管理有限公司全资子公司景德镇闲云涧文化旅游产业有限公司进行市场运营包装。合作社、公司与村民多次召开村级集体经济座谈会、研讨会,通过沟通商议,得到村民的充分理解和认可,村集体和村民愿意拿出土地、房产等资源,通过出租、合作经营等方式让公司管理运营。马鞍岭村有村民房屋、村集体建筑48栋。通过会议动员和单独走访做工作,目前,景德镇闲云涧文化旅游产业有限公司已与村集体合作开发利用4栋建筑。两栋定位于文化休闲空间,装修设计成名为"茶鼎轩"的休闲茶吧和"解鞍小筑"的书吧。另两栋临街建筑,出租给台湾女艺术家叶纹妤和"景漂"艺术家王虎做个人陶瓷艺术展示空间,都已对外开放营业。另有8位村民将自家房屋按每平方米15元的价格出租,由专业公司面向外来艺术家、"景漂""景归"人员及商业团体进行规划包装和经营。每户每年可获4万—7万元的租金收益。

"三股"指的是资本股、资源股和技术股。马鞍岭村旅游资源丰富,不仅环境舒适，气候宜人，而且陶瓷文化历史久远，自唐宋以来即开采瓷土矿，有古矿口遗址、古官道，在村庄内及周边还分布了多个瓷业水碓，形成其他地区所没有的且当地特有的瓷业水碓群，而且这里的村民有采矿、做水碓、采茶制茶、制作特色小吃等手艺。由国有资本牵头吸纳资本股东成立公司，统筹经营多产权不动产，发挥规模优势；再由集体拿出村中矿洞、山地、景观、房舍、工艺等资源入股经营，充分发挥资源股的优势；让马鞍岭的好山、好水、好风景吸引人才，让专业技术人才入股，再在全国范围内选择专业的运营公司经营马鞍岭，引入中高端民宿品牌、知名陶瓷品牌、顶级创客空间、高级艺术俱乐部，开发矿洞游、汉文化游、陶瓷体验游、文创深度游等资源，将闲云涧 · 马鞍岭建成独一无二的旅游乡村。通过市场化经营，实现盈利和股权分红受益。

"三手"则是政府的有形之手，市场的无形之手，村民的勤劳之手共同合力。让特色产业旺起来，集体经济活起来，农民群众富起来。政府规划，马鞍岭定位为乡村特色旅游，通过旅游规划与开发，一年多时间发生翻天覆地的变化，2018 年 3 月成功申报国家 AAA 级景区。为持续扩大景区知名度，吸引市民、游客前来观光、旅游，闲云涧 · 马鞍岭开展了一系列文化活动，2018 年 3 月"加彩 · 三宝"中加国际艺术交流周在马鞍岭举行大型采风活动，吸引中外油画家、陶瓷艺术家 300 余人参与，产生较大的社会反响和国际影响；3—4 月底，举办"闲云涧 · 马鞍岭"杯摄影比赛，吸引大量的摄影爱好者参与，共收到摄影作品 700 余幅；"五一"期间，摄影展和汉服秀活动赢得媒体广泛报道和好评。随着活动不断开展和媒体的深入宣传报道，闲云涧 · 马鞍岭旅游效应初显，游客量明显增加，"五一"期间，仅解鞍小筑日均营业额就达 2000 元。以前争相搬离的村民相继回迁，在家门口就业，如村民周爱兰以前在市区酒店做保洁，月收入仅 2000 元，现在她回到村里，在景区做保洁每月固定收入 3000 元，有时给艺术家工作室打扫卫生也有 2000 元。清明前后是采茶最佳时节，马鞍岭村前后山上，有多年天然生长的野茶树，往年村民自采自饮，今年情况发生了改变，由景德镇闲云涧文化旅游产业有限公司与村民提前商议全面进行收购，待野茶采制后，就由村民论斤卖给公司直接获得收益，收来的茶由公司放在解鞍小筑限量对外供应，形成一个良好的商业循环，让村民和经营公司都能从中受益。

在具体运营过程中，将执行“专业人做专业事”的组织理念，投资发展与运营管理局部分离。投资发展公司负责投资、工程、物业管理；运营管理公司专门负责设计、招商、营销、日常经营，打造中高端精品民宿、瓷箱酒店、岭下餐厅、陶瓷艺术俱乐部等，项目建设投资的目的性更明确、有序性更强、带动性更高、资产性收益和经济性收益更合理，村民、村集体及参股各方的利益最大化。

几点启示：

发展壮大村集体经济意义重大，有利于增强基层党组织的创造力、凝聚力和战斗力。有了物质基础，才能更好发挥作用，才能改变过去话没人听、事没人跟、穷家难当的困境。

1. 政府项目是发展壮大村集体经济的直接推动力

过去由于对村级集体经济重视不够，对集体资产，有的一卖了之，有的一租30年、50年甚至70年，造成集体经济萎缩、集体资产流失现象严重，目前我省80%以上村集体经济都是“空壳村”。如何发展壮大村级集体经济确实是一个亟待解决的课题，马鞍岭村原来也是一个“空壳村”，短时间内，村容村貌、村集体经济发生巨大改变得益于政府项目的打造。在经济欠发达的省情下，这种模式只适合于特色村镇的重点打造。对于80%的“空壳村”，只要政府搞好规划，给出政策，也是大有可为的。

2. 政府项目一定要处理各权属的股权利益分配

马鞍岭项目启动前，合作社、公司与村民多次召开村级集体经济座谈会、研讨会，沟通商议“三权”如何分享、“三股”如何分红、“三手”如何形成合力，使马鞍岭村的资源开发利用实现最大化。各方权属和利益分配都以协议确定下来，项目才能顺利展开，今后开发合作才能顺利推进。

3. 政府项目要给村民留出就业发展空间

项目给马鞍岭村带来机遇，既提供了像周爱兰从事的保洁岗位，也为有一定技术的“4050”村民提供了像水碓制作、修复、建设、维护等岗位，让传统手艺得到传承。农民足不出村，在家门口就可以实现就业。对于自家房屋，村民既可按协议价委托公司运营，也可以自行出租，还可以自己打造民宿。让项目与村民脱贫致富紧密结合。

4. 提前思考村集体经济发展壮大后的问题

调研中，我们向马鞍岭村胡国强书记提问：“村集体发展了，有收入了，如何使用？”胡书记一时语塞。对于长期靠财政扶持，日常运转都紧巴巴的基层组织，可能还没有思考过这样的问题。但在省级的层面上，要提前制定村级集体经济壮大之后，如何管理使用的相关规定了。在保值增值的基础上，让广大村民享受到集体经济壮大带来的红利。

（执笔人：李勇）

珠山区马鞍岭村解鞍小筑，供游人驻足小憩

# 07　一颗小树苗　长成“致富树”

产业兴，才能人气旺、百姓富。景德镇市昌江区徐湾村，本是省级贫困村，但近年来积极把握产业扶贫契机，成立专业合作社、农产品产业公司，大力发展马家柚种植等特色产业，不断强化乡村产业支撑，壮大农村集体经济，不仅摘掉了贫困村的帽子，也实现了村集体经济收益从无到有、从弱到强的华丽转身。

“农村产业发展困难，根源在于集体经济基础薄弱，村民与村集体参与程度低。”景德镇市农经站徐站长说。徐湾村地处昌江区与乐平市的交界处，距离市区虽远，但紧邻206国道，离高速路口仅3公里路程，基础设施相对完善，交通较为便利。全村1816人，拥有耕地1511亩，山林13000多亩，毛竹等资源非常丰富。由于集体经济基础薄弱，农村基层组织缺乏为民分忧解难的物质基础，缺乏引导群众共谋发展的凝聚力，缺乏发动群众参与产业发展的号召力。徐湾村村民多年来都是以水稻种植和竹林经营为主，产量较低，收入不高。同时，由于村民很少参与到村集体产业发展中去，对“做大蛋糕”比“多切蛋糕”更利长远的认识不深，普遍是安分守好自己的“一亩三分田”，对于发展集体经济积极性不高、责任感不强，大部分年轻人选择外出务工，村内冷清而萧条。

百难之际，精准扶贫福音送来。景德镇市为切实改善农村贫困面貌，提升乡村自我发展动力，启动“一亩果、一亩茶、一笼鸡、加入一个合作社”的“四个一”产业扶贫计划。徐湾村找准这一着力点，村书记与市水务局选派的扶贫第一书记，遍访周边市场了解各类水果行情，前往农业局咨询专家了解徐湾村土质情况。最终，他们选择了种植简易、品质优特、销路通畅的广丰马家柚，期望着一棵棵马家柚幼苗长成带动村子增收致富的强大支撑。

“集体＋贫困户”模式，既是徐湾村推动“一亩果”马家柚果园项目的运营模式，也是项目盈利的分配模式。徐湾村村委会明白，扶贫资金争取来不容易，产业项目落地更是凝聚了各方心血与期望，马家柚项目不仅要能落地，更要开花结果，让集体和贫困户从中获得实实在在的收益。“集体＋贫困户”，首先就是共同参与，共同管理。马家柚项目，由村委统筹主管，村小组兼管，通过村委会优先流转贫困户的土地，并且聘请贫困户进行果园的日常维护。从山林流转到林地开垦、灌溉改造，从果苗选种到果苗栽培、防虫固根等，村集体和贫困户都充分参与其中。“集体＋贫困户”也意味着收益共享、共同富裕。项目推进之初，该村便广泛发动村民加入项目，深入沟通了解乡亲思想动态，摸清了大家的顾虑，化解了群众的疑惑，并根据村民的意愿签订《扶持村集体产业扶贫协议书》，约定果园每年净收益的51%列为村集体经济收入，49%用于贫困户分红。分配承诺签在了纸上，充满希望的“定心丸”便暖了村民的心。“一亩果”马家柚项目，成功将村集体与贫困户紧紧地拧成一股绳，结成同甘苦、共进退的利益共同体，分散的力量聚沙成塔，共同推动果园项目更好地发展。

如今，再次走进马家柚果园中，今年种下的53亩马家柚长势喜人，大部分果树高度已超过1米。由于村集体管理到位，贫困户养护尽责，园内2000余株果苗成活率在99%以上。按马家柚生长规律，两年后即可挂果，4年后便进入丰产期。预计丰产期的果园将实现亩产收益近万元，53亩马家柚果园，将为村集体和贫困户增收50余万元，贫困户每户可分得8000余元。“我们还在马家柚果树之间套种了收益快的花生和西瓜，这样果园短期内也能有收益。”徐湾村村主任充满信心地向我们说道。

财政的“输血”，帮扶单位的扶持，通过合理引导乡村产业发展，激活了村集体与贫困户的“造血功能”，澎湃的内生动力推动着徐湾村不断走向更加健康的可持续发展道路。徐湾村党支部书记胡金云说：“徐湾村这两年变化很大，不仅村容村貌发生了翻天覆地的改变，而且村集体和村民都从果园里看到了未来。”

实际上，除了马家柚，徐湾村还在发展茶叶种植、光伏发电、毛竹种植、莲子采摘、瓜蒌中药材种植等方面作出了多方探索，预计明年村集体经济收入将超过10万元。“腰包渐鼓”的徐湾村，有了自己发展的启动资金，还准备利用交通地理优势和山水资源优势，将村集体产业向休闲旅游方向拓展。村内展现乐平戏剧文化的戏台正在搭建，住宿、餐饮等服务设施也已完成规划。看着越来越多的过路车辆选择徐湾休息整备，越来越多的周边人群来到徐湾休闲放松，我们相信徐湾村的未来一定会更加光明美好。

（执笔人：梁浩）

昌江区徐湾村马家柚产业基地

# 08　洗尽“尘埃”披“绿衣”<br>多元发展壮大集体经济

景德镇市浮梁县寿安镇柳溪村，是一座因煤而生，因煤而富，又因煤而陷入困境的资源型乡村。因煤矿生产需要，柳溪村有湘官、黄涌、柳鸿三条公路与景涌地方铁路穿境而过，区位优越、交通便利；因煤矿繁荣发展，柳溪村曾是实力堪比中心镇的富裕乡村；因煤矿政策转向，柳溪村从2006年起陆续关闭了大部分煤矿，村民与村集体经济收入大幅减少。更严重的是，由于常年过量开采，当地生态环境破坏严重，招商引资困难重重，村级集体经济发展陷入停滞。

如何破解产业转型困局，扭转生态环境恶化趋势，成为全村上下的一致述求与共同期盼。在多年探索中，村“两委”逐步明确了“盘活资源，整合发展工业；绿色环保，发展生态农业”的发展思路，不断创新发展壮大村级集体经济的模式和机制，不断提升农村集体资产、资源、资金的利用效率，带领全村群众走出一条绿色、多元的发展之路。

## 盘活优势资源，拓展产业链条

关停村内的小煤矿后，柳溪村把产业发展重点转移到石灰石矿方面，一度打造出龙安山、船山、船舱坞三家规模较大的采石场。但问题也随之而来，由于分散经营、过度竞争，不仅企业自身陷入发展困境，上缴村集体的管理费也只有几万元，资源利用效率实在不高。

为此，村“两委”经过认真研究，在资源整合与产业延伸上同时下功夫。一方面,成立“浮梁县寿安镇王家坞矿业有限公司”,将原有三家采石场整合为寿安镇龙安山采石场。另一方面,着力扩展延伸石矿产业链条,大力发展石灰窑生产和深加工等周边产业,形成集生产、深加工、包装、销售于一体的产业链。

如今,柳溪村石灰石矿产业发展形势良好。整合后的矿业公司,规模大,技术好,每年利税达 150 万元,上缴村集体管理费 20 万元,并支付 10 余万元用于村里公益事业。服务石矿企业的运输车队,拥有 60 余辆东风车,年获利突破 400 余万元,并带动了当地汽车配件零售、汽修行业的发展。不断延伸的产业链,既为村集体带来丰富收益,也向全村群众提供了 200 多个工作岗位,形成村企双赢的可喜局面。

## 引入市场机制,构建多元经济

“鸡蛋不能放在一个篮子里”,一个地区的发展必须摆脱对单一产业、资源的依赖,不断促进经济多元化发展。柳溪村吸取单一发展煤产业的历史教训,充分发挥交通便利、人口聚集等优势,创新产业融合发展新路径,不断为村集体经济开辟“新财源”。

一是大力发展物业经济。村“两委”按照“物尽其用、地尽其利”的原则,加快盘活闲置房屋与土地。一方面,把闲置的原小学教学楼修葺为村级活动场所,将原办公楼与集镇广场周边店铺整个改造装修,用于出租。另一方面,采用 BOT、PPP 等模式,凝聚群众力量,筹集社会资金,村集体出地、商户出资,共同开发村委会周边闲置土地。目前,村集体每年的物业租赁收入达到近 10 万元。

二是发展生态旅游产业。柳溪村通过流转野鸡坞千余亩山林,建设了寿安镇第一座集餐饮、住宿、生态渔场、生态果园等项目为一体的综合休闲旅游家庭农场。既盘活了自然生态资源,增加了村集体资源开发收入和服务经营收入,也为寿安镇周边居民提供了 15 个固定工作岗位,80

余个流动工作岗位。

三是鼓励发展个体经济。柳溪村坚持“集体助个人,个人促集体”,积极鼓励村民发展个体产业,更好地策应村集体经济发展。一方面,鼓励村民参与收益稳、风险低的本村发展项目。如依托“一村一品”计划,引导村民利用闲置的土地加入到蔗糖种植专业合作社;依托村集体沿街店面,帮助村民自主创业。另一方面,在村干部和本土“能人”带领和指导下,鼓励村民“走出去”。柳溪村党支部书记胡剑锋就带领群众进城创业致富,创办了四季风宾馆、四季茶园、古法足浴等服务企业,解决了上百人的就业问题,真正实现了村集体与个人双赢的局面。

## 用好集体收益,增进民生福祉

目前,柳溪村村级集体经济年收入已达 52 万元。在不断壮大村级集体经济的同时,柳溪村始终坚持民生导向,把提升民生福祉作为工作的出发点和落脚点,与村民共享集体经济发展成果,带动村民人均年收入突破 14000 元。特别是近几年来,村里不断加大投入,加强环境、民生、组织建设,惠及更多百姓,使柳溪村实现了由贫到富、由“黑”到“绿”的转变。

在环境改善方面。就在几年前,干部群众还很难想象,这个曾经乌烟瘴气的煤炭村,能够在短短几年时间里,洗去“尘埃”披上“绿衣”,彻底改善村容村貌。如今,泥泞坑洼的煤渣小路全部完成硬化,村民不用再为出行难的问题费神费力;脏、乱、差的农贸市场焕然一新,村民有了整洁、规范的“菜篮子”;柳溪村还先后投入近百万元用于改水改厕、新农村示范点建设。截至当前,改水改厕 120 多户,改造率达 100%,王家坞和八角井两个新农村示范点还先后获得“市级优秀新农村示范点”荣誉称号。

在民生建设方面。自从农村合作医疗施行以来,柳溪村村委会为全村农民缴纳了医保费用,农民不交一分钱;村委会每年拿出 3 万元慰问困难群众、老党员及大灾大病群众,如果家中有 60 岁以上老人逝世,村委会还会给其亲属发慰问金；每年九九重阳节、三八妇女节、六一儿童节，村委会都会拿出 2 万—3 万元用于节日活动庆祝，给村里的老人妇女儿童送去节日的温暖。

在组织建设方面。柳溪村以抓好文化阵地建设为切入点，先后投资 120 多万元建设农民文化活动中心和老年活动中心，推进村民腰鼓队、柳溪篮球队建设，并多次参加县里、镇里组织的红歌会、篮球赛、文艺会演等农村文化活动；原本破旧闲置的小学，经过改造增添群众说事室、便民服务中心、农家书屋等便民设施，让党员群众不再为活动场所发愁，村级组织的凝聚力、战斗力和号召力不断增强。

我们相信，得益于集体经济的繁荣发展，柳溪村的未来将越来越美好。

（执笔人：陈辉）

浮梁县柳溪村党支部在征求村民意见

# 09　幕冲走在美丽乡村的大道上

上栗县赤山镇幕冲村坐落在萍乡城区的北面，距市区不到6公里，距离高铁站不到20分钟车程，是典型的城市近郊村庄，全村国土面积10.05平方公里，其中耕地面积3100余亩，全村户籍人口5282余人，11189余户。近年来，幕冲村抢抓乡村振兴发展机遇，按照“资源变资产、资金变股金、农民变股东”发展思路，积极推进农村集体产权制度改革，通过大力推动土地流转和高效利用闲置土地，着力破解耕地撂荒现象，在带领村民脱贫致富、发展壮大农村集体经济、加快美丽乡村建设的道路上迈出了坚实的步伐。

## 创新入股方式　创办合作社引导村民致富

一直以来，幕冲村面临着人多地少、经济作物种植结构单一、村级集体经济薄弱等发展难题，加上在家种作收入较低，村里很多青壮年或外出务工或外出打工，留在家的大多为老人妇女小孩，没有富余的劳动力，耕地撂荒现象比较严重，村民收入不高，村级集体经济较为薄弱。有效利用闲置的土地资源，解决撂荒现象，壮大集体经济，带领村民脱贫致富，推进美丽乡村建设，打造萍乡后花园成为村支“两委”和村民们多年来的心愿。针对这一状况，2017年3月，林胜良、林文华等8位本村党员及致富能人经过反复思考商讨，决定发起成立幕冲村农民专业合作社。

为得到广大村民的支持和参与，在村党支部的带领下，通过多次召开“屋场贴心会”与村民沟通、交流，探索出了符合本村实际的合作模式，为切实保障村民的利益，达成五项原则性规定：一是合作社不接受幕冲村以外的各种形式的外来资金参股；二是任何人不得控股合作社；三是村民可以以“资金＋土地租赁”方式入股；四是本着自愿参与的原则，合作社的大门永远向村民敞开，村民后期可自愿加入合作社；五是为切实帮助贫困户排忧解难，通过整合上级拨付资金及部门帮扶资金，为村上建档立卡的贫困户设立15万元基金，作为贫困户日后分红的依据。

合作社成立之初共有187户村民率先加入，入股资金达190多万元，注册成立了幕冲金丝皇菊种植合作社、萍乡市赤水生态发展有限公司，完成一期土地流转350余亩，主要发展“特色农业＋乡村旅游业”。合作社在运营的过程中，始终把为贫困户脱贫解困和带领村民致富作为出发点和落脚点，根据具有劳动能力的贫困户实际劳动力水平，优先考虑安排在合作社做事，激发贫困户的内生动力。这种模式，让村民收入从原来的仅获得土地种植收入、务工收入成功地转变为“土地流转收租金、入社参股分红、基地劳动赚薪金、资源抵押变资产”，取得了实实在在的经济效益。2017年，合作社产生了40万元的纯利润，全村30户贫困户年均分红1000余元。除了土地参与的分红，每个在合作社务工的劳动力的年工资收入达两万多元，成功实现了“被动输血”到“主动造血”的转变。

合作社的发展，贫困户的脱贫，村民的增收，一下就激发了广大村民的热情，当初对合作社持观望态度的很多村民主动找到村委会和合作社申请要求加入。村民何强，一开始对合作社的发展存在抵触行为，不配合合作社的土地流转工作，后来，经过党支部召开“屋场贴心会”做思想工作和他老婆、父母的劝导，特别是看到合作社良好的发展局面，不但转变了观念，支持合作社的土地流转，甚至还主动拿出1.5万元加入了合作社。2018 年合作社又吸纳了江背、巨溪、上门前、幕冲屋场、石上等 500 多户村民，目前，全村已有 700 多户农户加入了合作社，流转土地打造了近 2000 亩的绿色有机生态基地。

## 坚持转型发展 探索出一条新的农业产业化发展道路

“推进农村一、二、三产业融合发展是顺应新时代产业发展新趋势的必要要求，必须坚持和创新农业转型发展思路，因地制宜，循序渐进，走出一条符合幕冲农业转型发展的新路子。”这是幕冲村村支“两委”和合作社成员达成的共识。

为了探索出一条适合幕冲发展新型农村经济的道路，村支部和合作社广泛征求村民的意见、建议，后来，在广东台企工作 20 多年的村民林友忠提出了引进台湾先进的农业技术的建议，经过讨论和考察，大家一致认可。于是，就这样大家你一言、我一语，进一步确定了幕冲村的发展方向和定位：幕冲绿色生态旅游休闲农业示范村坚持农业积极转型发展思路，依托“崇尚自然，绿色发展”的环保理念，本着以农为本，以村为特色，以环保、绿色、有机、健康为旅游休闲的主体思想，全力打造成集特色种植养殖、美食健康、旅游休闲的多功能一体化的美丽家园。

方向明晰之后，村委会带领合作社和村民迅速行动起来。针对经济作物种植结构单一的现象，该村坚持农业转型发展思路，通过引进台湾先进的农业技术，在幕冲江背、巨溪一带打造了 500 亩的绿色有机生态基地，通过以点带面的形式向全村推广，目前基地种植的经济作物有 100 亩幕冲金丝皇菊、80 亩台湾水果玉米、60 亩荷花、30 亩四季柠檬、15 亩无花果、20 亩季节性类型丰富的绿色蔬菜，取得了良好的效益。2017 年，金丝菊亩产纯利润 5000 元；水果玉米亩产纯利润近 3000 元。村集体经济收入由原来的 7 万元提高到了 15 万元。

为了吸引更多的游客，增强旅游发展的后劲，该村吸收借鉴国内成熟的生态旅游度假村发展模式，以旅游、观光、美食、休闲为载体，通过农业观光、农业科普、美食共享、乡土人情的多元化展示，将农业与旅游有效结合，既延伸了农业转型的产业化发展，又构建了个性化的地方特色旅游格局。该村建立了四合院式的地方特色美食农庄、旅游观光鹅卵石小道、大型 KTV 舞台、停车场、公共卫生间等基础设施和钢索吊桥等一系列娱乐设施；建立了 50 亩生态池塘和占地 10 亩的龙虾场，作为休闲垂钓项目场所。另外，该村创新思路，用 1000 万颗 LED 灯珠、100 台投光灯、600 条流星雨、30 万米灯串、5000 平方米网灯把幕冲生态基地装扮得如梦幻星空一般，先后两次举办金丝皇菊文化节和“赤水幕冲荷塘月色大型梦幻音乐灯光秀”，得到媒体广泛关注，吸引一大批外来游客，进一步扩大了幕冲的知名度和影响力。

发展的道路永不停步。2018 年 4 月，幕冲金丝皇菊合作社又打造了 100 亩的户外拓展基地和水上乐园项目，吸引各地学校组团开展“研、学、旅”等活动，得到学校师生和游客的一致好评，并成功申报成为南昌大学科研教学实践基地和萍乡市中小学生研学旅行实践基地。

谈到合作社未来的发展，该村村支部书记黄小付充满自信地说道：“目前基地周边尚未开发的山地面积有 3000 多亩，未来还将种植台湾青柠檬等特色品种，并充分利用本地自然风貌，打造登山观景、山地徒步、郊游野餐、山地木屋体验居住和山地温泉等广泛接触大自然、融入大自然的绿色生态健康项目，让幕冲真正成为萍乡乃至赣湘边假日休闲的好去处。”

### 坚持“两个文明”同步走　在发展道路上绘就一幅美丽画卷

幕冲村坚持以净化、绿化、亮化、美化、优化为抓手，整合村上项目资源，不断改善基础设施条件。投入 100 万元全面完成了全村房相改造；向上争取项目资金 120 万元铺设了 3 公里村间主干道柏油路，水泥路硬化实现户户通;争取项目资金建成200万元的杨宣公路驿站和50万元左右的萍赤公路驿站;注重村庄绿化美化,在全村重要路段安装了路灯;争取项目资金700万元进行高标准农田建设;加强生活垃圾,每家每户实施垃圾分类,专人清扫、收集,生活垃圾实现了规范收集、转运、处置;加强了河道治理和生活污水处理。如今的幕冲村房相整齐、卫生整洁、空气清新、环境优美,面貌焕然一新。

"这里空气很新鲜,透露出一股清新的泥土气息,让我找到了童年的记忆","在网上看到幕冲金丝皇菊文化节的视频和图片,感觉非常漂亮,所以就来了,这里确实很好,干净、美观,让人觉得非常惬意",游客纷纷称赞说。环境美了,人气自然就浓了,如今,走进幕冲,你可以看到很多慕名而来的外来游客。

民风好,万事顺。幕冲村在抓经济发展的同时,非常注重发挥优秀传统文化的引领作用,广泛开展新农村精神文明建设,推动民风社风的不断改善。该村建设完成了"孝德广场"、烈士墓、群众路线展示馆、夜话点、贴心广场等多个文化教育活动场所,主打"孝文化"品牌,发挥党支部的引领作用和党员的示范作用,通过"屋场贴心会"等形式多样的活动,教育全体村民爱老敬老、扶贫济困,切实促进了村风民风的良好转变。村民肖爱萍的家婆昏瘫在床上近6年,生活根本不能自理,这6年里,肖爱萍每天帮她洗脸、按摩,细心服侍,堪称好儿媳的典范,受到村民的高度评价和媒体的高度关注。今年11月18日,村民林文华老婆突发脑溢血,在两天时间内村民自愿捐款7.87万元。村民们还自愿成立了志愿者协会和义务巡防队,在路口交通指挥、村容村貌整治、维护大型活动的安全稳定方面起到了积极作用。

"如今,打麻将的少了,主动参与志愿服务的多了,村里那些不和谐的声音也逐渐少了,大家都拧着一股劲想着如何把家乡建设好。心齐了,力量就大了,任何困难都难不倒我们。"村主任林清华说道。

“问渠那得清如许，为有源头活水来。”好的党风政风促进了民风社风的不断好转，好的民风社风又凝聚了更加广泛的民心和强大的力量，而这份民心和这股力量又转化为村民们积极投身村经济发展的热情。如今，幕冲正在建设美丽乡村、全面建成小康社会的康庄大道上阔步前行。

（执笔人：洪小伟　黄琪）

美丽的上栗县幕冲村金丝皇菊园

# 10　沿背村红色培训引擎驱动集体经济腾飞

莲花县沿背村是“将军农民”甘祖昌和“老阿姨”龚全珍的故里，是著名的“莲花一支枪”保护者贺国庆的家乡，历史上的沿背村基础设施薄弱，主导产业不突出，农业生产严重滞后，是莲花县的贫困村之一。近年来，该村以甘祖昌干部学院建设为依托，找准红色培训与发展壮大集体经济的契合点，发动群众、依靠群众，把红色教育培训作为推动革命老区脱贫的有效抓手，开启了“造血式”扶贫的沿背模式，实现了村民的稳定增收致富。

创新红色教育模式。沿背村深挖红色资源，以“沿背红色党员教育培训基地和甘祖昌干部学院建设”为主抓手，创新红色教育模式，拓宽红色教育体验路线，带动沿线村集体经济收入增长。建设红色教学点、红色教育观光点，开创红色微党课，由村党组织集中经营管理，鼓励村民群众积极参与红色教育培训配套服务工作，促进村级经济增收。红色培训做足本地特色，创新方式方法，整合形成了以“一套红色培训课程、两个现场体验套餐、三条红色教学线路”为鲜明特色的红色培训新体系，采取“课堂在田野、吃住在农家、人人当教员”的培训方式，紧扣脱贫攻坚做教育培训，不搞大拆大建，不建封闭校园，村民祠堂、村委会会议室就是培训教室，农家民宿就是学员宿舍，创建了一所“没有围墙的干部学院”。全村还紧密围绕“红色”主题，在道路沿线、核心景观区域内种红叶植物，画红色故事壁画，立红色人物语录牌，村里村外处处透露着热情奔放、积极向上的红色氛围，红色资源的不断丰富夯实了村级集体经济发展基础。

建立利益联结机制。沿背村发挥党组织的领导和带头作用，村支"两委"组织召开致富能人、创业大户、技术人才座谈会，积极听取各位致富能手的意见建议，多种方式广泛征求群众意愿，明确走"红色培训+集体经济"发展道路。以党组织的先进性带动产业发展，沿背村在全县率先设立党总支，下设红沿合作社支部、将军情公司支部、农民演出队支部、农业产业化支部、特色民宿支部5个党支部，党支部通过多种利益联结形式，动员大量农户和能人带地入股、带资入股加入合作社，在较大范围内实现土地统一规划、农产品统一销售、基础设施统一建设。通过建立利益联结机制，实现农民变股东、资金变股金、资源变资产，最大程度激励农户参与，激发群众创业积极性。

发展服务延伸链条。借红色培训之东风，沿背村深入做好"红色培训+"文章，将美丽乡村建设、乡村综合整治、旅游发展与促进农村集体经济发展相融合，以景区化标准统一规划布点设施配套，切实为村集体发展旅游、服务村民、壮大集体经济提供空间支持。通过"政府指导、村民自营"的发展模式，鼓励和引导当地农民兴办民宿，并邀请专业院校和酒店宾馆的专业人才对从业人员进行相关培训，全村发展民宿50多家，可同时接待学员吃住200余人，民宿户均月收入4000余元，多的达上万元。红沿农业专业合作社24户农户出资入股并争取江西银行贷款120万元、江西农商银行贷款145万元，购置大巴车4辆，成立车队，服务前来参观、学习的游客和学员。成立农民演出队，30余名村民自编自演采茶剧《并蒂莲花》，用当地民俗表演形式展现甘祖昌将军和龚全珍老阿姨的感人故事，演出已达400多场，创收110余万元。

兴办实业打造品牌。随着越来越多的学员来到甘祖昌干部学院培训，沿背农土特产成为许多学员的必然选择。沿背村充分利用当地丰富的农副产品资源，积极探索"龙头企业+基地+农户"发展模式，开辟村集体服务经营收入，增强村级集体经济发展实力。深化农村集体产权制度改革对农村集体经济组织和集体资产的规范化管理，在保护好生态环境的前提下，开发利用农田、山林、园地、水域等集体自然资源，鼓励农民参与土地流转，使村级集体资源保值增值。全村规模发展大棚蔬菜种植10余亩、芍药种植基地110亩、金沙柚果业200亩、石斑鱼养殖160亩，土地规模化经营不但提高了土地产出，还释放了劳动力，许多土地流转出去的村民实现了二次创业和务工就业，实现一手拿租金、一手拿薪金。发展现代加工业，积极搭建公共服务平台，完善农产品营销体系，拉长产业链，成立集体所有制企业将军情土特产有限责任公司，打造了“沿背老阿姨”“沿背土老俵”“坊楼土老俵”3个品牌，推进了特色油菜、大米、有机蔬菜等加工，农户通过出售花生、红薯、老酒、菜籽油、蜂蜜等农土产品，户均年增收2万余元。

（执笔人：彭林洪）

莲花县甘祖昌干部学院现场教学

# 新　余

## 11　改革赢先机　创新促发展

东风管理处地处新余市城南繁华的商业区，辖7个村民小组、821户、1507人，是典型的城中村。多年来，渝水区城南街道办东风管理处历届班子以党建为引领，以滴水穿石的韧劲、改革创新的闯劲、开放发展的干劲，做好发展村级经济、带动村民共富这篇大文章，像“锤子钉钉子”一样，一锤接着一锤敲，一颗接着一颗钉，善始善终，善作善成。通过深谋远虑打基础、主动改革赢先机、不断创新促发展、开放共享惠民众，走出了以街兴村、以工强村、以商活村、以店富民之路，集体经济蓬勃发展。至2018年底，管理处共有临街店面216间，宾馆2家，大型综合集贸市场2个，旧货市场1家，钢材交易市场2个，占地70亩的工业园1个，集体固定资产评估达4.2亿元，村集体经济年收入达千万元。

### 改革求发展

由于是城中村，在1983年新余复市后，东风村被城市建设步伐裹挟前行，到20世纪90年代末，东风村所有集体土地全部被征用，村“两委”班子出于长远考虑，在征得村民同意的情况下，没有像其他村委那样把征地安置费一分了之，而是统一管理，创办了一批村办企业，兴建了一批临街店面，为村委发展集体经济赢得了“第一桶金”。

有了一定的经济基础之后，东风村不断思索如何才能更好适应改革发展需要，怎么才能确保集体资产保值增值，先后多次赴广东、浙江、江苏考察，学习先进的集体资产管理经验，开始了主动改革之路。

2003 年，东风管理处依据农业部发布的《农民股份合作企业暂行规定》精神，成立了江西东苑实业集团有限公司，先行一步探索农村集体资产股份制改革。对集体资产开展清产核资，聘请资产评估机构对集体资产量化评估，全面核实集体资产底数，确定原集体经济组织所有资产权属关系，把集体资产区分为固定资产和经营性资产折成股份进行量化。从实际情况出发，合理配置村民股份，并进行确权登记，向村民颁发股权证书，建立股份档案，率先完成了集体资产股份制改革，为集体经济更好更快发展赢得了先机。

2015 年，东风管理处又在全省率先进行集体资产权能改革试点。对集体资产登记造册，成立村务监督委员会、民情理事会，修订完善村规民约，规范村干部职权，让权力在阳光下运行；创新集体资产管理方式，规范物业资产管理队伍，将资产及收益情况定期予以公布，及时处置效益不好的资产，现代企业经营制度日趋完善，集体资产逐年增加，股东分红逐年增多。2017 年，上缴国家税收近百万元，向股东发放股金红利 300 余万元，比上年增长 10% 以上，村民人均年可支配收入 2.6 万元，成为名副其实的新余“第一村”。

## 开放促提升

没有了土地的支撑，就跳出农门想办法。利用城市快速发展的契机，东风管理处先后建设了城关集贸市场、东风市场等商铺和店面。

城区发展空间有限，就把眼光放到城外。2008 年，东风管理处在新余高新区投资 2000 万元兴建了占地 70 余亩的东风工业园区，建了 6 栋面积达 22000 平方米的标准化工业厂房及可住上千名员工的职工宿舍楼，引进了 5 个工业项目落户在园区；2012 年，又在袁河经济开发区征地170余亩，投资1亿元兴建了一个功能齐全的钢材交易市场。

本地发展实力有限，就把眼光放到省外。2009年，东风管理处从广东东莞引进江西旺基电子有限公司落户东风工业园；2016年，从福建引进了厦门建发集团落户钢材交易市场。

截至2018年底，东风管理处依托厂房、市场、商铺成功引进企业30余家、商户300余家，年创产值数十亿元、利税上亿元。

## 党建聚合力

“火车跑得快，全靠车头带。”东风管理处突出党建引领与保障这个关键作用，不断增强基层党组织的向心力凝聚力战斗力。管理处党总支部以“围绕发展抓党建，抓好党建促发展”理念，把班子建设放在首位，把干事创业作为党员干部的基本要求，打造了一支“强政治、强能力、强管理、强自律、强素质”的“五强”好队伍；把发展壮大集体经济任务指标定量为党员干部工作实绩，与村干部的绩效工资和福利待遇相挂钩，实行“问题在一线解决，政绩在一线考核，办法在一线产生”，形成了“项目化管理、标准化实施、一体化推进、社会化动作、惠民化目标”的“五化”好局面。

让村民共享发展成果，提升村民获得感、幸福感，被东风管理处历届班子列为头等大事。2009年，启动城中村改造。2010年，投入5000余万元兴建安置小区，300余户村民住上宽畅、明亮的新居。2016年，对黎家、伍家、万家、章家、车站等村小组的背街小巷进行了彻底的改造，把脏、乱、差的“城中村”打造成清爽怡人的城中“小庭院”。为解决村民后顾之忧，管理处每年拿出数十万元为达到退休年龄的村民发放养老金并办理养老保险，相继设立了“东风养老服务中心”“渝州情养老中心”。为弘扬崇德向善的文明乡风，设立了“读书教育奖”和“赡养老人奖”，对考入大中院校的村民进行补助，对赡养年满70周岁及以上老人的家庭发放500—20000元不等的奖励。

在村民生活质量和幸福指数节节高的同时，东风管理处也佳绩频传，先后被中央和省委授予“全国先进基层党组织”“全国文明村镇创建工作先进单位”“全国敬老模范村居”“全省农村‘五个好’村党支部”等荣誉称号。

（执笔人：陈文燕　黄红庆）

渝水区东风管理处钢材交易市场室外仓储区

# 12 下田村利用政策支点撬动村集体经济发展

下田村位于分宜县钤山镇政府东南方向5公里处，分安路横穿全村，下辖6个自然村，11个村民小组，全村413户1363人。作为省级“十三五”贫困村的下田村，底子薄、基础差。为了彻底扭转贫穷落后的面貌，带领群众走上脱贫致富路，近年来，下田村党支部以党建为引领，借精准扶贫政策的东风，打好脱贫攻坚战，狠抓农业产业发展，走出一条以产业发展撬动村集体经济发展，变“输血式”扶贫为“造血式”帮建，带领群众脱贫增收的发展之路，实现了让基层组织强起来、绿色产业多起来、集体“家底”厚起来、村容村貌美起来的目标。

## 以党建引领汇聚发展合力

下田村之所以成为省级贫困村，穷在既无资源又无产业，村里没有好的发展思路，也没有致富带领人，村民找不到好的致富路子。最艰难的时候，连村干部的工资都发不出，村集体欠债15万多元，工作难于开展，各项指标在全镇垫底。新一届村“两委”班子上任后，面对基层组织软弱涣散、基础设施落后、集体经济欠账的严峻现实，把发展集体经济、促进农民就业、增加农民收入作为第一要务，确定了以党建为引领，以经济建设为中心，实施“引鸟进山、放水养鱼”的思路。

为凝聚起全村发展的合力，新“两委”班子在党建引领工作模式上下真功夫，建立健全了基层党建工作制度，找准工作切入点，利用平台收集党员群众对全村发展的意见和建议，充分发挥每一个党员的作用，为村集体经济发展凝聚集体智慧和力量；通过开展“我是旗帜——党员先锋示范行动”，为无职党员设岗定责，搭建服务群众、发挥作用的平台，有效增强了广大党员群众对村党组织的认同感和归属感，坚定村民脱贫致富的信心；请进致富能人，成立合作社，在村里发展特色种养业，做给村民看，带领村民干，让村民实实在在感受到怎样才能增收致富；利用村里闲置的祠堂设立生产车间，成功从分宜工业园区引进了江西基瑞科技电子厂，方便村里的妇女一边照看家庭一边务工，在村里就能实现就业；创立了“小康驿站”，细化了 13 项积分评定标准，每月对贫困户的劳动生产、尊老爱幼、卫生清洁、文明礼貌等方面进行积分考核，并按积分情况分配收益和兑换奖品，将扶贫与扶志、扶智、扶勤、扶德相结合，充分调动了贫困户脱贫的积极性，全村上上下下真正形成了心往一处想、劲往一处使的良好发展格局。

## 以政策红利撬动集体经济发展

自 2015 年起，下田村就打起了土地流转的算盘。2017 年，新余市委、市政府出台《关于进一步推进农村集体产权制度改革促进村级集体经济发展的实施意见》之后，下田村紧紧抓住这个机遇，根据村里实际情况制订助推集体经济发展壮大的具体方案。由村“两委”牵头带领党员，一家一户算细账，大会小会作动员，有效整合了全村闲置土地资源，至 2018 年底，全村 1613 亩耕地流转了 1500 亩，流转率达 93%，为村集体经济发展奠定了坚实的基础。

作为贫困村，打好脱贫攻坚战是重点。在充分考察论证基础上，村“两委”班子多措并举，用足用好各项优惠政策和发展资金。将上级下拨的发展资金30万元投资入股赣锋锂业，每年可稳定分红4.5万元；整合市、县各级帮扶力量，不断扩大光伏产业规模，发电量由原本的52千瓦时扩大到100千瓦时，增加收益6万元，不仅确保了贫困户受益比例达到51%，还为村集体经济增收2.5万元。2018年，下田村又争取项目资金50万元，建设了30亩联动钢架大棚，租赁给合作社发展火龙果种植产业，每年可收取租赁费4万元；整合上级帮扶资金10万元投资入股建设水稻烘干机，每年可稳定分红1万元。

## 以"输血"催生"造血"机能

"授之以鱼不如授之以渔。""输血"式扶贫不可能长久，政策红利终会消减，下田村村"两委"班子以绿色产业发展为核心，着力提升自身"造血"机能。

为了吸引投资者和创业者，下田村着力"筑巢引凤"。他们多方争取和筹措资金，扎实推进农田水利改造，完善基础设施，综合治理土地，投资建设大棚，成立各类专业合作社和专业协会，建立规模化基地，引进特色品种，推广良种良法，以"合作社＋协会＋基地＋农户"等模式，彻底改变依靠各级帮扶单位"输血"帮助的局面。2016年底，引进优秀人才周江泉，成立了江泉种养合作社，流转村里1100亩地，投入资金15万元发展香菇种植产业，2017年年产香菇4万余斤，销售收入18万元，村集体分成3万元；2018年，江泉合作社租用村集体20余亩大棚，发展优质水稻种植和特色农业，实现收入200余万元，为村民发放务工费约50万元，村集体经济收入4万元。在江泉合作社的带动下，下田村又成立了田闰合作社，流转400余亩土地，种植大棚蔬菜，村集体每年可收取租金1万元。

下田村通过发展产业，变"输血"为"造血"，有效激发了村民增收致富的“内生动力”，既实现了合作社、协会、农户的经济共赢，又有效拉动了村集体经济发展，2018 年村集体经济收入达到 12 万元。村集体经济发展加速度，有效带动了村民脱贫增收，村委和帮扶单位大力发展奶油南瓜基地项目，共同出资购进优质品种南瓜苗 1 万株，2018 年，贫困户试种优质南瓜亩产达 4000 余斤，亩产收入达 3 万余元。

（执笔人：陈文燕　黄红庆）

分宜县下田村种植的火龙果

# 鹰 潭

## 13 余江县山底农村集体经济股份合作社的成功探索

余江县平定乡山底村是一个普通的小村庄。全村 76 户,741 人,464 亩耕地,既没有得天独厚的资源优势,也没有其他产业优势。但就是这么一个小山村,却成立了一个“集体经济股份合作社、土地股份合作社、经济合作社”三位一体的综合型农村集体经济股份合作社,目前合作社已有社员 103 户,经营耕地 1537 亩,其中水田 1151 亩,旱地 386 亩。以 2016 年为例,合作社实现销售收入 260 万元,获纯利 120 万元,社员人均增收 1 万余元。

### 一、合作社的成长轨迹

2010 年以前,村里和全国绝大多数村庄一样,大量青壮年劳动力外出务工,耕地存在大面积撂荒的现象,即使个别人在家务农,也因为种子、化肥等成本上升,种地效益十分低下,种地意愿不强烈。2010 年 11 月,山底村注册登记成立山底优质稻专业合作社;2014 年,山底村在完成承包经营权确权登记工作的基础上,成立土地股份合作社;2015 年,山底村在完成农村集体产权制度改革后,成立村级集体经济组织——山底集体经济股份合作社,实现了土地变股权、农民变股东、分散变合作、空壳变实体的蜕变。经过几年的努力,“山底集体经济股份合作社”发展成为一个“集体经济股份合作社、土地股份合作社、经济合作社”三位一体的综合型农村集体经济股份合作社，走出了一条抱团化合作、集约化经营、规模化发展的新路子，在社会上引起了广泛关注。原江西省委书记鹿心社、原农业部副部长张桃林等领导亲临合作社考察指导，中央电视台、人民日报、经济日报、农民日报、江西电视台及市、县有关媒体多次到山底村，对合作社的经营发展情况进行宣传报道。

## 二、合作社的发展模式

### （一）社员入股模式

山底集体经济股份合作社坚持自愿原则，建立健全了社员自由入社退社机制，实行以田入股。全村 76 户 464 亩耕地，按照 103 份股份全部加入山底合作社。2011 年，合作社以每亩每年 150 公斤稻谷的价格，租赁了周边 6 个自然村的 1073 亩耕地。

### （二）民主管理模式

合作社实行民主管理，选举产生理事会，6 名理事，3 名监事，实行理事长负责制，具体负责合作社日常事务工作；在春（秋）耕、夏（秋）收或年终分红的时候，召开社员会议，研究讨论农业生产或分红分配情况。

### （三）耕地面积分配模式

合作社 1537 亩耕地全部反包给自愿从事水稻种植的 28 户社员。根据社员申请，合作社根据劳动力强弱、能力大小，通过理事会研究、社员大会通过，合理分配每户社员的种植面积。其中，多的有 100 余亩，少的有 7 亩；其余社员不再从事农业生产，多数外出务工经商。由于本村入股耕地近临本村、连片集中、质量较好、管理方便，从周边 6 个自然村流转过来的耕地距离较远、没有连片、质量较差、管理较难，合作社为调动社员种植外村耕地的积极性，制定了种植本村耕地每亩需交 100 元给合作社的激励机制。

(四)生产管理模式

合作社生产在家、服务在社,实行"统一组织、统一管理、统一劳力、统一技术、统一购买生产资料、统一销售"的"六统一"管理模式,统一组织即统一分配田块、统一安排生产计划;统一管理即统一集中育秧,统一用水管理;统一劳力即合作社统一安排劳动力维修沟渠、互帮互助老弱社员;统一技术即合作社统一购买种子,统一种植品种,根据社员面积多少合理分配,统一防病灭虫,统一机耕机收;统一购买生产资料即统一购买化肥、农药等生产资料,根据社员面积多少合理分配;统一销售即合作社统一联系销售企业,社员凭收购单到合作社报账。

(五)盈利分红模式

合作社核定每亩双季 800 公斤的产量标准,超过 800 公斤的多余产量奖励给社员,不及 800 公斤的产量按照 800 公斤产量计算。扣除种子、化肥、农药等费用后,纯利润分配方式为:向合作社缴纳 30% 的纯利润作为合作社共同利润,社员按股分红;缴纳 10% 红利作为合作社发展基金和工作经费。

## 三、取得的成效

(一)实现了农业生产的统一有效组织

实行"统一组织、统一管理、统一劳力、统一技术、统一购买生产资料、统一销售"的"六统一"管理模式,大大降低了生产成本,提高了生产效益。据统计,每季每亩可节约生产成本 70—90 元,统一机耕机收每亩可节约成本 140 元,再加上单产比非社员种植每亩可以增产 50—70 公斤以上,合作社社员比未入社社员每亩可以增收 300 元以上。

(二)实现了合作互助共同发展

合作社社员达到了人尽其才、物尽其用、和谐发展、共同致富的目标。66 岁的农妇吴红菊,入社后能种 10 多亩田,年收入 1.3 万元以上,在入社前她想也不敢想；重残无腿的吴冰川，生活难以自理，没有生产能力，入社后，他却找到了工作，当上仓库管理员，每年有工资 4000 元，加上其他的分红，不仅保障了基本生活，而且找回了自信和尊严。

（三）壮大了村级集体经济

合作社走出了一条抱团合作、集约化经营、规模化发展的新路子，规模不断扩大，实力不断增强，信誉不断提升，合作社集体资产逐年增加。现有联合收割机 1 台、耕田机 6 台、插秧机 8 台、拖拉机 1 台、工厂化集中育秧设备 1 套、晒场两个 1800 平方米、仓库 2000 平方米，固定资产达 260 万元。

（执笔人：张卫平　陈鹏）

余江县山底村铁皮石斛种植大棚

# 14　“三权”促“三变”改革<br>闯出集体经济发展新路

大余县大龙村距县城13公里，全村面积22平方公里，耕地面积1036亩，山林面积29030亩，辖9个村民小组，现有人口1104人。20世纪90年代初，村民经济收入主要以砍树卖、矿山务工为主。随着林木、矿产资源枯竭，村民缺乏其他致富渠道，收入逐年下降。2014年村民人均年收入仅2100多元。全村大约80%的劳动力进城务工，常年闲置土地约450亩，宅基地30多户，100多栋土坯房基本无人居住，还有大量空心房闲置。近年来，大龙村依托丫山景区，以乡村旅游为切入点，充分利用林地、土地、空心房等闲置资源，开展“三权”促“三变”改革试点，探索“政府引导、村企联建”模式，让农民成为拿股金、收租金、挣薪金的“三金”农民，走出以农村集体产权制度改革助力乡村振兴的新路子。大龙村先后被评为“中国美丽休闲乡村”“中国乡村旅游模范村”。

## 一、主要做法

为改变贫穷面貌，充分发挥优势资源，大龙村通过农村土地所有权、承包权、经营权和宅基地所有权、资格权、使用权“三权分置”改革，促进农村资源变资产、资金变股金、农民变股东。

一是“三权同确”明晰资源权利归属。推进农田、宅基地、山林三类土地确权，通过精准丈量、公示认可、确认颁证，明晰集体资源权利归属，解决了统一规划建设的基础性问题。2017 年底，大龙村完成相关土地确权工作，全村颁发土地和林权承包经营权证书各 264 本，颁证率达 98%。农户宅基地今年启动确权，目前已全部完成测绘。在确权和征收流转过程中，对“三权”予以明确：凡占用集体资产的，采取交还或购买的方式处理；土地流转时，宅基地、农地、山林集体所有权不变，村民对宅基地的资格权保持不变；对自愿放弃宅基地资格权的农户，由政府在城区进行安置，将在售商品房按市场成本价销售给安置户。

二是“三步流转”集中农村土地资源。通过“政府引导、集体决议、农户主体、企业运作”的模式，创新“回购返租”办法，将农村宅基地、耕地、山林经营权流转给龙头企业进行经营。第一步是政府征收。通过村“两委”发动倡导，以政府名义与村民签订征收协议，将大龙村周边农户的土地山林、闲置房屋及附属物共 5000 余亩予以征收，引进章源生态旅游公司统一规划、建设和运营。第二步是房屋回购。新房建成后，农户可以按 1250 元/平方米一次性或者分 10—15 年进行回购。第三步是返租经营。农户可选择自己经营，也可以回购房屋返租给景区，委托景区经营，还可以自己租赁经营。

三是“三方合力”发展绿色致富产业。把绿色生态作为最宝贵的财富和最具竞争力的品牌，按照“政府引导、企业开发、农户参与”的要求，推动绿色发展。2017 年以来，大余县政府先后投入上亿元资金，在景区范围内修建公路、停车场等基础设施，做好前期规划引导。引进章源生态旅游公司，以农户入股的方式，对村庄进行整体包装，开发建设绿色生态基地和新型生态农商街；引进大余仁龙旅游开发有限公司，利用大龙河丰富的青山绿水资源，开发建设飞龙峡谷漂流。同时，成立大龙村集体经济股份合作社和大龙村乡村旅游协会、龙山旅游合作社，吸纳农户和贫困户为社员，通过入股、投工投劳等方式参与景区开发，搭建产业发展农创平台，统一规划设计、推介包销基地有机茶、果品、蔬菜、土蜂蜜、竹制品等农副产品。

四是“三级链条”构建利益联结机制。光伏基地和景区为大龙村及周边乡村800多户贫困户提供了稳定的收入来源:土地流转有保障。章源生态旅游公司与村民签订租赁合同,农户可得每年每亩600—900元的土地、林地租金,企业还无偿对民居旧宅进行改造、装饰装修,对占用的公共面积给予补偿。在租赁合同期内,不论企业的经营状况如何,每户民居都能得到600元/月的无风险经营保障金;属建档立卡贫困户流转田土山场的,还可得到每亩100元的政府补助。股份改革得分红。将村集体经营性资产全部纳入股改范围,股改后村民平均每人可配股1.1万元/股实现分红。同时,利用贫困户的5万元产业扶贫信贷通,入股章源生态旅游有限公司,每户每年可得分红3275元;利用县财政发展村集体经济30万元专项资金,集体入股建设了村级光伏发电基地,每户年终可得分红3000元。旅游经营获收益。坚持在规划景区时考虑贫困户,建设管理时吸纳贫困户,制定政策时倾斜贫困户,贫困户可以在光伏基地和景区内通过入股分红、产业发展、务工就业、个体经营等方式实现脱贫致富。

## 二、主要成效

大龙村集体产权制度改革探索,有效激活了“沉睡资源”,彻底改变了当地贫困落后面貌,为发展村级集体经济、乡村振兴提供了一条有效路径。

一是盘活了农村土地资源。大龙村充分发挥毗邻景区的优势,采取“回购返租”的办法,将农田、宅基地、山林进行流转、统筹利用,提高土地资源利用效率。目前,共建设无公害绿色蔬菜基地150余亩、高山茶园300余亩、脐橙园300余亩,并投资1.2亿元开发出拥有农家旅馆16家(三期共建42家)的新型生态农商街。

二是改善了农村生态环境。大龙村坚持“绿水青山就是金山银山”

的理念，做好治山理水、显山露水的文章，突出少填塘、少推山、少砍树、少拆房“四少”原则，保持村庄原生态，并结合发展绿色产业、绿色经济，不断增加林地面积、恢复森林植被、改善生态环境。目前，大龙村山清水秀，绿树成荫，森林覆盖率达到92.6%，负氧离子含量最高值达19万/立方厘米，远超国际标准，是一个生态宜居佳地。

三是增加了村集体和农民收入。通过“三权”促“三变”改革，激活了村集体资源，增强了农民自身发展动力，开辟了增收致富渠道。2017年，大龙村村民通过土地流转，每亩年租金收益达700元左右，户均年增收3000元左右；通过入股分红、产业发展、务工就业、土地流转、个体经营、房屋改造等可实现年户均收6800元左右，村民人均可支配收入10730元，同比增长11%。村集体经济收入达到37万元，比2016年增收20万元，2018年预计可达80万元。

（执笔人：葛志钦　冷天虹）

大余县大龙村大力发展乡村旅游

# 15　突出党建引领　做大富民“蛋糕”

白云村位于章贡区河套老城区东南部，面积约6平方公里。全村共15个村民小组，1080户，3877人。近年来，白云村始终围绕“发展村组集体经济，让村民长期得实惠”的奋斗目标，主动顺应中心城区城市化进程的浪潮，因地制宜，抢抓机遇，村集体经济“蛋糕”越做越大。目前，白云村拥有江西红日实业集团股份有限公司、江西白云企业集团有限公司、赣州云龙物业有限公司、云山饭店、白云旅社、红日旅行社、锐达金属制品厂等一批村集体企业。2018年，白云村集体拥有固定资产价值6.5亿元，村组集体经济实际收入3600万元，村民年人均收入超3万元。

## 一、发展历程

从无到有的起步阶段：20世纪80年代初期，村集体合理利用土地征用补偿款这“第一桶金”，集中力量办大事，瞄准城市化过程中商贸服务业的市场缺口，先后创办了白云旅社、云山饭店等一批服务业企业，从此走上了发展集体经济的道路。

从小到大的壮大阶段：90年代中期，抢抓龙都商城、贸易广场兴起开发的商机，紧跟市场分一杯羹，以土地换门面、换资金，主动参与项目的开发建设，村集体拥有的店面、写字楼、酒店、宾馆等固定资产规模及资产收益迅速扩张。

从单一到多元的新发展阶段:2005 年后,适应经营管理市场化、社会化需求,逐步将现代企业管理制度引入村集体经济发展,实施多元化发展战略,形成了资产租赁、资产开发、项目带动、异地置业等多种发展模式,实现了集体经济的保值增值、滚动发展。

## 二、主要做法

一是突出党的建设,引领经济发展。20 世纪 80 年代,白云村大部分土地被征收用作城市建设用地。村党组织作出了“敢吃螃蟹”的决定,用村集体征地补偿款这“第一桶金”创办了白云旅社、云山饭店等一批企业,村集体经济实现了从无到有的飞跃。此后,“要想发展好,必须先让组织强起来”的理念逐步得到深化。此后,白云村始终狠抓党建这个“牛鼻子”,把支部建到了每个村民小组、每家集体企业,严格做到每项决策、每项任务党组织先知、先议、先带头,把党员群众凝聚在党组织周围,形成“组织号召齐响应,党员带头众人跟”的良好氛围。为更好引领村集体经济发展,强化党组织的战斗堡垒作用,白云村注重从能人、大户、致富带头人中选配村干部,把懂经济、会管理、作风正的干部培养为村党组织书记。目前,33 名村“两委”干部和村民小组党支部书记、副书记当中,致富带头人就有 17 人。通过强化“车头”带动,严密组织体系,村“两委”班子一任接着一任干,带领全村党员干部集中精力发展集体经济,通过积少成多,艰苦创业,实现了全村事业发展的华丽嬗变。

二是主打资产租赁,赚取稳定收益。借鉴苏南农村集体经济发展的成功模式,把发展租赁型经济作为支柱性产业来抓,相继开发商业市场、新建店面、写字楼、酒店宾馆等用于出租,既规避直接参与市场竞争的经营风险,又能实现持久而稳定的收益。利用毗邻龙都商城、贸易广场的优势,发动村民以村组共同集资开发、合作、合伙等形式,相继开发了摩托车大市场、云龙电器城、商贸城及市场周边配套商贸区,村集体资产迅速扩张。伴随市场规模人气越做越大,在为失地村民提供了大量就业、经商机遇同时,村集体固定资产价值和租赁收益也水涨船高。目前,白云村集体拥有店面2.36万平方米,写字楼4000余平方米,商业房产5.7万平方米,其中云山饭店经营面积1.9万平方米,总价值1.46亿元。

三是优化经营水平,提升经济效益。不断更新经营理念,灵活运用招标租赁、资产入股、合作开发等市场经济手段,努力实现资产效益最大化。将有优势、有需求、效益高的优质资产实行招标竞租,引进了百户超市、华兴肛肠医院、汉庭酒店、安太妇产院等一批企业,每年可获益530余万元;自主经营、自负盈亏且效益不高的企业"筑巢引凤",引进专业团队买断经营权,云山饭店改变经营方式后年利润达400余万元,较自主经营实现了翻番。与此同时,为提升经营管理水平,积极向外"借脑""借智",组建了律师团队,聘请了招商引资、投资咨询顾问,为村集体经济的科学经营提供强大的智力支撑。

四是推进多元发展,开拓发展空间。积极探索集体经济多元化发展模式,促进村集体经济健康可持续发展。将现代企业管理制度引入村集体经济发展,推行"公司管理+市场化运作"的发展模式,村委会和村小组分别成立了江西红日实业集团股份有限公司及下属分公司,推动集体经济组织与市场经济接轨;跳出本村谋发展,在章贡经济开发区购买50亩土地新建标准厂房1.34万平方米,在章江北大道购得1470平方米店面,实行异地置业;进军城市商业地产业,开发东城国际项目,新增店面近万平方米。近年来,通过"多条腿”走路、多元化发展方式，村集体经济始终保持稳中有进的发展态势，增长幅度稳定在6%以上。

五是坚持制度治村，护航健康发展。健全民主议事决策机制，推行“一会四组”、“四议两公开”、村务监督等制度，村组事务党员先知、重大事项党组织先议、各项行动党员先带头，有效激发了党员为村组发展出谋划策、担当作为的热情。实行财务统管、联组会计、理财监督、资产监督统一管理和廉政管理，完善了村规民约、村民自治章程等，公平公正公开地为村民当好家理好财。规范村组企业日常管理，实行村干部分片挂点制，指导监督村民小组的生产和经营工作，严格实行年度考评，对村民小组企业财务人员实行委派统管，随时掌握企业运行经营现状，管好村集体每一分钱，使集体资产不流失。白云村每年拿出村集体经济收入的30%—40%用于发展公共事业和改善村民福利待遇，村民可享受养老、医疗、救助、就学等33项福利保障制度，2018年，全村用于公共事业、福利保障等开支达700余万元，切实增强了村民的幸福感和获得感。

## 三、几点启示

一是要坚持党的领导。要选优配强村“两委”班子带头人，发挥基层党组织的战斗堡垒作用，规范日常制度建设，让干部群众紧密团结在党组织周围，找准方向办好事，集中力量办大事。

二是要把发展思路立起来。要以市场为导向，因地制宜，充分挖掘自身的区位优势、资源优势、环境优势，打优势牌，唱拿手戏，找准适合自己的集体经济发展路子，并咬定目标干到底。

三是要使干部头脑活起来。要通过外学经验、内强素质，帮助村组干部换脑充电，学会在市场中“游泳”，合理运用市场经济法则、市场经营理念来破解村集体经济增收难题。

四是要让村民荷包鼓起来。要让全体村民看到奔头、尝到甜头、得到实惠,充分享受到集体经济发展带来的丰硕成果,才能赢得群众的信任和支持,凝聚发展集体经济的强大合力。

(执笔人:曾理　曾德娥)

章贡区白云村投资兴建的住宅小区

# 16 曾屋村发展村级集体经济的经验值得借鉴

信丰县曾屋村是我省一个较为典型的丘陵山区村,位于天华山脚下,面积约为2.6平方公里,全村耕地面积1978亩,山林面积1.25万亩,有19个村民小组,480户2100人。我们对该村发展壮大村集体经济的情况进行了长期观察,时隔一年,再次专程到村里调研,欣喜地看到全村经济社会、村容村貌又发生了巨大变化。2011年村"两委"换届选举时,村集体欠了14万多元的债务,经过这几年的艰苦创业、艰辛努力,2017年村集体经济年收入达41.7万元,实现了从"负债村"到"金屋村"的华丽转变。村集体经济的发展壮大,也增强了村党支部的战斗力、凝聚力,该村从换届时"村干部无心村务,村民的大事小事都推脱,也没人愿当村干部"这样一个后进村,一跃成为先进村,先后被评为全国人口和计划生育基层群众自治示范村(居)、省级生态村、全省综合减灾示范社区、全县先进党支部、全县新农村建设示范村。

当前,我省各地都在按照省委、省政府关于发展壮大村集体经济的决策部署,积极地想办法、出实招。通过比较和分析曾屋村集体经济的成绩和发展过程,我们认为有几点做法是值得肯定的,或者说是比别的地方做得更好,值得学习借鉴。

第一,把政府政策性项目资金折合成村集体的股权,建立村集体、股份合作社、村民三者间的利益联结机制。多年来,各级财政投入到农村的资金基本上都是一次性投入、一次性使用，投入分散、效益不高。曾屋村有一项将财政资金转股金的创新做法，有效破解了这个问题，变“输血”为“造血”。具体做法是：村干部带领本地村民以及贫困户用土地经营权（折合成土地租金）、个人资金、产业扶贫贷款等入股，进行“资源变资产、资金变股金、农民变股东”，组建了一个从事果蔬种植的股份合作社。之后，把新农村建设、“一事一议”项目、水保项目、蔬菜产业发展基金等政策性项目资金，在不改变资金用途的前提下，捆绑起来入股股份合作社，并明确村集体拥有25%的永久性股权。曾屋村的这一做法看似只是变化了财政资金投入方式，从直接补贴经营主体，转变为量化成村集体的股权，再投入经营主体，实际上是在村集体、股份合作社、村民（贫困户）之间建立了稳定的利益联结机制，实现了一举四得的成效。其一，让股份合作社实现了一次低成本快速融资，迅速做大了规模，股份合作社股东对财政资金入股都非常支持。比如，建蔬菜大棚时，财政资金就补贴了300多万元，目前股份合作社已建有现代化大棚9座。其二，让村集体经济与产业发展互促互进，增强了村集体的自我发展能力，尤其是村集体可获得分红收入，极大地增强了村“两委”的服务能力。其三，财政资金一次投入，就可实现村集体和村民长期收益，这放大了财政资金的使用效益，此外，还有更重要的推广意义，财政资金转股金能有效防止套取国家涉农财政补贴行为。其四，入股的贫困户不仅在家门口实现了就业，还享受到了分红收入。去年，每股有1000元收益，在股份合作社工作的还有人均约2.5万元的劳务收入，按照当前标准，入股的30户贫困户均已实现了脱贫。

第二，千方百计引进有实力、愿意扎根农村发展的工商资本。近年来，工商资本参与农业经营成为社会关注的话题，工商资本下乡有诸多益处，可为农业经营带来资金、观念、管理、技术，也存在不小争议。主要是因为有些对农业、农村认识不足的非农企业去农村"圈地",或为套取国家涉农项目补贴,有些对本地人就业带动也不够。一些地方为了完成招商引资任务,"捡到篮子都是菜",更是助推了此类现象。曾屋村从一开始就紧盯有实力、愿意扎根农村发展的工商资本,锲而不舍地争取其到村里来投资,这一点很值得肯定。早在 2013 年,经乡贤牵线,曾屋村和国家农业产业化龙头企业——山东寿光蔬菜产业集团有过接触。蔬菜集团董事长杨明有一句话常挂在嘴边:"我是种菜的,一干就是二十多年,我还要再干下去。"言者无心,听者有意。曾屋村党支部书记曾梓清听了之后产生共鸣,暗下决心要引进这家公司。经过多年的不懈努力,2017 年 9 月,山东寿光蔬菜产业集团在曾屋村成立了信丰七彩庄园农业发展有限公司,以曾屋村为核心区,着力打造南方最大的供港蔬菜基地。曾屋村通过打包整体出租的方式,将股份合作社整合到新成立的公司里。至此,该村的蔬菜产业驶入了快车道,抗市场风险能力也极大地增强,村集体获得了持续增长的稳定收入来源。仅半年多时间,新公司员工规模达到了 200 余人,其中本地人就有 190 多人,曾屋村的蔬菜大棚也从 9 座发展到了 89 座,还有 120 座在建,也带动了虎岗、旁塘等周边 10 个村发展果蔬种植产业。

第三,找准适合本地发展的主导产业,一心一意做大做强。我们在平时注意到,一些村在发展产业时,缺乏对自身条件的考量,或者是追逐市场热点,东打一耙、西打一耙,导致水土不服、半途而废,出现了撂荒果园、撂荒大棚、闲置圈舍等现象。曾屋村的村干部在座谈时有感而发:选择符合实际的好产业十分关键,产业选好了,发展就成功了一半。曾屋村在发展产业时,做了大量的前期准备工作,经过多次外出取经和多方论证考量,根据村里的资源禀赋和自然条件,选择了蔬菜瓜果产业作为主导产业,并于 2015 年 1 月由村干部带头组建股份合作社，正式发展该产业。三年多来，曾屋村把发展产业的心思和精力都放这上面来，从种植时鲜果蔬开始，艰辛创业、艰苦奋斗，逐步向产业下游延伸，到县城买店面开档口卖蔬菜，建起了冷链运输中心搞配送，依托采摘园搞农家乐，也多次去山东寿光蔬菜产业集团寻求技术支持。我们在交谈中发现，村干部已经很熟悉这个行业，从种植到销售的各种情况都心中有数，果蔬市场行情脱口而出。信丰县委政研室的同志告诉我们，山东寿光蔬菜产业集团选择在曾屋村投资落户，县里面做了不少工作，更为关键的是曾屋村这些年在发展果蔬产业上的决心和付出，打动了他们。果蔬产业看似普通，在做大做强之后，却带来了不普通的效果：人气旺了，知名度高了，村集体经济发展路子也越走越宽。比如，把闲置的原村小楼舍出租给新公司作为总部，发展起了集体物业经济，每年又增加了 9 万元收入。又如，利用荒滩、荒山（石崖）等资源，发展乡村旅游、民宿经济等实体，河滩旁边闲置的农房已经租下来搞民宿，目前在装修。

第四，村党支部在每一个环节中都当好“代言人”，着力实现村集体经济长远发展和村民长久受益。我们注意到，曾屋村党支部始终发挥出“堡垒作用”，在发展村级集体经济过程中，“说话硬气、腰板挺起”，当好村集体和村民的“代言人”。村党支部书记曾梓清说到发展初期的一个插曲，让我们印象深刻。2013 年，村里拿出以村委会名义流转的 300 亩地，引进客商种植蓝莓。在洽谈之初即达成如下协议，试种成功后，要让村民参与种植，客商负责技术和销售。之后客商违背协议，不愿让利给村民，曾屋村于是把他“赶”走了。引进寿光蔬菜产业集团之初，在股份合作社去留的问题上，我们又看到了村党支部对村集体和村民的担当。股份合作社的一些股东，希望直接卖给寿光蔬菜产业集团，将股份变现。

如果采取成立合资公司的方式,因为寿光蔬菜产业集团正准备上市,村集体的股份在财务上便无法体现。经过曾屋村党支部多方协商沟通,最终采取打包出租的方式,让村集体的股份得以保留,村集体继续享受产业发展所带来的“红利”。

(执笔人:京方程)

信丰县曾屋村引进山东寿光蔬菜产业集团促进村级经济发展

# 17 “三变”唤来满园春

全省各地就落实去年江西省委、省政府下发的《关于稳步推进农村集体产权制度改革发展壮大农村集体经济的实施意见》做了大量工作，上犹县探索出了村级集体经济发展深度融合乡村旅游助推脱贫致富的“园村实践”。笔者随调研组慕名前往上犹县梅水乡园村调研，现就相关情况进行梳理和思考。

## 一、园村基本情况

上犹县梅水乡园村位于国家4A级森林公园——阳明湖畔，距县城14公里，乃上太线必经之地，邻近京明度假区，近年渐成旅游热点，名声远扬。园村属盆地地形，呈圆锅状，四周被青山环绕，登其山可览山村全貌，故名园村。全村共有村民小组36个，农户929户，人口3612人，山地面积46000亩，耕地918亩。园村自然条件优越，交通便利，人勤智高，有深厚的外拓经商文化，客家门楣最为多样而集中，具有“客家门楣第一村”之誉，境内有九曲河大金山漂流、东坑土法造纸坊、彭德怀牛枯坑战斗遗址、森林小铁路、客家风情、采茶亲子游等丰富的旅游资源，旅游正成为以茶叶为主导产业的园村人致富奔小康的新兴产业。近年园村获得一系列殊荣：江西省4A级乡村旅游景点、江西省乡村旅游示范村、中国最有魅力休闲乡村、江西省生态新农村、全国一村一品示范村、省级水生态文明村、江西省第一个国家水土保持生态文明清洁小流域建设工程等，探索出了被誉为“三治同步”“五水共建”的中国南方丘陵山区生态清洁小流域建设的“园村模式”。

## 二、园村发展壮大村级集体经济的主要做法

园村按照“村级主导、市场主体，因地制宜、盘活资源”的发展思路，充分利用地方资源，抢抓发展机遇，成立村级合作社及土地流转中心，依托田地、山地、茶园、河流等自然资源，挖掘特色文化资源，因地制宜发展乡村旅游，积极推进“资源变资产、资金变股金、农民变股东”改革试点，壮大了村级集体经济，增加了村民收入。2017 年该村集体经济收入共计 7.7 万元，2018 年有望突破 10 万元。

### （一）用足内部资源，力促资源变资产富民

一是盘活山田地资源，发展茶叶产业。园村已有几百年的种茶历史，山上、农田、荒地里都种茶，把山当田来耕、把茶当稻来种、把茶当花来护，茶叶成了农民增收致富的主导产业。目前，全村拥有茶叶面积 5680 亩，人均茶叶面积 1.43 亩，茶叶加工厂 10 多家，年产茶叶 60 余万斤，人年均茶叶收入达 1300 元。依托茶叶产业，全村近两年就有 100 多人脱贫致富。因时而变，最近该村茶叶种植又添新模式。种植方法由原来的人种天养，转变为利用科技带动土壤改良、品种普查、技术推广，加快茶叶种植向专业化、生态化转型升级。利用物联网技术，茶园安装了可视探头，方便观察茶树生长环境，搜集各方面的信息。通过数据分析，茶农们能准确把握茶叶生长的最佳条件，做到精准浇水、精准施肥，从而使茶叶更清香爽口。同时，以前该村闻所未闻的“互联网 + 私人订制茶园”也遍布于此，为传统产业带来了新变化。2017 年底，村“两委”通过公共资源交易平台，对外出租赤珠坳村茶厂和 60 亩茶园，每年可获取租

金收益6000元。

二是依托主导产业，增强茶旅体验农业。园村在做大做强茶叶产业的同时，以茶为媒，将“卖茶”变为“卖风景”“卖生活方式”。该村新建了茶艺表演中心、茶园游步道和观景台，组建了客家茶艺表演队，初步形成集采茶、制茶、品茶、茶膳、茶艺表演为一体的体验性旅游项目，拓展了农业功能。游客来到园村，除可以欣赏田园风光外，还能采茶做茶品茶、挥竿垂钓、采摘果蔬、体验农家生活、参与农事活动，享受世外桃源般的田园生活。村集体盘活土地，搭建蔬菜大棚出租，每年获取租金收益1万元；通过实施土地增减挂，收入3000元；通过流转库湾村集体土地，实现收入4000元，这些既壮大了村集体经济，又丰富了旅游资源，增加了观光项目。

三是激活水资源，丰富乡村旅游业。园村“两委”抓住发展乡村旅游业契机，通过对外出租境内的九曲河水利资源，成立大金山漂流公司，每年获得2万元租金收益。九曲河发源于红石岩，终点为阳明湖景区。沿途有上安、下安两大客家村落，集深潭、隧道、奇石、丛林、珍稀植物于一体，自然景色之美令人为之惊叹，齐聚“险、美、奇、特”四大特点，享有“赣南第一漂”的美誉。去年“十一”黄金周，这里每天都有近500名来自赣州和周边县市的游客，进行以“亲近自然、挑战激情”为主题的漂流运动，带来了较为可观的旅游收入。

四是挖掘文化资源，带活乡村旅游产业。园村充分挖掘门匾、造纸和小火车文化，丰富和激活当地旅游资源。园村22个姓氏和睦杂居，客家门楣最为多样而集中，具有“客家门楣第一村”之誉。该村新建了客家门匾文化长廊，同时对客家门匾进行统一翻新，并成功打造具有典型客家古建筑文化风味的粉墙黛瓦特色的客家古民居。每幢古民居的正门或偏门上，几乎都可见到直接用毛笔书写或经过精雕细刻的四字客家门匾，如“越国流芳”“清白传家”“文范遗风”“叔度高风”，仔细阅读，耐人寻味。因地制宜创制的集书法作品及客家门匾、客家小故事、客家漫画等为一体的景观文化长廊，让“越国流芳”“禄阁传芳”“曲江风度”“义门传家”等一块块门匾汇聚在此，使传统的客家门匾文化通过图文并茂的方式得到了充分的展现。修缮一新的客家古民居、新建的古色古香茶艺表演厅与淳朴的客家农民、现代的绿色茶园绘出了一幅浓厚的山水画卷。

途经园村的“夹皮沟”式森林小铁路是我国南方林区目前唯一保存完好的森林小铁路，始建于 1960 年，轨距仅 76 厘米（普通轨距为 1.4 米），原用 28 吨的旧式蒸汽机车作牵引车，从赣州市直通阳明湖畔窑下。它被德国蒸汽机专家称之为“目前世界上保存得最完好的小蒸汽车和窄轨线路之一”，也被中科院旅游资源评估小组专家誉为“世界级旅游珍品”。园村引进开发公司，先后投资 2000 多万元定制两列质量好、性能高、造型仿古的小火车，将沿线 10 多公里的铁轨进行修复，配套实施火车站台、生态停车场、花海景观等项目，着力挖掘火车文化，让来往的游客重新感受昔日小火车所带来的情趣。目前，森林小火车成为上犹五张生态旅游名片之一。去年 11 月 28 日，“相约红枫、情定陡水”为主题的浪漫婚礼在小站台举行，33 对新人笑容满面一同感受着八方游客的祝福。此外，已逾两千多年的手工造纸工艺随着时代发展，正在逐渐消退，而在园村东坑社区仍保留着最古老、最完整的土法造纸，在这里游客可以感受到传统的手工造纸的复杂和艰辛，从取材、浸泡、踩踏、搅拌，到入联、压水、刷平、焙干的八道工序，领悟我们祖先的智慧和勤劳，也能让来往的游客感受到千年土法造纸的神奇。旅游业正成为园村人致富奔小康的新兴绿色产业。

（二）用活外部资源，试点资金增值变股金

多年来，园村成为市县乡党政诸多工作的试点村、试验基地、样板工程。近年当地在符合资金使用要求的前提下,在一定范围内将相关资金进行整合,集中投入到预期前景较好的经营主体,尝试过折算成少量股份入股来获得收益分红,以求资金保值增值,又能体现引资绩效。另外,结合实施精准脱贫,园村统筹县财政涉农资金 20 万元,在保障房楼顶建设了 30 千瓦太阳能光伏发电站,预计每年增加村集体经济收入 2.4 万元。该笔收入除用于村贫困人员必要开支外,可以入股村经营主体获取分红。

(三)盘活闲置资产,探索农民转型变股东

近年园村外出定居、求学、打工人员增多,农村原有住房逐渐变成"空心房""闲置房"。为利用好这些房产资源,盘活沉淀资产,在赣州市委党校等单位的大力支持下,创办了水口社区党校。园村充分发挥水口社区党小组作用,指导水口社区成立了由社区乡土人才、退休干部、在外乡贤等人员组成的社区理事会,负责运营社区党校。理事会对社区 37 户房屋进行简单维修改造,配置了 76 个接待床位,每年吸引大批机关单位学员前来该村体验生产生活,丰富了党校教学培训方式,也使村民转型成为股东从中获得租金分红。目前,该项目每年 1 万元的管理费也已列入村集体经济收入。

## 三、园村发展壮大村级集体经济的经验启示

通过调研,我们认为园村为发展壮大村级集体经济进行了有益探索,取得了一些成效,尽管其实践仍属于再出发阶段,可复制、可推广的亮点模式有限,但给我们带来了若干思考。

(一)发展壮大村级集体经济必须坚持"一村一品"产业发展

产业兴旺是乡村振兴的经济基础,也是壮大村级集体经济的前提。产业兴旺需要乡村建设的系列工程项目作抓手,但也决非简单采取超常

规振兴措施上项目、盖园区，还得做好农业供给侧改革，尊重市场规律，创造“有效供给”，化解农产品严重滞销问题。当前需要防止地方政府一味贪大求全，一哄而起上项目，打着“产业兴旺”的幌子，再度盲目地扩大生产规模，加剧“丰收不增收”现象，必须坚持实施“一村一品”产业推进行动，实现错位发展，培育长期稳定增收的特色主导产业。可喜地看到，园村长期坚持以茶叶种植、茶景观旅游、茶产品开发为主导的绿色发展之路，打造产业链，提升价值链，构建了产地生态、产品绿色、产业融合、产出高效的现代农业发展格局，把生态优势不断转化为产业优势、服务优势，发展方式符合农业特色、农村特点、农民特质，坚持以绿色发展来推行“三变”改革，以绿色产业来丰富“三变”内涵，以绿色管理来巩固“三变”成果。

（二）发展壮大村级集体经济必须坚持培育乡土人才

乡土人才既有较强的市场意识，同时也有比较浓重的乡土情结，在吸引外部资源、协调关系和形成发展合力等方面可以起到重要作用。园村是人多田少的丘陵村庄，种茶历史悠久，尽管世世代代都以茶为生，但长期以来，大部分村民也仅靠茶解决温饱，茶叶产业难于做大做强。1992 年春，本村茶场对外发包，长期从事茶贩的乡土人才陈有良以高于其他承包者 2 倍的费用承包荒芜败落的茶场，翻开创业篇章新的一页。他同妻子每天早出晚归，依靠科学管理，让茶园重焕生机，也带动了周边茶农茶叶发展。当年他获纯利 2 万元，成了当地令人羡慕的“万元户”。2005 年注册了“犹江绿月”商标，成立了上犹犹江绿月食品有限公司，使茶农们有了自己的公司品牌。2007 年投资 280 万元兴建 2800 平方米的制茶车间和办公楼，以种茶、制茶、卖茶一条龙，保证了茶叶品质。2008 年建立茶叶良种母本园。2012 年牵头注册成立上犹县犹江绿月茶叶专业合作社。如今，在园村这片土地上，他拥有了自己的标准厂房、茶艺厅、办公大楼及各种茶叶机械设备50多台套。他主导的以“公司+基地+合作社+农户”的茶产业发展模式,通过完善制度、加强管理等手段,上联龙头企业,下联全村36户种茶大户,积极组织举办茶叶栽培、茶园管理、茶叶制作、企业经营管理培训等,带动所有农户实行统一标准、统一管理、合同定价,使园村茶叶发展走上了规模化、产业化的道路,并将周边农户茶园列入合作社的生产基地,无偿为茶农提供良种茶苗、科学管理培训,带领3109户农民发展绿茶种植和名优茶加工、包装、销售,形成了育苗、种茶、制茶、销售一条龙产业链。从卖裸茶到卖干茶,价格提升了近10倍,年产茶叶30万公斤,其中名优茶6万公斤,年产值1320万元,群众仅从茶叶一项上人年均增收1300元。据悉,目前已有254户农户加入到这样的流程化生产中,村民开始走上脱贫致富的道路。园村已逐步成为种茶、制茶、茶文化及茶艺表演为一体的综合型茶产业新村,“茶”品牌效应日益凸显,园村茶叶正走向基地规模化、生产组织化、产品市场化、茶叶生态化的良性发展轨道。陈有良还聘请了婺源茶校早期毕业生长期在公司上班,并把毕业于华中农大食品学院的儿子召回村来创业。

(三)发展壮大村级集体经济必须增强党建引领

当前,从思想观念到组织体系、从干部水平到群众觉悟、从工作作风到纪律要求、从政策法规到村规民约、从物质基础到思想意识,都与发展壮大集体经济的要求有差距,这是一个需要着力破解的“难题”。而破解这一“难题”离不开增强党组织的凝聚力、服务力。园村充分发挥水口社区党小组作用,创办社区党校,反响热烈。当地还设想采取共建、租赁、众筹等灵巧方式盘活“空心房”“闲置房”资源,在水口社区党校基础上创办习近平“三农”思想传习所、乡村振兴培训学校、水土保持培训基地、中小学生农旅知识体验教学点等,外引巧联,积极吸引高等院校大学生前来参加社会实践,扩大党政企事业单位职工参训范围,拓宽县内外中小学生春游秋游方式,提升闲置房产等资源利用效率,从而实现农户致富集体受益。这些做法牢牢抓住了农村党建"牛鼻子",真正让党建引领村级集体经济发展壮大充满活力。

(执笔人:郭如良　朱太军)

上犹县园村美丽的田园风光

# 18　依托优越生态环境　发展新型集体经济

崇义县地处赣西南，全县2206平方公里国土，拥有山林301万亩，全县森林覆盖率88.3%，雄踞全国县级之最。生态环境优越是崇义最大的优势，最大的潜力，最大的希望。近年来，崇义县依托优越的生态环境，积极探索资源变资产、资金变股金、农民变股东的集体产权改革路径，发展壮大村集体经济。经过两年的探索实践，2017年全县124个行政村全部消灭了“空壳村”，2018年全县村级集体经济收入村村达到5万元，实现了生态与经济协调发展，荣获“国家生态文明建设示范县”称号。

## 路径一：深化集体林权制度改革，分享生态红利

发展村级集体经济不以牺牲生态环境为代价，将保护生态置于第一位，让保护生态的乡村分享生态保护政策性红利，实现可持续发展成为共识。一是规范流转集体山场商品林增加集体经济收入。充分利用村集体林改前流转的山林总面积达56万亩，已经营到期的有28万亩，新一轮转租、转包行为相继展开的有利时机，创新商品林林地经营使用权流转机制，鼓励村集体通过自主经营、租赁、承包、入股等多种形式盘活林地林木资源，实现集体林业资产保值增值。通过林业产权综合交易中心规范提供信息发布、评估鉴证、组织交易服务，为乡村集体林权流转提供指导。指导村集体山林租金合同约定分年度缴交，有的约定三年或五

年缴交一次,由过去“一锤子”买卖变为可持续收入。铅厂镇石底河村2018年一块租赁经营到期的山林,杉木采伐后,流转采伐迹地,村集体通过转租直接增加收入44.45万元。二是提高生态公益林补偿增加集体经济收入。崇义县拥有国家生态公益林93.71万亩,2018年国家生态公益林补偿提高至每亩21.5元,省级生态公益林15万亩,省级以上公益林每亩补偿提高至18元;除去管护工资等支出,村集体划转生态公益林部分实现了全覆盖补助,提高村民保护生态公益林的积极性。齐云山脚下的思顺乡齐云山村,2018年全村生态公益林补偿29.61万元。三是扩大补偿范围鼓励村场合作经营增收。鼓励村集体山林自主经营或与县林投公司、林股公司下属11个国营林场签订合作经营协议,全县国营林场与村集体合作经营山林面积达44万亩。整合林业资金,扩大村级集体经济补偿范围。县里每年从合作经营收入中给每个村0.5万元至5万元的补助,全县补助村集体经济由2017年的140万元增至2018年的208万元,使村集体林业经营获得稳定可靠的收入。

### 路径二:深化农村集体土地改革,在产业发展中壮大村集体经济

稳定农村统分结合双层经营体制,深化农村集体土地改革,做好土地流转文章,破除发展生态产业的瓶颈问题,找准集体经济与产业发展的结合点,实现生态文明与乡村经济协调发展。一是推行确权确股不确地,村集体土地入股新型经营主体发展生态产业分红增收。崇义县抓住高标准农田改造的契机,在保障村集体土地所有权不变的前提下,以义安里西峰、义安、石罗三个村为试点,打破村与村、组与组界限,打破农户与农户界限,大胆尝试土地确权确股不确地改革。按照“划块平整、股份量化、集中流转、规模经营”思路,在下新屋、大塅里、上下坝、坳下等4个地块共计526.82亩高标准农田开展“确权确股不确地”改革试点。镇村指导成立了专门的土地专业合作社,由合作社与农户签订租用协议,按

照2015年土地确权登记面积进行登记,但不确定具体的地块界址,重新颁发统一的“确权确股不确地”土地经营证,新增地块归村集体所有。引进江西能干婆、江西陈信、江西达翔等3家农业龙头企业,建成义安四季农庄、无土盆栽蔬菜基地、设施蔬菜基地等3个基地,基地每年每亩土地付给农户租金500元,农户还可到基地务工增收。而4个地块新增土地61.32亩,为义安村村集体经济增加收入10万元。目前,崇义县在义安里试点的基础上,按照“流转土地、成立机构、确权颁证、引进主体、量化股权”五步法在全县推广,预计2019年全县确权确股不确地面积达到1万亩以上。二是扩大股份合作制,村集体经济入股新型经营主体发展生态产业增收。县里出台政策支持村组加快建立专业合作社经济组织,每个村至少发展培育一个以上具有规模、有特色的农民专业合作社,通过“合作社+集体经济”“合作社+公司+农户+村集体股份”“民营林场+集体经济”“家庭农场+集体经济”等方式与新型经营主体合作,这样,村集体资产山林、土地或资金,以股份形式参与生态产业开发,强化林业合作社、林下经济合作社利益联结机制,以集体山林租金或股份比例分红形式固化集体经济收入,使村集体经济随着合作社的发展而壮大,随着生态产业做强而变强。全县民营林场30家,组建林业产业专业合作社28家。横水镇鱼梁村村集体山林租赁到期后,流转的收入有300多万元,70%分给村民,30%资金留下发展村级集体经济。而村里没有流转已采伐的林地,由村集体组建了林业专业合作社累计投入100多万元自主造林2600多亩,实现了村级集体经济的可持续发展。三是发挥绿色生态优势,村集体经济参与乡村旅游开发增加收入。充分挖掘利用青山、绿水、梯田、溶洞、温泉等旅游资源优势,大力发展乡村旅游。一方面,积极引进企业,村集体以资产、资源整体打包入股合作开发经营乡村旅游项目,通过整合财政、扶贫、农业等相关涉农资金进行项目实施,形成固定资产折价注入村级集体经济组织,参股旅游公司合作经营,在旅游项目经营收入中按一定比例分红。另一方面，通过为景区提供环境卫生、车辆停泊等服务管理收取费用，为村级集体经济增收。如龙勾乡良田村，流转了500多亩土地种植荷花，建设成为北京冷杉花海影视基地，2018年承办崇义县首届荷花旅游文化节，村集体从发展旅游产业中，获取土地流转服务费和基础设施管理费达到10万元，村级集体经济收入2018年一举突破了30万元，荣获“江西省十大醉美乡村”称号。

**路径三：统筹资金扶持，稳定发展壮大村集体经济**

县里连续两年召开县委常委会专题研究扶持村级集体经济发展措施，2017年出台九条，2018年新增四条，给干货，出实招，硬举措，有针对性地解决村集体经济启动资金缺乏、投入不足、年收入不稳定等难点问题。一是建立村集体经济发展扶持基金。县财政每年设立1000万元村集体经济发展专项扶持基金，重点扶持五大特色优势主导产业，扶持林下经济和生态旅游业，用于新建集中连片大棚蔬菜基地和工业园区标准厂房等固定资产，建成后通过租赁实现收入，所得收益专项用于奖补村集体。二是统筹上级扶持村集体经济资金入股项目建设。结合确权确股不确地改革，2018年起，每个村至少组建1个100亩以上规模产业基地。县财政连续三年给予资金扶持，用于经营主体发展产业。村集体以土地和财政扶持资金量化为投资份额股金，每年按双方约定分红办法返回村集体。如龙勾乡良田村，村集体通过上级争取的项目资金把乡村道路、水利、电力等基础设施全面提升，为土地规模开发创造了条件。三是统筹扶贫资金建设村集体光伏发电项目。县里充分利用精准扶贫光伏产业扶贫政策，统筹整合了3000多万元资金，按全县12个省级贫困村每个村装机100千瓦、软弱涣散村每个村60千瓦、其他一般村每个村30千瓦的标准，对屋顶分布光伏条件不充分的村，采取异地建站、合作建站等灵活方式，为全县每一个行政村建立一个光伏发电站，全县总装机容量5320

千瓦，确保每个省级贫困村光伏发电收入6万元，软弱涣散村收入4万元，其他村收入2万元，成为2018年村村集体经济收入达标5万元的一个“稳定器”。四是统筹盘活村集体闲置资产经营。对各村资产资源开展全面清产核资，摸清家底，分类管理，细化措施，推进农村集体产权制度改革保增值。对闲置的仓库、礼堂、办公场所、山塘、水库、林地等集体资产，采取公开租赁、承包经营或自主开发等方式盘活开发利用，增加村级集体经济收入。县乡下放固定资产性收益权，把破旧闲置校舍、卫生院（室）、厂房、办公场所等资产使用权下放给所在村，由村集体修缮后进行公开租赁、承包经营或自主开发，推动村集体经济收入逐年增长。

（执笔人：中共崇义县委常委、组织部部长　王豪）

崇义县良田村创建花海影视基地，集体经济年收入增收10万元

# 宜　春

## 19　让革命老区焕新颜

铜鼓县位于宜春市西北山区，是秋收起义发源地之一。排埠镇永丰村是省定的贫困村，早在2011年，就开始了集体股份经济合作社的探索，2015年被列为全省首批农村集体资产股份权能改革试点。近年来，永丰村以农村集体产权制度改革为主线，通过摸清底数、规范管理、创新模式等一系列复杂而艰难的环节，大力发展村集体经济，实现了从资源到资本、寸土变寸金的“华丽转身”，让山区穷村焕发新颜。村民人均收入由集体产权制度改革之初的不足5000元，增长到2017年的17800元，村集体资产从负债20多万元发展到拥有资产近1000万元，仅2017年底村民就分红69.76万元。

### “三清”明晰底数

在省市指导下，县乡村三级干部密切配合，积极稳妥扎实有效地推进农村集体产权改革各项任务。

（一）清地确权

以农村土地承包经营权确权登记颁证试点县为基础，扎实做好永丰村土地确权登记工作。全村8个村民小组共168户619人，全部完成农村土地确权登记工作，确权面积657亩，颁发168本农村土地确权登记证书。

(二)清产核资

2015 年 10 月,经永丰村村民代表大会讨论通过,村里对村级资金、资产、资源清理核实,按程序进行产权界定、资产评估、公示审核后,实行台账管理。清理核实永丰村资产总额 678 万元,其中经营性资产 178 万元,集体资产 500 万元。

(三)清人分类

永丰村坚持“依据法律、尊重历史、实事求是、公平合理”的原则,确定了股权资格界定标准,细化了 20 种享受股权资格和 5 种不享受股权资格的对象,确保了股权界定工作科学合理、有章可依。根据《婚姻法》《收养法》和移民政策,最终确定 588 名村民享受股权。

## “四步”规范管理

永丰村成立了清产核资理事会,专门负责资产量化、股权份额、分配收益、集体成员界定等工作。

(一)规范资产量化

制定《永丰村资产量化方案》,通过公平公正、科学合理地将农村集体资产折股量化到人、落实到户。永丰村将清算出来的 678 万元集体资产折算,按每股 1 万元算,每人合计 1.15 股。

(二)规范股权份额

由农村集体经济股份合作社将股权证书发放到户,作为成员占有股份的凭证,进行登记和备案管理。目前,全村共发放永丰村集体资产股权证书 588 本。

(三)规范分配收益

制定出台了《村集体经济组织会计制度和组织章程》,严格按照规定,坚持公开公平的原则,分配集体经济收益。

（四）规范集体成员身份界定

出台《集体经济组织成员身份界定办法》，规定股权界定基准为当年12月1日至次年11月30日，每年重新审定享受股权资格对象，明确股权不得继承、不得转让，动态化管理股权。

## “五股”创新模式

永丰村针对经营性资产少，短期内无法分红的特点，因地制宜，探索提出“五股”发展模式，助力村集体经济发展。

（一）开设户头股

即每家每户都有股份。比如金丰罐头食品厂是采取村民入股的股份经济合作社与社会企业共同投资建立的。全村187户村民每户限定投资1股，每股1万元，对37户暂时没钱投户头股的贫困户，村集体垫付资金，共募得资金187万元，加上社会企业投资共500万元。入股的村民每年最低收益保障10%，同时可根据公司效益上下浮动。食品厂的成立不但解决了长期困扰村民的竹笋加工销售问题，还给村中几十位贫困村民提供了就业岗位，每月2500元左右工资加上股份收益，让贫困村民尝到了甜头。

（二）发行社会股

为保证村民和村集体利益，同时也为解决资金来源问题，村“两委”决定将水电站股份在户头股的基础上面向本村和村外社会人士发行社会股。当年共发行社会股179股，募得资金179万元（占水电站总投资32.8%），加上户头股和村集体投资，基本解决了金丰水电站建设资金问题。如今水电站年收益率12.5%，2016年社会人士分红22.38万元。

（三）壮大集体股

为了壮大村集体经济，村里探索出多种模式壮大集体股。一是

“借鸡生蛋”模式。规定每投1股的社会人士,必须同时借1万元给村集体投资,不计利息,村集体因此获得金丰水电站固定资产179万元,占水电站股份的32.8%。2016年村集体年分红22.38万元。二是“雪球效益”模式。永丰村利用闲置低效资产,通过租赁、转让等方式,提升了利用率、收益率。比如,2015年永丰村盘活近60亩闲置土地,租赁给尖尾峡旅游开发公司,年租赁费2.5万元,如今尖尾峡成功创建成国家3A级景区,年接待游客将达5万人次,带动农家乐、住宿等就业达200余人。不仅将沉睡的资产变成资本,还带动就业,增加村民收入。

(四)创新道德股

推动精神文明建设、弘扬社会主义核心价值观,成为永丰村重点思考的问题。2016年村党支部决定在户头股、社会股、集体股的基础上推出道德股,每股道德股相当于3股户头股的股值。通过开展“好婆婆”“最美少年”等系列评选活动,由村民推荐,坚持公平公开原则,每年评选出村民公认的道德模范。2016年12月,永丰村进行了第一届道德模范评选,当选村民江淋成为首位道德股获得者,2016年股份分红1980元,2017年股份分红2400元。给道德模范配发股权这一举措,极大地激发了村民向上向善、尊老敬老的热情,促进了社会文明新风尚。

(五)增加长寿股

随着村集体经济的不断发展,为让村里的老年人也能享受经济发展的红利,实现老有所养、老有所依,永丰村特别增设了长寿股。根据村集体的经济状况,目前年满80岁的村民即可获得长寿股,每年可享受股份分红600元左右,每年认定一次。2016年,全村7位80岁以上长寿老人为首批长寿股获得者,当年股份分红每人660元。同时,长寿股年龄的界定根据股份经济合作社收益情况将逐年降低年龄门槛。2017年,年龄就降低到了 70 岁的标准,全村有 34 人享受长寿股分红,分红金额为 10200 元。

(执笔人:胡柒英)

铜鼓县永丰村积极发展种植业

# 20 一个深度贫困村的发展之路

万载县赤兴乡皂下村是省定贫困村和深度贫困村，地处偏远山区，产业一穷二白，贫困发生率较高。近年来，村党支部一班人，率领党员群众，凭着一股韧劲和闯劲，发挥土地和生态资源优势，持之以恒发展旅游扶贫产业，有效激发了脱贫攻坚的内生动力。其探索建立的一张图规划、一面旗引领、一条心使劲、一盘棋推进“四个一”模式，对发展壮大村级集体经济、抓党建促脱贫攻坚具有一定的借鉴意义。

## 一张图规划：一个目标干到底，一届接着一届干

皂下村是典型的穷乡僻壤，产业基础十分薄弱，1100 亩耕地人均仅 0.9 亩，8000 亩林地大多是陡壁石山，村民们祖祖辈辈靠着这些田土山为生，人均收入极低。全村 327 户 1211 人中极重贫困人口 42 户 163 人，贫困发生率高达 13.5%。2012 年初，新当选的村“两委”班子向村民承诺，皂下村属于老苏区，红军曾经在这片土地上驻扎和战斗过，绝不能守着穷摊子，一定要干出点名堂来。干什么，怎么干？村“两委”班子多次出去考察，反复琢磨后得出结论——念好本地山水经，发展乡村旅游产业。目标方向有了，村班子便召集党员组长，一起商定了“三步走发展规划”。第一步，整合全村资源，将全村土地流转，山坡栽种果树，山脚的良田种植经济作物；第二步，争取上级资金项目，搞好修路架桥、用水用电等基础设施；第三步，利用山涧溪流风光独特，发展观光旅游。说了就办，定了就干。这些年，皂下村乘着党中央实施乡村振兴战略和脱贫攻坚工作的东风，按照描绘好

的蓝图一届接着一届干，村容村貌日新月异，群众看在眼里记在心里表现在行动上，2014 年和 2017 年村“两委“换届，皂下村班子高票连任。

## 一面旗引领：支部书记带头，党员骨干示范

皂下村村口有条宣传标语写道：将军肩（皂下村地名）上作文章，老虎肚（皂下村地名）里摆战场。万事开头难，有难党员干部冲在前。一方面，村“两委”班子成员坚持示范引领。2013 年，村班子提出把长满杂草的 500 亩高山菜地流转用于种果树时，村民们不理解、不支持，甚至强烈反对。支部书记陈仕林带头流转了自己的两亩菜地，并带着班子成员到各家各户做细致的思想工作。发展产业时一缺资金、二缺项目，2015 年，为了不误农时种好 500 亩果树，村干部凑钱购买了 30 余万元果苗。支委委员陈荣媛以前开广告公司，收入颇高，到村任职后，不嫌村干部报酬少，一心扑在村里的项目工地上，成了名副其实的“女汉子”。另一方面，发挥好党员骨干作用，延伸村班子的“胳膊”。在管好用好党小组长和村民小组长的基础上，增设了妇女组长，村里重要工作事先征求党员和组长们的意见建议，充分讨论统一思想，再把工作落到每个村组干部头上。在完成中心工作、重点任务时，他们都能招之即来、来之能干，尤其在环境卫生、安全保卫、沟通联络、后勤保障上发挥了不可替代的作用。党员干部冲在前，群众自然跟着干。2015 年冬，多年未见的场景再次重现，在鲜红的党旗辉映下，党员群众义务投工投劳，几天时间就平整了 500 亩荒坡，全部种上了果树。近年来，先后建成水果采摘基地 1500 亩，栽种三红蜜柚、砂糖橘、杨梅等果树 15 万株；2500 米葡萄走廊，种植葡萄 1.5 万株；峡谷栈道 1500 米，四季花海 200 亩，皂下村初步形成了以水果采摘、怡情峡谷、四季花海为主要特点的旅游观光产业。现在，皂下村村民“主人翁”意识进一步增强，“皂下是我家，齐来爱护它”的理念深入人心，过去乱丢乱

扔、满口脏话的习惯不见了，人人说文明话、办文明事。节假日期间，来村里的游客多了，有的村民自发疏导交通，有的自发维持景区安全，还有的当起了向导和讲解员。

## 一条心使劲：入集体拿分红，闯市场强集体

加快推进产权制度改革，发展壮大村级集体经济，产业才能做大做强。皂下村成立了由全体村民占有股份的专业合作社，把村民变社员，形成紧密的利益捆绑。村民的田地，按照不同的等级，作价流转到合作社，折合成合作社股份。产生的效益按照村集体占40%、村民占60%的比例进行分配。其中，村集体所得的40%收益一半用于全村基础设施建设和集体事业发展，另一半用于各村民小组公益事业；村民所占的60%收益按照村民不同的占股进行分配。这样一套利益联结机制，把全村村民拧成了一股绳，大家一条心、一股劲，积极参与。四年来，全村土地全部流转到村，村民累计投劳5000余人次，共完成荒山复垦512亩，有效解决了产业项目前期村级人力物力缺乏的问题。旅游产业的兴旺发展，带来村民收入节节高。2018年，除入股有分红外，村民以自发办农家乐、摆摊设点卖土特产、开设宾馆等方式分享旅游产业红利，新开设的农庄和摊点就已经获利超过200万元。

为进一步发展壮大村集体经济，村里整合财政资金，把资金变为股金，实现保值增值。2017年，从中央财政扶持村级集体经济发展资金100万元中，拿出50万元入股村花炮厂，当年实现集体经济收入6万元；2018年，将剩余的50万元新建成皂下农庄，9月份出租给本村村民，获得租金收益8万元。在景区核心地段规划新建10间店面，虽然尚未动工，已经获得每间店面每年1万元的预付租金。目前，经过专业人士评估，皂下村的集体资产价值已经高达数千万元。到2020年，通过旅游、水果采摘等产业分红，村级集体经济收入预计可达100多万元，村民人均可增收1万元以上。

## 一盘棋推进：一个都不能少，全体村民奔小康

村“两委”班子始终坚持小康路上一个也不能少，用好土地和生态资源优势，打好“神山秀水”品牌，发挥好旅游产业的辐射带动效应，出台特殊优惠政策，扶持带领贫困群众走上富裕路。村合作社除给贫困户发放股权分红外，还长期提供 10 个贫困户就业岗位，全年发放工资 30 余万元；光伏发电项目，总投资 60 万元，容量 100 千瓦，一年利润 8 万元左右，全部分红给贫困户；设置公益性岗位 7 个，其中护林员 1 人，保洁员 6 人，全部提供给贫困户，每人每月可增加收入 400 元以上；新建成占地近 1000 平方米的扶贫工厂，正式投产后预计可以解决 100 人的就业岗位，其中 40 个为贫困人员专岗，年人均工资 3 万元以上。另外，贫困群众还可以到水果基地、游乐园等处务工，可以担任向导、保洁员等，在家门口就能有合适的工作岗位，赚钱顾家两不误。预计到 2020 年，随着旅游扶贫产业的逐步成熟，全村所有贫困户将与其他村民一道，实现人均每年增收 1 万元以上，如期脱贫致富奔小康。

皂下村抓党建促脱贫攻坚、发展壮大村级集体经济的实践，收到了理想的效果，也给了我们深刻的启示：

因地制宜发展产业是良方。脱贫攻坚，产业是支撑，发展产业没有固定的模式，必须实行“一村一策”，只有因地制宜发展产业，才能真正夯实可持续发展之路。皂下村能够用好土地资源和生态优势，做到长远规划、坚持抓几届，逐步构建旅游观光、餐饮民宿、特产销售等日趋完善的产业链条，对村民创业就业、持续增收真正形成辐射和带动力。

选准用好党支部书记是关键。“一个好的书记，能带好一支队伍、干出一番事业、惠及一片群众。”村党支部书记是“领头雁”，在带领群众干事创业脱贫致富的道路上，是一面旗，引导着党员群众奋勇向前。乡镇党委在村党支部换届选举中，要严格把关，真正把党性强、作风正、懂经

济、会管理、能经营、受拥护的党员骨干选为村党支部书记。这样的村书记才能带领村干部和党员骨干冲在前，把党员和群众凝聚起来，组织起来，全力以赴谋发展干事业。

实现“造血”式扶贫是根本。贫困群众是扶贫攻坚的对象，更是脱贫致富的主体，脱贫致富终究要靠贫困群众自己的双手来实现。皂下村党支部通过开发项目、开办合作社等方式，做给村民看，带着村民做，示范带动村民脱贫致富。同时建立了群众利益联结机制，激励贫困群众参与起来、行动起来，真正发挥了他们的作用，使建档立卡贫困群众“户户有增收项目、人人有脱贫门路”。

夯实农村基层基础是目的。穷家难当，一直是制约农村发展的“瓶颈”，过去，由于村“两委”“无钱办事”，导致基层党组织“有心无力”。皂下村灵活运用“资源、资产、资金”要素，探索了土地流转、转变土地经营模式、入股企业、合作社等发展村级集体经济途径，增加村集体经济收入，党支部有更多的资源和能力服务，才能进一步提升凝聚力和战斗力，进一步稳固党在农村的执政根基。

（执笔人：杨宇）

万载县皂下村党员干部义务植树绿化荒山

# 上　饶

## 21　创建壮大“集体经济示范园”

德兴，位于上饶市北部，赣、浙、皖三省交界处，下辖14个乡镇（街道）130个行政村（社区）。2016年，除转移支付和其他补助外，有集体经济收入的村（社区）54个，只占全市村（社区）的41.5%，且大部分收入在5万元以下。针对村集体经济普遍薄弱的现状，该市将发展壮大村集体经济作为推进乡村振兴战略的强基工程来抓，分类指导，精准施策，取得了良好成效。仅仅两年时间，该市就全面消除无集体经济收入“空壳村”，且所有行政村（社区）集体经济收入均超过5万元。而之所以发生这么大的变化，主要原因是创新建设了“集体经济示范园”，“无中生有”为大部分“空壳村”炼出了发展壮大的“第一桶金”。

### 改革入股，让沉睡的资产活起来

“我们也想像浙江一样，村里红火起来，不仅有钱办公益事业，还能给上了年纪的老人发补助、给大家分红，但是田分了、地分了、山也分了，我们不是不想发展，而是想发展没有基础。”正如李宅乡密川村党支部周书记“抱怨”的那样，目前，农村山林、田地等资源普遍承包到户，村集体除了活动场所外，没有任何资产。无集体资产、无启动资金成为制约村（社区）集体经济发展壮大的“瓶颈”。

面对大部分村（社区）无集体资产的现实，怎样探索出一条发展壮大村集体经济新路子？让"空壳村"的发展有第一笔"启动资金"？这成为德兴市委、市政府研究发展壮大村集体经济的重要课题。

如何破题？关键需要进一步解放思想，坚持问题导向，先行先试、大胆创新。经过深入细致的调查研究和相关部门的反复论证，解决问题的思路渐渐清晰起来。总体思路是，村活动场所也是村里的资产，而且是始终未用的沉睡资产，从这一沉睡资产入手，想方设法把它转化为村集体经济发展的"启动资金"。具体措施是，采取村（社区）自愿的方式，由德兴市投资控股集团（以下简称德投集团）通过第三方评估、招投标等方式对村集体活动场所进行收购，将无法抵押融资的集体资产转化为国有资产，再融资建设"集体经济示范园"。被收购的村集体活动场所（仍无偿给村集体使用）折价入股，按股分红，从而一举将"沉睡的资源"盘活变现。

## 两权分离，让运营模式活起来

"集体经济示范园"的提出，犹如掷于平静水面中的石子，荡起圈圈涟漪。有的人担心这样做集体资产不安全，有的人害怕管理经营不善给村里增添新的债务，等等。

为确保集体资产安全，防止资产流失和新增债务，首先要做到依法、规范操作。在资产评估环节，由国土部门委托具有资质的第三方机构进行评估，确保资产"不贱卖"；在资产转化环节，所有评估后的资产均公开挂牌出让、按规范摘牌，完成入股手续，各村（社区）依照各自资产价值，占有相应比例股份，取得股权证书，完成了资产向股份的转变，确保资产"不缩水"；在资产运作环节，建立德投集团、参股村（社区）和市国资委的三方监督体系，德投集团直接监督项目的日常管理和运营，参股村（社区）不参与日常管理和运营,但对经营管理模式及运营过程享有知情权和建议权,市国资委为主管部门,加强日常监督,确保资产"不流失"。

其次要解决谁来管理和经营的问题。由于大多数村(社区)干部年龄偏大、观念落后,缺乏管理和经营能力,不适合直接参与示范园的运作、经营。为此,示范园创新采取所有权与经营权"两权分离"的运营模式,即德投集团与参股村(社区)签订合作协议,参股村(社区)只出资、不经营,德投集团通过公开竞标引入专业市场运营公司进行管理。目前,已有71个村(社区)自愿参与,折算资金为6519.99万元,占股54.33%;德投集团投资5480.01万元,占股45.67%。

最后要确保持续稳定增收。创建壮大"集体经济示范园"的最终目的,是为了让参与其中的村(社区)获得持续稳定增长的收入。因此,投资项目的选定成为决定成败的关键因素。为此,"集体经济示范园"首期选定了南门农贸市场项目,这既是一个民生工程,也是一个城市功能完善项目,市场潜力巨大。该项目辐射德兴新城区,目前覆盖人口近4万人。项目共有零售铺位310个、年均租金2500元/个,批发店面80个、年均租金2.5万元/个,共收益约277.5万元;商品房共30套,年租金约2.4万元,收益72万元,项目所有收益一年总共约349.5万元。除去管理成本每年约60万元,年利润可达290万元。由于德投集团只做资产不分红,因此71个村(社区)每年获得的分红平均约4.08万元。特别是随着城市快速发展,项目周边还将新建棚改安置小区等,辐射人口将进一步增加,收益将逐年持续稳定增长,参股村(社区)的收入也将随之"水涨船高"。

## 源头活水,让村集体强起来

"我们村在六七十年代有一座远近闻名的'百药山',全国各地都来参观学习,前段时间,我们利用分红所得将去'百药山'的山道进行了整治、拓宽,让汽车能够开进去,在乡里帮助下,引来了很多企业参观考察。"李宅乡密川村党支部周书记认为,正是有了"集体经济示范园"的"源头活水",村里发展才有了更多的期待、看到了希望。2018 年 9 月,该村成功引进一家大型中药企业,计划投资 10 亿元在"百药山"建设集农业观光、生态旅游、健康养生等为一体的中草药基地。

过去,"无钱办事"让村级组织"捉襟见肘","穷家难当"让村干部"人心涣散",村干部在群众的心里没有威信,村级组织引领发展和服务群众的作用难以发挥。"集体经济示范园"模式的诞生,不仅使村集体有了钱办事,群众从中获得实惠,更是增强了村级组织在群众中的凝聚力和影响力,群众支持、参与发展壮大村级集体经济的热情不断高涨。

2018 年 11 月,德兴市香屯街道丰园苗木公司为了扩大规模计划在汪家村流转土地,没想到村民的积极性非常高,一口气就流转了 5000 多亩。这是该村村支书汪书记没有想到的,前两年,他上门动员大家流转土地,许多群众抵触情绪大,第一年流转土地只有 585 亩。转眼间发生这么大变化,正是得益于入股"集体经济示范园"所带来的连锁反应。入股"集体经济示范园"给村干部增添了发展的底气和信心,思想比以前更加解放了,思路也更加开阔起来。近两年,通过相继合伙入股苗木种植、茶园经营和乡村旅游等,2017 年全年村集体经济收入达到 10 万元,村集体将这些收入全部投入秀美乡村建设之中,不仅富了集体,更是帮富了群众,扮靓了村庄。目前,汪家村所辖的自然村江村已被评为 3A 级乡村旅游点,下一步,还将与深圳百果园公司合作开发猕猴桃等高档水果种植项目,预计年收入可达 5000 万元以上,村集体有望增收近百万元。

“集体经济示范园”模式，成了扶持村集体经济发展的“金杠杆”。它，不仅增强了村级集体经济组织自身“造血”功能，更增强了村级组织的凝聚力和战斗力，让村级组织在基层广大干部群众中有了更大的话语权和更好的口碑。

（执笔人：杜昊泽）

德兴市创新成立了“集体经济示范园”

# 22　酒香飘满致富路

## 一、发展背景

广丰区大石街道十字垄村位于广丰城区以南，“苏五”公路穿村而过。全村现有村民858户3139人，共11个自然村、12个村民小组，总面积1.6平方公里，其中耕地506亩，农民主要收入以外出务工为主。2016年以前，该村还守着沉睡的资源过苦日子，村集体经济处于空壳状态。2017年，村“两委”积极响应全区发展壮大村级集体经济的号召，在充分考虑群众生产生活需要，确保村级集体经济收入稳定的基础上，努力同步发展可持续性、高带动性的发展项目。在深入分析本村特色基础上，通过开展民主协商、调研座谈后，最终选择了土地流转、资产资源租赁等“短平快”项目和全力打造酿酒品牌等特色产业项目，取得了一定成效。

## 二、主要做法

### （一）在建强村级班子上发力

“火车跑得快，全靠车头带。”十字垄村在发展村级集体经济中，在街道党工委的指导下，努力把发挥农村基层党组织的核心作用放在首位，通过建强班子、带好队伍，推动村级集体经济又好又快发展。一方面，大力实施党建引领村级集体经济发展战略，注重从善于发展经济的能人中发展党员，为党组织输送新鲜血液，以“我是党员我带头”活动为契机，着力引导广大基层党员为村级集体经济发展建言献策。另一方面，注重提升村“两委”干部发展经济能力水平，通过“走出去”与“请进来”相结合，赴浙江、江苏等地学习取经，推动村级集体经济向着规模化、制度化和长期化的方向发展。

（二）在做活资源文章上发力

紧紧抓住产权制度改革的契机，全面盘活村内土地河滩等闲置资源。一是采用“合作社＋基地＋农户”的经营模式，有效整合了春坞组200多亩集体山场及一座水塘，并将其打包出租给上饶市广丰区俊美果业专业合作社，用于种植黄桃、枇杷、茶油等经济作物，实现租金收益6万元。二是打造能人带动模式，将春坞水库20亩水面资源租赁给当地致富能人张国松，以人放天养的方式经营水业养殖，获得租金收益2万元。三是创新土地管理模式，利用“苏五”公路、裕丰南大道、芦洲大道和大湖公路交汇点的区位优势，将村办公楼旁四直宅基地，通过择位竞价模式由本村村民竞得，在剔除征地、规划、基础设施建设等成本后，为村集体经济收入增收34.8万元。

（三）在打响特色品牌上发力

十字垄村酿酒历史悠久，源于北宋，盛于明代。当地土高粱酒以酒液清澈透明、酒香芬芳馥郁、酒味甘醇绵柔而著称，有“色香味三绝”之美誉。为把酿酒产业做大做强，该村通过对本村生态环境、现有土地资源进行详细调研考察，因地制宜，因村施策，准备对村集体的山场进行改造和精细管理，改造升级耕地，力争打造成高产高粱示范园，承包给农户经营种植，预计两年内种植高粱规模化可初见成效。通过吸引酒企加盟，签订合同统一对农户种植的高粱进行收购，达成“农户＋村集体＋企业”的发展模式，把本地酿酒特色品牌做大做强。目前，该村已与当地一家酿酒坊达成合作关系并持有该酿酒坊33.33%的股权份额，预计能实现每年至少3万余元的村级集体经济收入。

（四）在实施有效管理上发力

该村坚持开源与节流并重，加强村级集体经济收支管理，确保集体经济收支运行规范、公开透明。一方面，认真落实广丰区关于村级财务管理的相关办法，严格控制非生产性开支，降低管理成本，达到节支增收的目的；另一方面，充分发挥村务监督委员会的职能与作用，健全党务公开、村务公开、财务公开、民主管理及监督制度，进一步规范村级事务民主决策的内容、形式和程序，建立健全集体资金、资产、资源管理制度，加强村级财务民主监督和审计监督，增强对村干部分配使用集体资金的约束力。

## 三、实践成效

一是产业更兴旺。依托资源优势，通过土地流转，做活资源文章，打响酿酒品牌，实现了村集体经济收入破零。2017年，该村集体经济收入达到20万元以上。

二是村容更美丽。强化对村容村貌的治理，加大环境卫生治理力度及资金投入，结合徐家新农村建设规划，彻底解决农村脏、乱、差的问题，建设环境优美、布局合理的社会主义新农村，朝着社会主义小康村、"一村一品"示范村、宜居宜业的文明村迈进。

三是人心更思齐。该村在壮大村级集体经济中，始终做到了"五个坚持"，即坚持定期到村民家中走访，坚持"五不准制度"，坚持组织党员在各自的"服务区"内做好各项工作，坚持实行民主决策制度，坚持村务公开、财务公开制度，提振了全村干群实现发展的信心，凝聚起全村干群齐心发展经济的合力。村"两委"班子团结一致，心往一处想，劲往一处使，使村党组织的战斗力、凝聚力得到进一步提高。

四是百姓更富裕。该村始终坚持量入为出、民主合理地把村级集体经济发展成果反哺于环境整治、人文关怀等民生之需，普遍提升了群众对党组织的满意度和信任度。同时，以做大做强酿酒产业为依托，让群众从中得到了“真金白银”的红利，尝到了甜头。以该村群众现有种植的600余亩红高粱为例，每亩产量400余斤，按市价2.6元/斤计算，可直接带动村民增收共计62.4万元，且该项收入正呈逐年递增趋势。

（执笔人：吴国红）

广丰区十字垄村集体持有酒坊33.33%的股权份额

# 吉　安

## 23　产业引领　兴村富民

永新县禾川镇袍田村位于县城北郊，是进出县城、往返吉安的必经之地，交通便利，是城区“东跨北拓”的主攻方向之一。全村辖9个自然村，10个村民小组，共571户2650人，村党支部下设党小组9个，党员61人。袍田村依托临近县城的区位优势，积极融入城区发展，采取“精准市场定位、盘活资产资源、建强班子队伍、健全制度支撑、坚持共享发展”五大举措发展壮大村级集体经济，引领乡村振兴，助力全面小康。2017年，全村实现村级集体经济收入1904.9万元。

一是精准市场定位，发展特色产业。充分利用地处县城、交通便利的优势，看准市场需求，大力发展宾招等服务产业，筹资3000万元兴建具备一流标准的三湾宾馆。建设资金由村委会向村民筹集，村民每投资1万元能获得12%的年利息；三湾宾馆投入运营，实现盈利后，村委连同本金及利息一并返还给村民。自2006年10月正式投入运营以来，三湾宾馆采用村集体统一管理、收益全部属于村集体的发展模式，累计为村集体带来了近千万元的收入，取得了良好的经济效益，为本村集体经济的发展打下了基础，成为永新发展村级集体经济富民强村的“经开样本”。同时，三湾宾馆优先聘用本村村民，解决了村民的就业问题，实现了村级集体经济壮大和村民就业增收双向驱动。

二是盘活资产资源，开发集体土地。在符合土地利用总体规划、城镇规划和用地政策的情况下，坚持以村集体作为预留地开发的主导方，通过村集体自行建设开发、合作开发、预留地货币化等模式开发预留地，发展集体经济。袍田村有村级预留地15.75亩，县政府统一收储后规划用于经营性商住用地开发建设。通过招挂牌程序，预留地由袍田村自行建设开发。袍田村向村民和社会筹资2000万元，在预留地上兴建锦绣湾商住宅小区，住宅面积26900平方米，商铺6600平方米。兴建完成后住宅按照2800元/平方米的价格统一打包出售给开发商，再由开发商对社会出售；商铺按照8500元每平方米的价格出售给村民，再由村民向外出售。同时，无偿提供给每位村民20平方米的住房，如果不需要住房，则按照每人4万元的标准补偿给村民。通过对预留地统一开发，村集体资产得到了保值增值，村民也得到了实惠，可以通过出租店铺或住房获得稳定的收入。下一步，村委打算成立自己的物业公司，一方面可以更好地管理村集体资产，另一方面可以带动村民就业，增加村民收入。

三是建强班子队伍，夯实组织堡垒。发展壮大村级集体经济，促进农民增收，关键在于要有一个坚强有力的农村基层党组织和一支高素质的农村基层干部队伍。袍田村在发展壮大村级集体经济过程中，始终注重发挥村党支部的核心领导示范作用，以“两学一做”“一树两强”等学习教育活动为契机，不断深化以党建为核心的“三位一体、四群联创”基层发展和治理模式，选好配强村“两委”班子，把守信念、好品行、有本领、能致富、求创新、善沟通的村干部群众发展吸收为村班子成员，不断调整和优化村领导班子结构。大力实施村干部综合素质能力提升工程，通过开展专题培训、请专家学者授课等方式，拓宽村干部经营、管理的知识面，提高他们适应市场、发展集体经济的能力。同时，建立激励机制，把村干部的待遇与村级集体经济发展绩效挂钩，充分调动村干部的积极性，培养了一批懂经济、善管理、会致富、能带富的村干部，为村级集体经济的发展提供了强有力的组织保障和人才保障。

四是健全制度支撑，强化责任落实。结合实际，贯彻现代化、制度化、规范化经营理念，在经济活动全过程充分运用民主决策、民主管理和民主监督等机制，不断健全党组织领导下的民情理事会和村务监督委员会制度，完善村规民约和村民自治章程，建立健全财务管理制度和村集体"三资"管理制度，用制度管钱、管权、管事。实行大事"一事一议"决策制，推行"五步工作法"，做到村务、政务公开透明，充分调动了群众参与经济建设的积极性，增强了村民当家做主的主人翁意识，把集体增实力、农民增收益和产业增效益有机统一起来，实现集体利益和个人利益的双赢。

五是坚持共享发展，促进良性循环。坚持让人民群众共享发展成果，不断提高养老、助学、重病救治等民生领域的保障标准和水平，织密民生保障网。在养老方面，该村为村民(男性年满45周岁，女性年满35周岁)办理养老保险，资金由村民负担40%，村委负担60%，对未参加养老保险年满65周岁以上的村民每年实行3000元的生活补助；保障60岁以上老人的晚年生活，该村投资800余万元新建老年公寓，公寓占地4180平方米，为60岁以上老人免费提供一个吃住的地方，因大部分老人不愿入住，村委决定每年每人补助3000元养老金。老年公寓现租给镇政府办公，每年获得租金20万元。在助学方面，对考入清华大学、北京大学的学子一次性奖励5万元，考入全国十大名校的学子奖励3万元，考入一本学校的学子奖励1万元，考入二本学校的学子奖励2000元，考入三本学校的学子奖励1200元。在重病救治方面，对白血病、换肾患者，村委一次性救助5万元；对肝癌、肺癌患者，村委一次性救助1万元。在人居环境方面，完善了自然村的道路硬化、排水设施、公共厕所、健身场地的建设。一系列的惠民政策,为袍田村村民提供了坚实的保障,民心稳定、民力聚集,实现了村级集体经济发展和民生改善的良性循环,朝着共同富裕目标稳步迈进。

(执笔人:尹子明 徐咪咪)

永新县禾川镇袍田村开发的楼盘

# 24 万安县六大举措发展壮大农村集体经济

万安县是国定贫困县，共有行政村135个，其中“十三五”贫困村61个。绝大多数村集体原始积累底子薄，资金来源渠道单一，主要依靠上级财政转移支付维持运转。其中，无集体经济收入的“空壳村”67个，占总数的49.6%；年收入2万元以下的“薄弱村”45个，占总数的33.3%。这种状况直接导致不少村出现“三难”现象，即队伍稳定难、工作开展难、任务完成难，这不仅影响村“两委”的正常运转，影响基层组织的凝聚力和战斗力，而且影响为民解难事办实事的能力，也影响脱贫攻坚的顺利推进和贫困村的如期退出。针对这些短板，万安县积极探索，从2015年开始，在全市率先启动实施村级集体经济发展壮大三年攻坚活动。截至2017年底，全县67个“空壳村”全部顺利“摘帽”，所有行政村集体经济年收入均达到5万元以上，其中10万元以上的村30个。全县行政村集体经济收入共计1033万元，同比增长115.2%，实现了“三年打翻身仗”的目标。省委书记刘奇同志对该县做法给予了充分肯定，并在全省脱贫攻坚推进会上点名表扬，号召全省学习借鉴推广。中国组织人事报、新华社江西分社等媒体先后刊载了万安县发展村级集体经济的典型经验。

一是能人带动，激励乡土人才强引领。对全县村“两委”干部加强发展壮大村级集体经济等方面内容的培训，并专门在县创业孵化中心举办“空壳村”村干部创业培训班，除集中授课外，还组织外出到江浙一带参观学习,开阔眼界。特别是积极鼓励有条件的村“两委”干部、社会能人、专业大户等利用各自优势和资源,领办或创办集体经济项目或各类专业合作经济组织,发挥能人效应,带动村级集体经济发展。比如,潞田镇东村村引进在外务工“能人”郭益煌,经培养担任村党支部书记后,该村建立了全省最大的何首乌基地,面积共 600 多亩,同时还发展光伏发电、生态鹅养殖等产业。目前,全村面貌焕然一新,村集体经济年收入达 10 万元以上。

二是资金驱动,营造政策支持好氛围。出台系列政策文件,大力在资金上进行倾斜和帮扶。一方面,建立县财政专项基金,每年安排 200 万元扶持资金,各村可按需要申请借取 5 万元左右的启动资金,以解决发展“第一桶金”的现实困难。另一方面,帮助建立光伏电站。2016 年,县财政安排 1220 万元,对 61 个贫困村通过扶持 10 万元、借资 10 万元的形式,各帮助建成一个 20—40 千瓦光伏电站。在此基础上,2017 年继续实施光伏扩面工程,由县财政整合涉农资金、扶贫专项资金等共 8160 多万元,在全县 135 个行政村各新建一座 100 千瓦光伏电站,全县新增光伏扶贫电站容量 1. 36 万千瓦,实现了光伏电站行政村全覆盖。光伏项目的建成,可为每个村集体经济年均增收 10 万元以上。

三是上下联动,形成齐抓共管大格局。成立“村级集体经济发展壮大攻坚年”活动领导小组,县委主要领导担任组长,县长任第一副组长,领导小组办公室设在县委组织部,专门负责村级集体经济发展壮大的牵头抓总工作。对集体经济收入在 2 万元以下的行政村,实行县级领导干部和省市县挂点单位帮扶制度,形成上下齐抓共管、合力推进的工作格局。比如,县交通运输局对所挂点帮扶的五丰镇棉津村,先后筹集资金 65 万元新建一座 200 多亩的库汊,打造集养鱼、垂钓、餐饮为一体的农家乐,每年能为村集体经济增收超过 5 万元。省地矿局对挂点帮扶村五丰镇白沂村,投资 50 余万元建立了占地 96 亩的村集体果园,种植井冈蜜柚、脐橙3200余株，将该果园承包给祥辉农业科技有限公司经营管理，期限25年，村集体经济年均收益达6万元以上，总收益在150万元以上。

四是产业促动，激活土地资源扩效益。充分挖掘荒山、荒水、荒地、荒滩等“四荒”资源发展现代特色农业产业，并给予产业发展奖补。特别是积极流转农户的撂荒地，由村委会统一规划种植，通过成立种植合作社，按比例分成，增加集体资产收益。比如，顺峰乡陂头村流转农户撂荒地130余亩，种植脐橙和皇帝柑，再统一承包给果业种植能人负责后期管理，村委会占有基地60%股权，承包方连续15年每年向村委会上交承包费3万元。在此基础上，该县创新实施产业发展“1+4”工程，即每个乡镇新建1家以上扶贫企业或扶贫车间，每个行政村新建或完善1个以上产业基地、1个专业合作社、1个光伏电站和1个电商扶贫站，并配套出台系列扶持政策，全县135个行政村实现了四个全覆盖。目前，全县共建立特色产业基地235个，为实现集体经济可持续发展打牢了基础、增强了后劲。

五是实体拉动，创建扶贫车间增收入。通过出台奖补办法，让有条件的村级组织充分利用旧办公场所、旧仓库、旧礼堂等集体资产，与当地丰富的劳动力、农特产品等资源优势相结合，创办引办各种微小企业或者“扶贫车间”等实体经济，在为当地群众提供务工收入的同时，村级组织通过获得租金、财政奖补、中介管理费等办法增加集体经济收入。比如，芙蓉镇龙溪村引进乡贤创办宇翔红薯加工厂、龙溪利群制鞋厂等村企，其中红薯产品通过了QS认证获准上市销售，村集体经济年收益可达7余万元。夏造镇横江村协同县联创宏声公司，利用村文化站空闲场所，建立产品加工扶贫车间，在解决32名村民就业的同时，村集体也增加收入。目前，全县17个乡镇场均建立至少1个以上扶贫车间，共创建扶贫车间67家。

六是升级推动，打造经济强村促振兴。2018 年以来，万安县结合实施乡村振兴战略，自我加压，大力实施“强村工程”，进一步发展壮大集体经济。各乡镇因村施策，围绕“抓两头、带中间”工作思路，深挖各村的优势和潜力，大力优化升级发展模式，找准找好发展项目和载体，力争本乡镇至少有 1 个村集体经济收入达到 15 万元以上目标。预计到今年底，全县 15 万元以上的村不低于 16 个，其中 30 万元以上的村不少于 5 个。到 2020 年，力求全县所有行政村集体经济收入均达到 20 万元以上，40% 左右的行政村达到 30 万元以上，推动贫困村向富裕村、非贫困村向经济强村迈进。

（执笔人：彭江　邱裕华）

万安县芙蓉镇龙溪村猕猴桃种植基地

抚　州

# 25　千方百计鼓起集体经济的“钱袋子”

“现在村里安装了光伏发电，又建造了养猪场和养鸡场，我们摘掉了贫困帽，过上了舒心快乐的生活。”崇仁县白陂乡赵家村村民刘春梅说起这些，不禁嘴角上扬，喜上眉梢。在赵家村，可以经常看到许多刘春梅这样的村民或围聚在美观的文化墙前，或聚集在宽阔的休闲广场，拉家常、叙家事，畅谈集体经济发展给生活带来的新变化，身边的孩子们则欢快地嬉戏玩耍，一派怡然欢乐的乡村美景。这是该村在脱贫攻坚中积极作为，千方百计鼓起村集体经济的“钱袋子”，使老百姓深切感受到村集体经济发展喜悦的一个侧影。

## 荒山养鸡助贫困户增收

赵家村位于崇仁县白陂乡南部，有586户2194人，其中建档立卡贫困户19户63人。过去，这里不仅人居环境脏乱，基础设施破旧，而且集体经济空壳，村民普遍比较贫穷，2015年被定为“十三五”省级贫困村。

为了拔掉穷根，在市扶贫移民局“四进四联四帮”“连心”小分队的帮助下，村“两委”采取“政府引导、企业帮扶、挂点单位运作、贫困户参与”的办法，整合各方力量，创办了连民生态养殖场，利用村中山地资源，在树林里建起了占地40亩的麻鸡散养基地。

鸡场建成后，经多方协调，与抚州龙鑫公司开展合作，由公司提供鸡苗、饲料、药品与技术指导,安排贫困户在公司技术人员指导下负责养殖。这一项目总投资 60 多万元,搭建了大型鸡棚 6 座近 3000 平方米,公司按 3 元/羽的标准向村集体支付酬金,村委会按贫困户资产收益 50%、村集体公益性支出 50% 的比例进行分配。

"会上树的鸡非常抢手,对外能卖到 13 元一斤,"公司聘请的负责管理人员也是当地贫困户胡贵才说,"我在鸡场工作每月有 3000 元的收入,加上分红,日子过得越来越好了。"目前,鸡场已出栏麻鸡 6 万羽,产生利润 18 万元,除去养殖人员工资,村集体得到收入 5 万元左右,每个贫困人口可分得 1800 元。这个项目的实施,既增加了贫困户收入,又壮大了村集体经济,还保障了企业利益,实现了贫困户、村委会和企业共同发展、互利多赢,产业扶贫的成效日渐显现。

## 光伏产业照亮脱贫路

赵家村地处偏远,发展基础薄弱。面对严峻的脱贫攻坚形势,如何才能找到真正脱贫的"良方",成为村"两委"班子和"连心"小分队成员日思夜想的问题。

2017 年 5 月,该县扶贫移民局联合市"连心"小分队,因地制宜,为赵家村引进光伏扶贫项目,在连民生态养殖场的鸡棚上安装了光伏发电设备。由于棚顶光照充足,安装光伏发电板进行发电,不仅能满足鸡场自身用电需求,多余的电还可并入电网。同时,发电板具有吸热吸光作用,有利于鸡舍夏季防暑降温,可大大降低养殖成本。为解决项目资金难题,该村协调当地农商银行,对无力筹资的贫困户,通过小额贷款途径解决,贫困户可利用光伏发电收益逐年偿还,当地政府同时给予贴息支持。经过 6 个月的奋战,该村总投资 76 万元、装机容量 95 千瓦的分布式光伏电站全面竣工,2017 年 12 月初正式并网发电。

冬日暖阳的照耀下,赵家村养鸡场鸡舍屋顶上的 361 块多晶硅太阳能面板熠熠生辉。“有了光伏发电，村民就能坐享阳光收入。”赵家村第一书记于小东欣慰地说，“光伏扶贫项目作为精准脱贫的一种形式，并网发电后，每年可为村里带来6万—7万元收益，贫困户每户每年可从中增收3400多元，且收益可达25年。光伏扶贫为贫困群众开辟了稳定的增收渠道。”贫困户胡贵才更是笑得合不拢嘴：“现在村里能发电了，我家不仅每月能省下10度电费钱，还能得到分红。”

## 养猪场助圆“强村梦”

发展壮大村级集体经济是强村富民的“金钥匙”。赵家村村“两委”按照“农业抓产业、产业抓特色”的工作思路，充分利用当地资源和富余劳动力，采取“公司+集体+农户”的模式，通过项目资金入股、村民参股，创办农村专业合作经济组织，引导农民养殖生猪，逐步推进生猪养殖产业化发展，不断壮大村级集体经济。

点子想到了，关键在落实。经过村“两委”与市“连心”小分队共同努力，争取到省财政和社会资金180万元，成立了圆梦生猪养殖合作社，与江西格力特农业发展有限公司合作。以合作社为单位，总投资550万元，其中村集体出资170万元，农户合股投资380万元，建设了养殖场基础设施，猪场资产归村集体所有。江西格力特农业发展有限公司负责生产和流动资金，公司还聘请了赵家村两名贫困家庭人员在养猪场做临时工。

“我们负责提供场地和污水处理设施，这恰恰是养猪的稀缺资源，所以企业非常愿意合作。村里每平方米栏舍每年收95元租金，一年就有近百万元。除去股东农户70%的提成，村集体将收入的10%用于扶贫，每户贫困户又能多几千元。”村党支部书记陈顶发说。

养猪场占地32亩，建有养猪大棚10个，建筑面积10000平方米，年出栏生猪1.2万头，合作社年纯收益100万元，按30%利润分红，村级集体经济收入可达30万元。

通过光伏发电和发展麻鸡、生猪养殖产业扶贫，增强了赵家村集体经济发展后劲。2016 年底，赵家村顺利通过了省脱贫攻坚考核验收，实现了脱贫；2017 年村级集体经济收入达到 13.5 万元；2018 年又发展了中药材、蚯蚓养殖产业，村级集体经济收入达到 42.5 万元。

村级集体经济的发展，增强了为民办实事的实力。时下，9 个自然村实现了村村通水泥路、村村亮路灯，还维修加固了多处水利设施，修建了丰产口饮水工程，挂牌成立了村级便民服务站，新建了村办公楼和群众文化广场，扩建改造了村小学操场，建成了村卫生所……用群众自己的话说，就是路更平坦了，环境更整洁了，办事更高效了，农田不缺水了，农产品进电商了，村民们可以跳广场舞了。

（执笔人：袁璐　周仉华）

崇仁县赵家村光伏基地

# 26 巩固脱贫成果 提升惠民能力

家住白舍镇中和村桥下村小组的贫困户曾学良，每天一大早就会来到村委会一楼的“益农社”拾掇拾掇，准备开启一天的忙碌。“经营着一家特色农产品网店，再加上代为收寄快递，每天的生活非常充实。”曾学良曾因车祸造成肢体残疾，丧失劳动力而致贫，但谈起现在的生活甚是满意。前几年，村里大力发展集体经济，修缮了许多老旧物业，其中村办公楼一楼就供给曾学良等人开网店、收寄快递，为他们搭建了一个创业的平台——这是中和村在实现省级贫困村脱贫摘帽后，发展集体经济帮助贫困户创业增收的一个鲜活事例。那么，中和村发展集体经济走过了怎样的历程，又将如何扬帆再起航呢？

## 沉睡资源变优质资产

中和村在2001年以前为原中和乡政府所在地，撤乡并镇以后，原乡政府及乡直单位留下来的办公用房大多处于闲置状态。2017年，市委组织部第三批“四进四联四帮”驻村“连心”小分队到位后，明确将发展集体经济、巩固脱贫成果作为本轮驻村帮扶的一件大事来抓。

“作为内陆欠发达地区，发展村集体经济有许多瓶颈问题需要去突破。”谈及村集体经济发展，“连心”小分队队长、中和村第一书记平六根深有感触。他说，在一穷二白的情况下，引进特色种养项目条件还不成熟。他们先后组织村组干部、小分队队员赴深圳、九江等地学习考察，并多次开会研究，征集广大村民的意见，最后决定从唤醒沉睡多年的废旧资源入手,尝试发展物业经济,通过建立各类生产、生活资料市场,农家乐经营点,农家乐管理服务中心,车库泊位等,积极发展各类服务业,增加村集体物业和服务收入。

目前,中和村整合各类国家政策项目资金,依托居家养老服务中心项目,将原中和乡电影院进行改造,一、二、三层分别建为图书馆、餐馆、民宿,民宿部对外招租,年收入 2 万元;中和居家养老服务中心餐饮部对外招租,年收入可达 1.8 万元。同时,该村还建设了农村电商培训场地,今年已接受 200 人的电商培训,按每人 400 元计算可实现场地租赁收入 8 万元;中和供销社改造正在进行当中,建成超市后对外招租,可实现年收入 2 万元。上述 4 项收入总计 13.8 万元,再加上其他项目收入,全村集体经济年收入将达到 20 多万元。

## 多元经营引源头活水

村集体经济从原来仅有几千元的水库租金发展到现在 20 多万元,这是几个数量级的增长。因地制宜,因势利导,充分利用现有资源,这是中和村集体经济发展迈出的一小步,从长远来看,却是解放思想、转变发展观念的一大步。

下一步,中和村将发展多元化经营,进一步搞活和壮大集体经济。该村党支部书记方玮说:“我们将扩大经营范围,拓宽经营渠道,搞活经营方式,努力将中和村打造成为电商创业中心、樱花特色小镇、艺术盆栽新区、综合康养基地,建设集体经济强村。”

打造电商创业中心。抓住南丰县被评为全国 2018 年电子商务进农村综合示范县的契机,充分利用政策和平台优势,重点扶持“众合 e 家”电商平台建设,帮助一批电商人才抱团创业,着力打造成为全市农村电商创业的领跑者、全市农村电商人才培养的示范点、全县农村电商发展的示范村。同时,结合农村电商平台建设,筹建股份制农产品加工企业,做好产品展示营销。目前,已成立特色农产品、红酒、服装日用品 3 个营销小组,部分学员已开始接单营业,实现了良好开局。

建设樱花特色小镇。计划建设以樱花为主题的景观带、景观片,在现有橘园及沿山地骑行线、徒步观光线套种樱花,结合太白线公路改造,建设“十里樱花大道”,打造沿河沿路樱花景观带、樱花谷、樱花小游园,力争经过一段时间的努力,让樱花成为中和村乡村旅游的引爆点,形成“看樱花到中和”的集聚效应。

培育艺术盆栽新区。结合秀美乡村建设,利用农家小院及房前屋后空地发展艺术盆栽产业。今年 5 月已经邀请了中国盆景艺术家协会副会长蔡久宝到村考察,并赴浙江台州进行了学习考察。近期,将动员 30 名左右村民作为示范户,在集中培训的基础上,由村出资购置紫砂盆,再由示范户从山上挖树蔸做盆景,之后组织评鉴会和拍卖会,以此鼓励和吸引村民发展壮大艺术盆景产业。

创建综合康养基地。围绕健康养生养老,打造好居家养老服务中心,配合白舍镇政府做好镇敬老院搬迁,建设好中和休闲体育公园、民宿一条街、中和卫生院、环山健康骑行、福古徒步游、500 亩杉树铁皮石斛种植基地等项目。目前正与江西师大经管学院、北京大地乡居积极寻求合作,商定合作框架协议,为发展中和民宿旅游设计更符合市场的方案和路线。同时,争取县旅发委的政策支持,制作谱写村歌,建设村史馆,深入挖掘中和村文化,积极申报江西省 AAA 级乡村旅游点。一个高标准精品蜜橘采摘园也正在着手规划建设当中。

## 夯实根基展惠民愿景

2018 年 7 月 16 日,南丰县民政局向中和村颁发了基层群众性自治组织特别法人统一社会信用代码证书,中和村村委会成为全县第一个“有证”的村民委员会;7 月 19 日,南丰县第一家村集体独资公司——南丰县中和农业发展有限公司正式注册成立,使中和村集体经济在规范化运营发展的道路上迈出了重要的一步。这两个“第一”,也对外宣示了中和村发展集体经济的雄心壮志。

中和农业发展有限公司经营范围囊括了农副产品销售、苗木种植销售、企业资产管理、乡村旅游运营等方面。实行公司化运作能有效确立农村集体经济组织在农村生产经营体制中的市场主体地位，按照市场规律和市场经济规则规范运作，逐步与市场经济接轨，推动产业发展，让全村经济发展驶入快车道。

“我们将以中和农业公司为平台，以发展物业经济为主线，实行公司化运作、组团化营销、差异化发展，着力打造全市村级集体经济发展的‘中和样板’”，平六根眼中充满期待地介绍。他说，中和村集体经济发展将分三步走：第一步，充分发展壮大自己，实现从“输血”到“造血”的转变，在政策允许的范围内，尽力实现村集体经济多盈利，把“第一桶金”积满一点；第二步，在村集体“造血”功能形成后，将集体经济发展与全村产业发展结合起来，走好产业强村之路；第三步，力争用3—5年时间使村集体经济年收入突破百万元大关，着力解决群众就学就业就医等实际困难，让群众分享集体经济发展红利，增强基层党组织“有求必应、一呼百应”的政治功能，为全村营造一个干净、整洁、舒适、宜居的生活环境，实现组织强起来、服务优起来、群众乐起来的目标。

（执笔人：程俊　刘振宇）

南丰县中和村积极开展电商人才培训活动

# 后　记

发展壮大村级集体经济既是一个经济问题，更是一个关系党在农村执政基础和执政地位的政治问题。江西省委、省政府十分重视发展壮大新型农村集体经济。省委政策研究室和江西农业大学联合课题组完成《我省推进农村“三变”改革壮大集体经济应重视的几个问题》研究报告后，引起了多方面的关注和重视，为更好地推动各地探索实践，促进我省新型农村集体经济更快更好地发展壮大，我们编写了本书。

全书共收录文章40篇，分为四部分。第一部分“总报告”是省委政策研究室和江西农业大学联合课题组的研究成果；第二部分“分报告”是省农业农村厅、江西财经大学课题组的研究成果；第三部分“子报告”是全省11个设区市市委政策研究室对本市发展新型农村集体经济的调研成果；第四部分“典型案例”，选取了全省2个县、24个村发展集体经济的经验做法。

省农业农村厅、发改委、财政厅、科技厅、民政厅、统计局、住建厅、水利厅、自然资源厅、扶贫办、江西财经大学等部门和单位大力支持调研工作，提供了有参考价值的资料或研究成果。11个设区市市委政策研究室深入调研、真情组稿、提供图片，各县（市、区）委办公室、政研室大力支持配合，在此表示由衷的感谢！

江西现代农业及其优势产业可持续发展决策支持协同创新中心对本书出版给予了大力支持，在此表示由衷感谢！同时，江西人民出版社总编辑游道勤、责任编辑徐旻为本书的顺利出版给予了热情支持，付出了辛勤劳动，一并表示诚挚的谢意！

本书在编辑过程中，参考了大量文献资料，但因篇幅体例等限制未能一一列举，我们在此向相关专家学者表示深深的谢意！

课题组虽竭尽全力，但由于水平有限，时间较紧，书中难免出现疏漏及不足之处，敬请广大读者批评指正。

编著者

2019 年 2 月